国际商务单证

广东省职业技术教育学会　组织编写

杨　遐　主编

黄慧群　黄　艳　刘惠珏　副主编

教育科学出版社
·北京·

出 版 人　李　东
责任编辑　胡　嫄
版式设计　科地亚盟　郝晓红
责任校对　贾静芳
责任印制　叶小峰

图书在版编目（CIP）数据

国际商务单证/杨遐主编；广东省职业技术教育学会组织编写. —北京：
教育科学出版社，2016.11
　教育部中等职业教育专业技能课立项教材
　ISBN 978-7-5191-0615-7

Ⅰ.①国…　Ⅱ.①杨…②广…　Ⅲ.①国际贸易—票据—中等专业学校—
教材　Ⅳ.①F740.44

中国版本图书馆 CIP 数据核字（2016）第 230494 号

教育部中等职业教育专业技能课立项教材
国际商务单证
GUOJI SHANGWU DANZHENG

出版发行	教育科学出版社		
社　　址	北京·朝阳区安慧北里安园甲 9 号	市场部电话	010-64989009
邮　　编	100101	编辑部电话	010-64989443
传　　真	010-64891796	网　　址	http://www.esph.com.cn
经　　销	各地新华书店		
印　　刷	北京玺诚印务有限公司		
制　　作	北京科地亚盟图文有限公司		
开　　本	184 毫米×260 毫米　16 开	版　　次	2016 年 11 月第 1 版
印　　张	16.5	印　　次	2016 年 11 月第 1 次印刷
字　　数	361 千	定　　价	29.00 元

如有印装质量问题，请到所购图书销售部门联系调换。

编　委　会

前　言

　　国际商务单证运作是全球贸易业务的重要环节，以国际商务单证处理为核心的单证员是外贸企业必备的基础性人才之一。国际商务单证操作既是外销、货运代理、报关和报检等四大工作的重要组成部分，又是外贸新手入门的首要条件，也是每一个外贸从业人员必备的基本功。

　　为了满足外贸及其流通企业对单证操作人才的需要，适应中等职业教育商务英语专业的教学要求，进一步提高国际商务单证教材的有效性和实用性，广东省职业技术教育学会组织具有丰富经验的骨干教师编写了这本教材。目前，国内已经出版相当数量的国际商务单证教材，且均有所长。与之相比，本书在编写过程中主要突出以下几个特点。

　　1. 以国际商务单证工作过程为中心

　　全书按照"项目引领，任务驱动，培养学生实用技能"的编写思路，以国际商务单证流转工作内容为中心，设置具体工作任务，让中职学生在完成工作任务的过程中，学习国际商务单证工作的专业知识和业务操作技能。

　　2. 以国际商务单证业务流程为主线

　　全书以一笔完整的 CIF、信用证支付出口业务的单证流转为主线，根据单证员工作过程，设置国际商务单证基本知识、合同和信用证、备货相关单证、托运相关单证、投保相关单证、报检与报关相关单证、综合制单训练、进口单证业务等 11 个项目、26 个任务。

　　每个项目提出明确的技能目标和知识目标；每个任务由任务要求、相关知识、任务实施和小试身手等部分组成；传授、示范、模仿和训练有机结合。另外，项目十安排了综合制单训练，强化单证工作整体性要求，增强中职学生综合操作能力。

　　最后，根据我国进口发展需要，以一笔完整的 FOB、信用证方式下进口业务为主线，介绍了进口单证业务处理环节，进一步拓展了教材内容，完善了国际商务单证教材结构。

　　3. 项目背景全程化、场景式，仿真性强

　　全书以合同和信用证为起点，以一票完整的出口业务做引领，根据单证业务的工作过程和工作内容，在每个项目的首页铺设项目情境。全书为中职学生创建了一个全程参与的亲历式的场景学习模式，中职学生将以单证员的身份置身于出口单证业务、进口单证业务的场景仿真模拟中，对每一步操作形成一种感性认识，从而在亲身体验的过程中掌握外贸单证业务的基本操作步骤和技巧。

　　4. 资源丰富，版式活泼直观，易读好看

　　全书采用大量实际贸易业务中的单证样单、实例，素材翔实具体。语言文字力求简洁、精练，并插入表格、流程图，符合中职学生的阅读习惯。书中穿插任务互动和知识链接等栏目，随时随地解决学习重点和难点，适应中职学生的学习基础。

　　5. 学、练结合，独具用心，方便实用

　　全书每一个任务后面都设计了模仿练习，实现即学即练。例如，在项目二任务二的小试身手中补充了相关制单资料，为中职学生自行练习提供素材。

1

　　本书由广东省职业技术教育学会组织编写，杨遐主编并负责编写大纲的拟定和全书总纂修审工作。黄慧群、黄艳、刘惠珏担任副主编。全书共分为十一个项目，具体编写分工如下：项目一由谢江（广东省对外贸易职业技术学校）编写；项目二、项目十一由杨遐（广东省对外贸易职业技术学校）编写；项目三由刘惠珏（佛山市顺德区陈登职业技术学校）编写；项目四由苏立新（广东省工业贸易职业技术学校）编写；项目五由黄艳（惠州城市职业学院）编写；项目六由陈惠（珠海市第一中等职业学校）编写；项目七由黄慧群（惠州城市职业学院）编写；项目八由曾雪惠（惠州城市职业学院）编写；项目九由邓菲（惠州城市职业学院）编写；项目十由李湲（汕头职业技术学院）编写。

　　本书在编写过程中借鉴、吸收了有关教材和专著的研究成果及文献资料，引用了大量外贸公司的单证实例，得到了有关外贸公司领导和业务骨干的大力支持和帮助，在此一并表示衷心的感谢！

　　由于编者的学识水平和实践经验有限，书中的疏漏之处在所难免，恳请各位专家学者、同行教师、企业界人士及广大读者批评指正，以便不断完善。

编　者

目　录

项目一　认知国际商务单证 ……………………………………………… 1

  任务一　初识国际商务单证 ……………………………………… 2

  任务二　掌握国际商务单证业务流程及基本要求 ……………… 9

项目二　分析合同和信用证 ……………………………………………… 19

  任务一　解读外贸合同 …………………………………………… 21

  任务二　分析信用证 ……………………………………………… 28

  任务三　审核修改信用证 ………………………………………… 38

项目三　缮制备货单据 …………………………………………………… 47

  任务一　缮制商业发票 …………………………………………… 48

  任务二　缮制装箱单 ……………………………………………… 54

项目四　填制托运单据 …………………………………………………… 61

  任务一　填制海运托运单 ………………………………………… 62

  任务二　填制空运托运单 ………………………………………… 70

项目五　申领原产地证书 ………………………………………………… 77

  任务一　申领一般原产地证书 …………………………………… 78

  任务二　申领普惠制原产地证书 ………………………………… 84

项目六　填制（审核）投保单据 ………………………………………… 93

  任务一　填制投保单 ……………………………………………… 94

  任务二　填制（审核）保险单 …………………………………… 97

项目七　填制报检与报关单据 …………………………………………… 107

  任务一　填制出境货物报检单 …………………………………… 108

  任务二　填制出口货物报关单 …………………………………… 116

项目八 填制装运单据 ··· 129

   任务一 填制海运提单 ··· 130

   任务二 填制空运提单 ··· 139

   任务三 缮制附属单据——装船通知和受益人证明 ····················· 150

项目九 交单结汇 ·· 155

   任务一 缮制汇票 ··· 156

   任务二 审单与交单结汇 ··· 165

项目十 缮制整套出口结汇单据 ··· 177

   任务一 信用证方式下出口结汇制单 ································· 178

   任务二 托收方式下出口结汇制单 ··································· 195

   任务三 电汇方式下出口结汇制单 ··································· 207

项目十一 处理进口单证 ··· 217

   任务一 申请开立信用证 ··· 218

   任务二 审核进口单证 ··· 230

   任务三 填制进口报检报关单证 ····································· 242

项目一

>>>

认知国际商务单证

知识目标

1. 理解国际商务单证的含义、种类和作用；
2. 掌握出口业务单证工作流程；
3. 了解单证制作的基本要求。

技能目标

1. 能够完整描述进出口合同履行中外贸单证流程；
2. 能够明确表述单证员工作内容；
3. 能够根据外贸单证岗位要求，提高自身职业素养。

情境导入

陈珊珊是广州某职业技术学校国际商务专业的应届毕业生，现受聘于广南机械进出口有限公司（以下简称广南公司）五金工具部，从事单证员工作。

以下是一笔广南公司和阿联酋的 Haroon Company W. L. L. （以下简称 Haroon 公司）就一批门把手（lever handle）交易的贸易实务案例。

1. 建立业务关系

广南公司在 2016 年 7 月获悉 Haroon 公司对本公司长期出口的扳把式门拉手很感兴趣。

2. 进行交易磋商

广南公司收到 Haroon 公司就扳把式门拉手的询盘，随即进行价格核算后对外发盘，双方就各项交易条件进行磋商，经过一番讨价还价，终于达成交易。

3. 签订合同

双方于 2016 年 8 月 9 日就该批扳把式门拉手的买卖签署了一份在 CIF 条件下以信用证为支付方式的销售合同（详见项目二的合同2-1）。

任务一 初识国际商务单证

任务要求

作为单证员新手，陈珊珊首先需要全面认识单证的种类、单证工作的重要性及单证工作的特点与职业素质要求。

请思考：

1. 进出口业务中有哪些常见单证？
2. 单证在进出口业务中扮演着怎样的角色？
3. 单证工作有什么特点？
4. 单证员应具备怎样的素质？

相关知识

一、国际商务单证的含义

国际商务单证（international business documents）是国际货物贸易业务的重要组成内容。广义的国际商务单证是国际贸易中使用的各种单据、文件与证书的统称。从贸易合同的签订到备货、商品检验（后文简称商检）、托运、投保、报关、装船、货款支付以及进口方提货，整个业务过程的每个环节都需要相应单证的缮制、处理、交接和传递，以满足进出口双方、运输部门、保险公司、商检机构、海关、银行、政府有关机构等多方面的需要。

狭义的国际商务单证是指货物支付环节的结算单证，特别是信用证支付方式下的结算单证。

二、国际商务单证的种类

国际贸易单证从不同角度可以分为不同种类。

（1）根据贸易双方的不同，可分为进口单证和出口单证。

进口单证包括进口许可证、开证申请书、进口报关单、报检单、FOB❶ 和 CFR❷ 项下的保险单或预约保险单等。

出口单证种类比较多，包括出口许可证、出口报关单、包装单、出口货运单据、商业发票、CIF❸ 项下的保险单、商检证、原产地证明书等。（见表 1-1）

（2）根据单证的性质，可分为金融单证和商业单证。

---

❶ FOB 是国际贸易中常用的贸易术语之一，其原文是 free on board（…named port of shipment），装运港船上交货。

❷ CFR 是国际贸易中常用的贸易术语之一，其原文是 cost on freight（…named port of destination），成本加运费。

❸ CIF 是国际贸易中常用的贸易术语之一，其原文是 insurance on freight（…named port of destination），成本加保险加运费。

金融单证包括汇票、本票、支票或其他类似用以取得货款的凭证；商业单证包括商业发票、装箱单、运输单据、保险单等其他非金融单证。

（3）根据单证的用途，可分为资金单证、商业单证、货运单证、保险单证、官方单证和附属单证等。

表 1-1　出口单证分类

结汇单证					非结汇单证	
金融单证	商业单证		官方单证	附属单证	商业单证	官方单证
	商业发票		商检证书	受益人证明	报关单、报关委托书	配额证明
汇票	装箱单	装箱单、重量单、尺码单、磅码单、花色搭配单	原产地证明书	一般原产地证书	电抄	报检单、报检委托书	出口许可证
				普惠制原产地证书	船籍证明	托运单
					船舱证明	投保单
本票	运输单据	提单、海运单、空运单、铁路运单副本、承运货物收据、邮包收据、联合运输单	海关发票/领事发票		航线证明	装货单	通关单
					寄单证明	场站收据
					寄样证明	
					装船通知	大副收据	换证凭条
支票	保险单	保险单/保险凭证			船长收据	
其他	其他		其他	其他	其他	其他

任务互动1

议一议：你所知道的单证有哪些？其用途分别是什么？

知识链接

表 1-2　国际惯例对单证的分类

《URC522》的分类	金融单证	汇票，本票，支票	
	商业单证	基本单证	商业发票，海运提单，保险单
		附属单证	进口方要求：领事发票、海关发票，原产地证书等
			进口方要求：装箱单，商检证书，寄单证明，寄样证明，装运通知，船龄证明等
《UCP600》的分类	运输单据	海运提单，海运单，多式联运单/航空运单，快递收据，邮政收据，公路、铁路和内陆水运单据等	
	保险单据	保险单，保险凭证，投保声明，预约保险单等	
	商业发票	商业发票	
	其他单据	装箱单，重量单，原产地证书/普惠制原产地证书，商检证书，受益人证明等	
UN/EDIFACT的分类	生产单证，订购单证，销售单证，银行单证，保险单证，货运代理服务单证，运输单证，出口单证，进口和转口单证等		
单证形式	纸面单证		
	电子单证		

注：《URC522》指《托收统一规则》；《UCP600》指《跟单信用证统一规则》；UN/EDIFACT指联合国欧洲经济理事会从事国际贸易程序简化工作的第四工作组制定的 EDI 国际通用标准（United Nations/Electronic Data Interchange for Administration，Commerce and Transport）。

三、国际商务单证的作用

国际商务单证是一种贸易文件，其相关工作主要包括审证、制单、审单、交单和归档等一系列业务活动，贯串进出口合同履行的全过程。

（一）单证是履行合同的必要手段

任务互动2

根据《联合国国际货物销售合同公约》，买卖双方的基本义务分别是什么？

各种单证的签发、组合、流转、交换和应用，反映了合同履行的进程，也反映了进出口双方权责的发生、转移和终止。比如，CIF 条件出口货物，出口方需要根据合同或信用证向承运人发出托运单进行租船订舱，取得装货单时，即意味着托运工作已落实；在装船前需要凭装货单、报关单、商业发票、装箱单等向海关办理出口报关；货物装船后凭大副收据向船公司换取正本提单，证明出口方已完成交货义务；进口方通过付款取得出口方所提交的代表物权的提单及相关单据，等于得到货物。由此可见，国际商务单证是履行合同的必要手段。（见图 1-1）

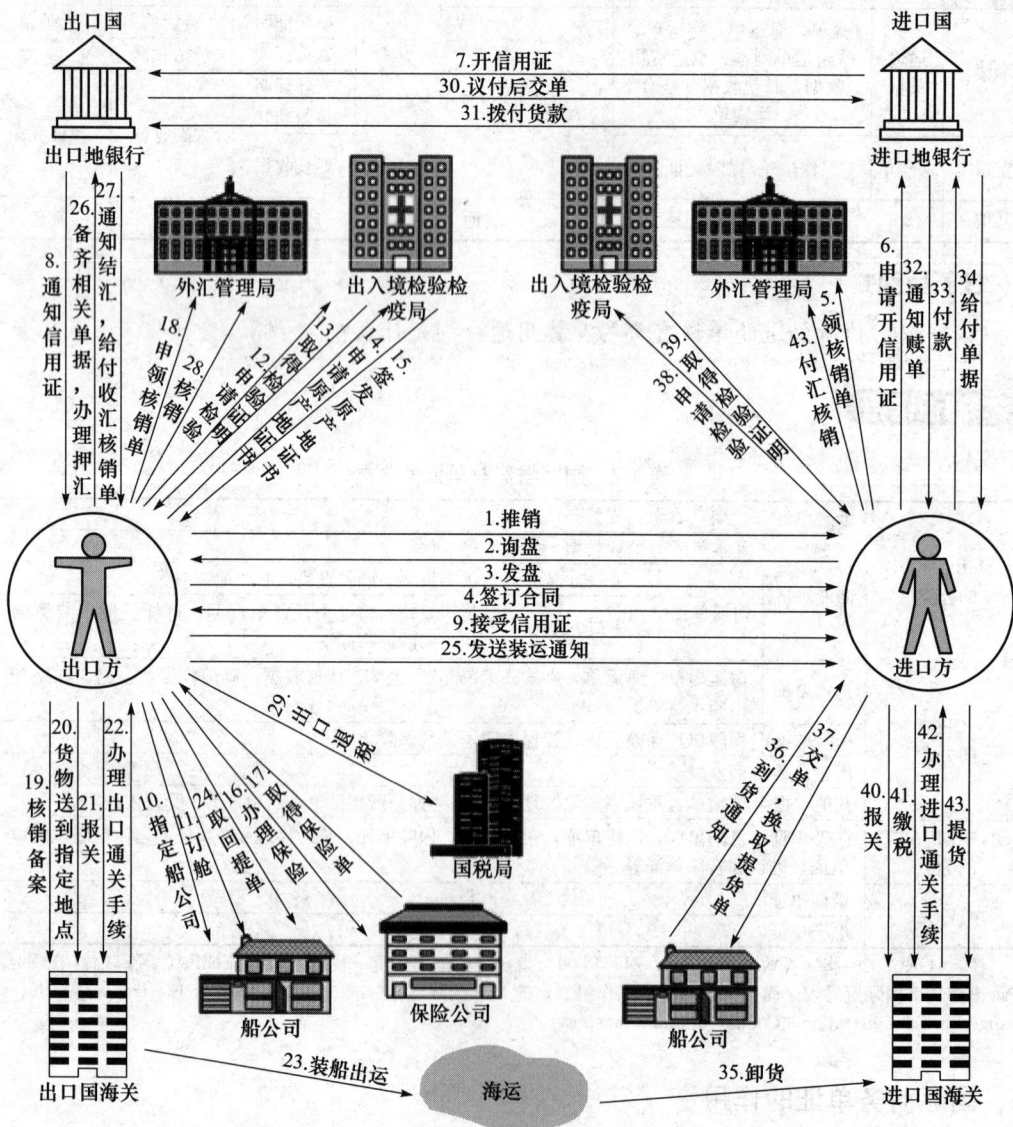

图 1-1 CIF 交货条件、信用证支付方式的合同履行

（二）单证是结算货款的基本工具

在国际贸易结算中，不论采取哪一种交易条件、支付方式，进出口双方都要发生单证的交接。因为单证代表着货物，掌握了单证就等于掌握了货物，通过单证的交接达到了货物交接的目的，并使货物所有权的转移合法化。

从交货条件看，国际贸易多数按 FOB、CFR、CIF 或 FCA、CPT、CIP 条件成交，这类合同都是凭单交货、凭单付款的象征性交货合同，即出口方只要在约定地点按期完成装运，并向进口方提交包括物权凭证在内的有关单证，就算完成了交货，而无须保证到货。这意味着，只要出口方提供了符合合同规定的单证，即使货物在运输途中损坏或灭失，进口方也必须付款；否则，即使货物完好无损地到达目的地，进口方也有权拒付货款。按这类术语达成的交易实际上就是一种单证买卖。

从付款依据上来讲，国际贸易货款的结算方式除少数为"货到付款"外，绝大多数是"凭单付款"，如信用证、托收。

在 L/C 信用证支付方式下，开证行应进口方申请而开出信用证，以银行信用保证向受益人（出口方）有条件付款；出口方以受益人的身份向开证行提交发票、提单等有关单证，只要单单一致、单证一致，开证行就必须给予付款。然后进口方通过向开证行付款赎单，得到有关单证，即是得到了货物的所有权。

在 D/P 托收支付方式下，出口方交货后通过银行向进口方提示有关单证，表明已经交货，只要出口方提交了必要的和符合合同要求的单证，进口方就必须付款，才能得到单证，得到货物。如果单证不符合要求，进口方有权拒付或拒绝承兑。可见，托收也是以单证买卖代表货物买卖。

总之，单证是国际贸易结算的基础工具，只有正确、及时缮制单证，才能保证收汇的安全。因此，有人说"单证就是外汇"，也不是没有道理的。

任务互动3

上海进出口贸易公司与日本贸易公司签订一份 CIF 条件 L/C 信用证付款的出口合同。上海公司按合同规定的品质、数量、交货时间等条款履行后，持全套单证向银行交单，要求付款。开证行审单无误，准备付款时收到日本贸易公司通知：发现货物数量短缺，要求停止付款。请问银行应如何处理？

（三）单证是企业经营管理的重要环节

单证贯串国际贸易业务的整个过程，妥善地缮制和转递单证，才能保证结汇的安全。单证的缮制和转递工作能及时反映货、船、证等业务的管理现状。单证员在工作中及时发现问题、解决问题，杜绝差错事故的发生，避免企业的经济损失。

同时，准确、完整、快速地完成单证的缮制和转递工作，不仅能保证收汇安全，又能加快收汇进度，加速资金周转，为国家多创外汇，进而树立企业自身信誉。

（四）单证是进出口企业形象的重要体现

作为国际商务文件的单证能起到对外宣传企业的作用。正确、整洁、清晰的单证，能展现出口企业优质的服务水准，为企业塑造良好的品牌形象，有利于业务的开展。反之，潦草、粗劣、错讹的单证则容易影响银行、客户审单，容易引起误判而拒付，甚至影响客户顺利提货。客户对企业印象不良，必然给企业带来负面效应。

（五）单证是政策性很强的国际商业文件

单证作为一种国际商业文件，体现着国家平等互利的对外政策以及遵循国际惯例办事的精神。单证员从事单证工作必须严格按照国家有关外贸的各项法规和制度办理。如出口许可证、配额证关系到国家对出口商品的管理，甚至还牵涉到两国之间的贸易协定。

国际商务单证又是重要的涉外法律文件。它不仅是货款结算、货物交接的依据，当发生纠纷时，还是处理争议的依据。例如，货物在运输途中受损，被保险人向保险公司索赔，保险单就是索赔的依据，也是保险公司理赔的依据；如关系到赔偿额的计算，发票又是计算赔偿的依据；如货物受损是属于承运人的责任，提单或运输单据就是处理索赔的依据；品质检验证书是处理品质纠纷的依据。所以单证员必须认真做好单证的归档和保管工作。

四、单证员工作特点及基本素质要求

任务互动4

议一议：单证员是做什么的？

（一）单证员的工作特点

1. 工作量大，涉及面广

在我国外贸企业中，国际商务单证部门的人员配备十分有限，一名单证员往往要负责跟进多名外贸业务员的业务单证，在每天有限的时间内同时处理多笔进度各不相同的业务单证，工作量非常大。在处理每票单据的过程中，单证员需要完成与业务员、跟单员、财务以及客户、货运代理、报关行、银行、办证机构等各方面的沟通协调工作。有些企业甚至需要单证员兼任业务员、跟单员、报检员等。

2. 时间性强

每个业务操作环节都有时间上的严格要求。以信用证作为出口结算方式为例，单证员需要及时催证、审证，若发现信用证与合同不符，要在最短时间内要求客户改证。因信用证对最迟装运期有具体要求，一定要提前租船订舱，把握好截关、开船时间，确保按时送货和及时制作报关资料安排报关，此外还要留出必要的商检时间；货物装船后，尽快核对好提单，并发装船通知给进口方。所有单证正本齐全、反复审查无误后要在信用证规定的交单期内尽早向银行提交，如果银行审单出现不符之处，还能有沟通修改的补救机会。只有把握好时间这条主线，才能分清轻重缓急，高效地完成单证工作。

3. 工作要求高

高水平的国际商务单证不仅能保证货物按时、按质、按量运出，还能确保及时收汇，因此对制单人员的要求很高。优秀的单证员要有扎实的国际贸易理论知识、专业外语知识，要有熟练操作计算机的能力，还要有良好的沟通协调能力、高度的责任心和严谨的工作态度，能够不断地提高、完善制单技巧，具备独立处理各种单证的能力。

实际上，单证工作贯串合同履行的全过程。不仅货款结算环节需要单证员，在合同履行过程中，每一个环节都需要相关单证的缮制和交接来完成，跟单员、报关员、报检员、外贸会计、货运部门的操作员、货运代理员等也都需要处理相应环节的单证，而这些单

证，也会影响到结算单证的缮制以及业务进程和货款结算能否顺利进行。（见图1-2）

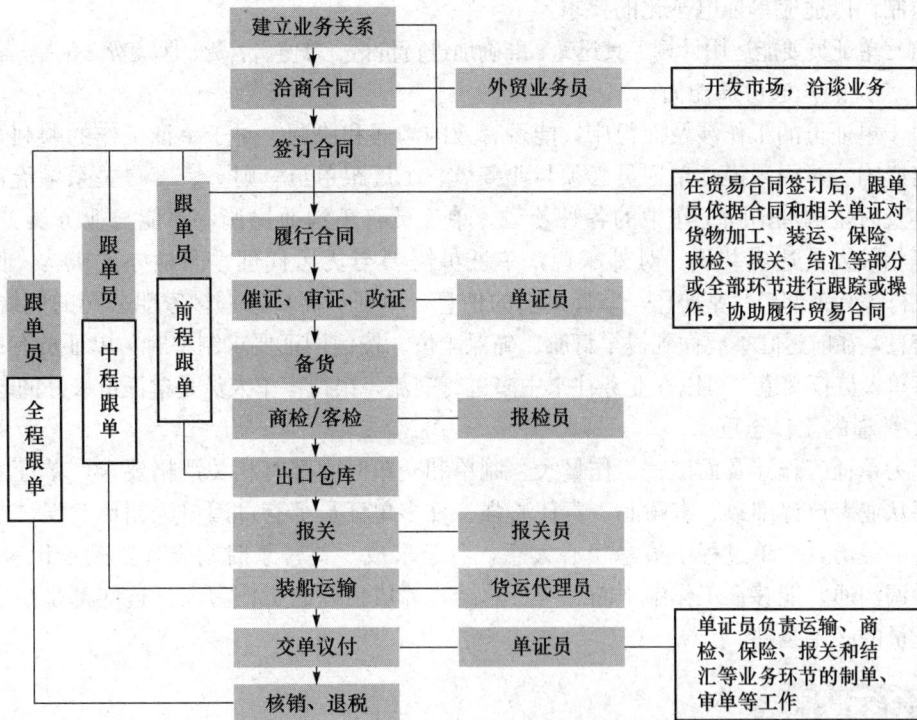

图 1-2　出口业务流程与相关从业岗位

（二）单证员应具备的基本素质

单证员操作技能的高低直接关系到外贸业务能否顺利进行，货款结算是否顺利、安全。一名称职的单证员应该具备以下基本素质。

1. 扎实的专业知识

专业知识包括系统的外贸知识、单证知识、外语知识等。单证员要熟悉支付方式、贸易术语、货运方式及流程、保险、国际汇兑与结算等知识，熟悉相关国际惯例；要熟悉各业务环节及所需相关单证的作用以及单证流转过程。此外，单证员还应了解货运代理市场行情，了解国内外贸易相关政策、单证习惯、国际贸易地理等。专业知识丰富，涉及面广泛是成为一名称职单证员的前提。

2. 全面的产品知识

单证员需要了解企业的运作流程和企业经营范围内的产品知识。作为单证员，不可能像跟单员、采购员那样完全了解产品、配件及生产工艺，但也需要了解产品的种类、规格、材质、包装等方面的知识，以便在相关单证上做出正确描述。

3. 较强的工作能力

（1）单证员能正确理解合同、信用证内容，独立处理与进出口商、银行之间有关结算方面的相关往来英文函电。

（2）单证员具有独立缮制各种单证（如商业发票、装箱单、汇票等）的能力，做到所提供的单证内容完整、份数齐全、数据准确、简明整洁、单证一致、单单一致，并能对各种单证进行分类、归档保管。

（3）单证员要英文打字熟练、准确，会运用常见的办公软件如 Word 和 Excel 等进行单证缮制，以适应单证电子化的要求。

（4）单证员要能运用计算工具迅速、准确地进行价格、总值、运费、保险费、汇率等运算。

4. 良好的沟通协调能力

由于单证员的工作涉及面很广，能否有效的沟通和协调，对于单证工作的顺利开展有着直接影响。对内来说，单证员必须与业务员、工厂跟单员、财务、客户关系融洽，从容应对、及时化解和消除工作中的各种矛盾。单证员善于沟通协调，才能与业务员、客户、工厂等相关人员达成共识。对外来说，单证员需要与货运代理、商检办证机构、保险公司、银行等有关部门紧密协作，掌握最新的信息。单证员需要掌握多家船公司的航线船期、运费信息，在航运旺季要做到提早订舱、确保舱位。按信用证要求制单时，单证员有机会与银行审单人员打交道，可以在业务往来中多进行交流，银行审单人员是单证员最好的老师。

5. 严谨的工作态度

因为单证工作涉及面广、工作量大、制单和交单时间都有相关严格要求，单证工作特别需要从业者严谨细致、有耐心、责任心强。许多单证员都有过因单证制作错误"花钱买教训"的经历，制单过程中最忌粗心大意，急于求成。要善于时间管理，勤于记录备案，重视协调沟通，能够在工作中不断思考、总结，养成良好的工作习惯，这些都是高素质外贸单证员的必备条件。

任务实施

1. 单证员陈珊珊整理了以下知识要点（见图 1-3），并记录在自己的工作手册中。

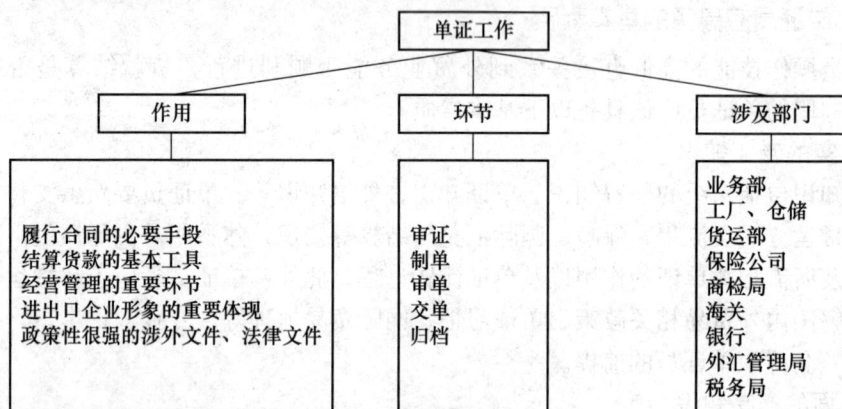

图 1-3 单证工作要点

2. 为了使自己能尽快上手，陈珊珊做出了以下努力。

首先通过公司网站、产品目录表等了解公司经营范围内的产品，包括产品类别、原料、生产周期、生产工艺、品质、规格、型号、包装等。有时她也随同公司业务员、跟单员下工厂了解有关情况。

同时，为保证业务水平，陈珊珊还认真复习了国际贸易实务、国际贸易理论知识、国际贸易地理、外贸函电、国际商务单证、国际汇兑与结算等相关知识；准备了《UCP600》《ISBP》《URC522》《2010 国际贸易术语解释通则》等有关手册以便随时查阅；学习并熟练掌握 Word、Excel 等软件；虚心向有经验的同事学习有关单证工作的具体内容、有关单证操作系统的使用方法。

作为新手，阅读公司过往的单证资料是陈珊珊必不可少的工作。不同外贸公司在制单时都会有一些自己公司的习惯、特点和要求，陈珊珊从中可以模仿、学习，尽快提高自己的制单能力。陈珊珊还可以通过对过往的单证学习提高对合同、信用证的阅读理解能力，以便正确根据信用证及合同缮制有关单据。

陈珊珊的工作还需要与货运、报关、商检、保险公司等部门沟通协作，需要熟悉有关软件系统比如"九城电子申报系统 iDecl2010"，以便进行报检或申请产地证，熟悉中国电子口岸系统以便进行电子报关等操作。在与相关部门的协作过程中发现问题要懂得及时处理，做到单证一致、单单一致、单同一致、单货一致。

小试身手

杨晓阳是某职业技术学校的应届毕业生，在校学习的是商务英语专业。这天，她来到广州远鹏进出口有限公司应聘单证员职位。公司经理在小杨自我介绍后，向她提出了一些问题。

第一个问题："你知道单证工作对于我们公司业务有什么重要性吗？"

第二个问题："你为什么觉得自己能胜任单证员这个职位？"

如果你是小杨，你会怎样回答？

任务二 掌握国际商务单证业务流程及基本要求

任务要求

作为新手单证员，陈珊珊还需要清晰理解合同履行中进出口单证业务的操作流程。请你协助陈珊珊完成以下任务。

以 CIF 交货条件、信用证支付方式的出口合同为例，画出海运出口单证工作流程图。

相关知识

一、出口业务单证流程

在国际贸易中，合同采用的贸易术语和结算方式不同，出口方履行合同的工作程序和内容也不同，对单证的要求也有所不同。

以 CIF 条件成交、L/C❶ 方式结算的合同为例，其履行程序可以简单地归纳为"证、货、船、款"四个基本环节，在实际工作中还包括单证善后这一环节，单证工作流程也因此可概括为以下五个步骤。

（一）信用证的审核和修改

1. 来证登录

信用证一般由出口方当地的通知行传递给出口方，出口方在收到信用证后即应做好登记工作。登记的内容主要包括信用证的号码、信用证的主要当事人、装运期、有效期、交

---

❶ 指信用证，即 Letter of Credit。

9

单期及有关货物和装运方面的说明等，以便查考和管理。

做好登记有利于外贸公司单证工作的顺利开展。信用证常有修改，银行传递的修改书通常只写原证号码，如对原证没有做详细记录，在业务量较大的情况下，要寻找原证就较麻烦。

信用证登记可采用登记簿，也可采用卡片，一证一卡。信用证在出口方各部门流转情况也应做好记录，最后送银行议付后退回出口方，并与其他资料一起归档保存。

2. 信用证审核

进口方按合同规定的内容向开证行申请开立信用证，信用证内容理应与合同条款保持一致，这是出口方履行交货义务的前提。但实践中，国外开来的信用证由于开证行疏忽、电文传递错误、贸易习惯差异，甚至故意写错等种种原因，往往会出现信用证与合同不符或相关条款卖方无法接受的情况。有时进口方还会有意利用其开证主动权，在证中加列一些限制性条款（俗称软条款）。出口方为确保收汇安全和合同的顺利履行，要对来证认真审核，对信用证的全文和附件以及证实书等，从头到尾、上下前后、逐条、逐字地进行仔细审核。

出口方审证的依据是合同，并结合《UCP600》《国际贸易术语解释通则 2010》等国际惯例和实际情况以及进出口双方国家的相关法规来审核。

任务互动1

请讨论：1. 为什么把落实信用证放在出口业务履行流程的首位？

2. 为什么对信用证软条款要特别小心？

3. 某信用证中有下面这样一句话，请问有什么含义？

Inspection certificate issued by the representative of the applicant whose signature must be in compliance with the one in the file of the issuing bank.

3. 信用证修改

对于信用证中与合同不符的、出口方不能接受、无法做到的条款，应及时向进口方发出改证函，由进口方向开证行申请修改。出口方在收到银行的修改通知书并审核无误后，才能对外发货。

（二）备货及相关单证

1. 备货

备货的内容包括落实货源或安排生产，出口方在货物的生产及包装过程中严格按照合同或信用证规定落实货物品质、规格、型号、数量、包装、刷唛等项目。外贸企业根据其性质不同，可分为生产型外贸企业和流通型外贸企业（外贸公司）。前者可根据交货期自行安排生产，给本企业的生产部门下单、生产备货；后者一般需要联系国内供应商（生产厂家），向其下订单或签订委托加工合同，委托其按照出口合同及信用证的要求进行生产和包装。

如果是仓库现货，当出口方准备出运前，出具外销出仓单（提货单），填好商品名称、规格、数量、唛头、毛重、净重、仓储地点等并盖章，使其成为有效的提货凭证，交由货运部门据以向仓储地点提货出运。

2. 申请出口许可证

凡属于国家实行许可证管理和配额管理的出口商品，出口方必须在货物出口前按规定向指定的发证机构申领出口许可证，海关凭出口许可证接受申报和验放。

我国负责管理、签发出口许可证的机构是商务部及其授权的省级对外贸易管理部门和商务部驻各地特派员办事处。

任务互动2

出口许可证制度的意义是什么？目前我国出口哪些商品需申请出口许可证？

3. 缮制商业发票和装箱单

商业发票是全套议付单据的中心单据，其他单据的主要内容都根据发票制作，信用证在规定所需提交的单据时，对商业发票要求最为严格。所以，缮制发票时要注意必须符合信用证、合同的要求，同时要与实际交货情况一致。装箱单是对发票的补充，着重描述货物的包装情况。

4. 缮制报检单并报检

我国于 2000 年 1 月 1 日起实施"先报检，后报关"的通关模式。

法定检验的出口货物，在出口前按国家规定必须由国家检验检疫局实施强制检验。这些货物出口时，出口方应在报关前 10 天报检。报检时应先缮制出境货物报检单，连同商业发票、装箱单、合同等办理报检。除非信用证条件要求商检证书的，商检机构不逐笔签发商检证书，而是在"出口货物通关单"上加盖检验检疫专用章，海关凭此验放。如果信用证要求提交某种商检证书作为议付单据之一，如品质检验证书，则必须在检验后出具合格证书。注意，有些商品检验需要一段时间，出口方应事先预估，掌握报检的时间，保证在报关出运前取得通关单或商检证书。

对于不属于法定检验的出口商品，如果合同、信用证没有要求商检，则不必报检。如果合同或信用证要求商检，并要求以商检证书作为议付单据之一，则出口方也必须按要求报检并取得指定的检验单据。

实际上，报检工作也可以于办理托运的同时委托货运代理公司代理。

5. 报检的同时，可申请办理原产地证书

普惠制原产地证书要在发货前到检验检疫机构申办。办理时要同时提交普惠制原产地证书申请书、已填写的普惠制原产地证书，以及商业发票等其他规定单据。经香港转运的货物，普惠制原产地证书 FORM A 通常要到商检机构办理加签，证明未在港对货物进行再加工。

一般原产地证要在货物报关出运前 3 天向我国检验检疫机构或中国对外贸易促进委员会申办。申请时要提交一般原产地证申请书、已填写的产地证，以及商业发票等其他规定单据。

（三）租船订舱和报关出运

1. 缮制托运单据并办理租船订舱等托运手续

海洋运输中，大宗货物的出口需要租船运输，而大多数货物是以班轮运输为主。在 CIF 条件下，出口方备妥货物后，应缮制订舱委托书、连同发票、装箱单等，及时向货运代理公司办理托运委托手续。货运环节复杂，涉及的单据较多，一般工作流程如下。

（1）出口方（托运人）向货运代理公司发出订舱委托书（同时要确定是否委托装箱，要告知装箱方式 FCL/LCL❶）。

（2）货运代理公司与船公司确定运价后，向船公司发出托运单连同商业发票、装箱单，办理订舱。

（3）船公司接受订舱后，在托运单上编号（提单号），填写船名、航次、船期、提单号、集港或截关日期等内容，并把全套托运单中的配舱回单、装货单、收货单、运费单等

---

❶ FCL 的原文是 full container load，意为整箱货；LCL 的原文是 less than container load，意为拼箱货。

与托运人有关的单据退还货运代理公司。

（4）货运代理公司将订舱信息告知托运人（出口方），通知其送货时间与地点（码头）。

（5）集装箱装箱。如果在仓库装箱，货运代理公司把船名、提单号通知仓库，并凭介绍信去船公司集装箱堆场提箱，待货主送货后装箱。如果在工厂装箱，货运代理公司提箱后根据托运人提供的工厂地址装箱。

（6）确定船期前由货运代理公司将出口货物集港，送至码头指定仓库（集装箱货物送至堆场时取得场站收据），等报关后装船。

2. 填制（核对）提单

CIF 条件下，出口方在收到配舱回单和装货单后，即应按信用证和其他有关规定缮制提单。由于提单是物权凭证，是最重要的议付单据之一，所以需要格外仔细小心。为保证船公司签发的提单符合信用证、合同的要求，出口方于装船前预制提单，送货运代理公司与船公司核对提单。待由货运代理公司于货物装船后，出口方凭大副收据或场站收据才能向船公司换取正本已装船提单。

3. 缮制投保单并投保

凡是按 CIF、CIP 成交的出口合同，出口方在装运前应及时向保险公司办理投保手续。出口方缮制投保单，连同发票、装箱单等交保险公司，保险公司据以签发保险单。由于保险单也是议付单据之一，必须完全符合信用证的要求，所以缮制投保单时必须根据信用证、合同要求制作，特别是被保险人、货物、保险金额、保险险别等必须准确无误。

4. 缮制出口报关单（出口报关委托书）并报关

出口方在货物装船前，要及时填写出口报关单，连同商业发票、装箱单、装货单、通关单、其他单据（如出口许可证、减/免税证明）等，自理报关或委托代理公司办理出口报关手续（附出口报关委托书）。

根据海关要求，一般货物应在装船前 24 小时报关，集装箱货物应于出运前 3 天报关。注意一定要在船公司的截关时间前通关完毕，否则无法装船。海关在报关单和装货单上盖放行章后，货物方可装船。

5. 装船出运，完成交货，取得已装船提单正本

海关查验放行后，货物准备装船。装船出运的基本程序如下。

（1）货运代理公司凭船公司签署、海关盖章的装货单要求船长装货。

（2）装货后，由船上的大副签署大副收据（Mate's Receipt，M/R），交给货运代理（集装箱货物则于货物运至码头堆场或货运站后取得场站收据）。

（3）货运代理凭大副收据或场站收据，向船公司换取已装船提单正本，并支付运费。

（4）出口方向货运代理支付运费，取得全套已装船提单，凭以结汇。

6. 出口方向进口方发出装船通知

根据国际惯例，CIF、CFR、FOB、CIP❶、CPT❷、FCA❸ 条件下的出口方在货物装

---

❶ CIP 是国际贸易中常用的贸易术语之一，其原文是 carriage and insurance（...named place of destination），卖方向其指定的承运人交货，还必须支付将货物运至目的地的运费和保险费。

❷ CPT 是国际贸易中常用的贸易术语之一，其原文是 carriage paid to（...named place of destination），卖方向其指定的承运人交货，还必须支付将货物运至目的地的运费。

❸ FCA 是国际贸易中常用的贸易术语之一，其原文是 free carrier...named place，货交承运人。

船后均应及时向进口方发出已装船通知，而无论合同或信用证规定与否。有时信用证规定装运通知的电传、传真或电报副本是议付单据之一，这时应按信用证规定的内容、时间和方式向信用证指定的人（通常是进口方）发出已装船通知。

任务互动3

装船通知的作用是什么？为什么在 CFR/CPT 条件下，该通知尤为重要？

（四）制单收汇

1. 制单

货物出运后，出口方应立即按照信用证的规定缮制各种单据。有些单据在履行交货的过程中已经缮制或取得，比如商业发票、装箱单、原产地证书、提单、保险单、已装船通知等，此时，还可能需要缮制的单据包括汇票、受益人证明、船公司证明、寄单证明、寄样证明、海关发票、领事发票等。

各种单据缮制齐全后，出口方必须认真审核，对照信用证、合同的要求，保证正确无误。

2. 交单议付

出口方在信用证规定的交单期内将审核无误的单据按所需份数及时送交议付行。议付行在保留追索权的条件下，购买受益人提交的汇票及所附单据。

议付行议付后将单据寄送开证行或付款行，向其索款。

任务互动4

什么叫议付？议付行与开证行有什么不同？

3. 收汇

开证行或付款行收到汇票及所附单据并审核无误后，将款项汇交议付行。至此，才算出口合同的履行环节完毕，达到出口收汇的目的。

知识链接

我国关于制单收汇有两种做法。第一，出口结汇又称先收后结，是指由信用证的付款行将款项汇交议付行之后，议付行再将款项交给受益人（出口方）。第二，出口押汇又称买单结汇，是指议付行在收到受益人提交单据时，买下单据，扣除一定的手续费和利息后，将款项给予受益人（出口方），然后议付行再向付款行提交单据，要求付款，付款行收到并审核无误后交款项汇交议付行。

（五）单证善后

1. 改单

如果出口方交单后，议付行审单发现单据有误，则将单据退回，出口方应及时进行改单，争取在信用证有效期和交单期内重新提交正确无误的单据。如果被开证行或付款行审单后退回或拒付，应立即查明原因并及时解决。

2. 单证留底和保管

所有出口单证，尤其是议付单证，必须有一套副本留底存档，以备改单和查阅。

二、进口业务单证流程

进口业务是国际贸易的重要组成部分，但在实际业务中，国际市场仍是买方市场，在一笔外贸业务中，无论是客户的选择，还是整个交易的磋商过程，进口方在业务中总处于绝对的主导地位，达成一笔进口交易比达成一笔出口交易要容易得多。在合同执行过程中涉及进口方操作的环节也相对简单。以信用证支付方式、FOB 术语交易条件为例，其履行环节同样可简单归纳为四大环节："证"（开立信用证）、"船"（租船订舱、投保）、"款"（审单付款）、"货"（进口报关、报检），进口单证流程可概括为以下步骤。

（一）申请开证

进口方按合同规定的开证时间或合理时间向银行申请开立信用证，填写开证申请书，确保开证申请书相关填写内容与合同一致。进口方对银行预先开出的信用证副本进行仔细核对无误后，通知银行对外开出信用证正本。

（二）收单、审单

出口方发货后，会通过银行将全部单据提交过来。当全套付汇单据经由出口地银行转交至进口地开证行时，开证行和进口方要对全套付汇单据进行审核，一般由开证行负责初审，进口方复审。审核单据的依据是信用证及惯例，必须按照"严格符合"原则，确认"单证相符、单单相符"后从开证行赎单，取得包括提单、发票、装箱单等在内的所有单据。

（三）取得保险单

在 FOB、CFR 术语下，保险由进口方办理。进口方应在货物装运前，凭出口方提供的装船通知、发票等传真件，向保险公司办理保险事宜，取得保险单并归档。

（四）进口报关报检

进口方准备好发票、装箱单、提单、合同、进口许可证、代理报关委托书、银行开证证明书等单证，交由报关企业或货运代理公司代理进口报关。若属法定商检的进口商品，还要委托代理报检企业向商检机构检验，期间进口方必须与报检员保持联系，确保货物顺利受检并保存商检的相关记录。

三、单证工作的基本要求

单证工作是国际贸易业务的一个重要组成部分，从签订合同到履行合同的全过程，每一个环节都需要单证的缮制、处理、交换和传递，全程不能出现丝毫差错，否则就有可能给企业带来经济损失。

单证制作必须符合正确、完整、及时、简明、整洁五个基本要求。

1. 正确

正确是一切单证工作的前提，是安全收汇的保证。它包括以下两个方面的内容。

一方面要求各种单据必须做到"四个一致"，即"证同一致、单证一致、单单一致、单货一致"。"证同一致"是出口方履行合同的前提；"单证一致、单单一致"是开证行或付款行付款的条件；"单货一致"侧重在备货工作上，出口方对制单所需资料必须核实，保证单据中的货物描述与实物一致，此为出口方树立信誉所必须。

另一方面，要求各种单据必须符合有关国际惯例和进出口国有关法令和规定。

在信用证业务中，单据的正确性要求精确到不能有一字之差，同时还要求出口方出具的单据种类、份数和签署等必须与信用证的规定相符。

> **任务互动5**
>
> 1. 出口方制单的依据有哪些?
>
> 2. 广州某进出口公司向阿拉伯也门共和国的 Mohammed Sofan 出口一批货物，在制单时误将"Mohammed Sofan"写成"Mohammed Soran"，开证行拒绝付款。广州公司认为一个字母打错开证行就拒绝付款是开证行过分挑剔，随即向法院起诉。请问能胜诉吗?为什么?

2. 完整

完整是构成单证合法性的重要条件之一，是单证成为有价证券的基础。它包含三方面的内容。

(1) 内容完整。即每一种单据本身的内容（包括单据本身的格式、项目、文字和签章、背书等）必须完备齐全，否则就不能构成有效文件，也就不能为银行所接受。

(2) 种类完整。即单据必须是成套齐全而不是单一的，遗漏一种，就是单据不完整。单据应严格按照信用证规定一一办理，除主要单据外，一些附属证明、收据一定要及时办理，不得遗漏。

(3) 份数完整。在信用证项下的交易中，进出口商需要哪些单据，一式几份，信用证都有明确规定，尤其是提单的份数，应注意按要求出齐，避免多出或少出。

3. 及时

进出口单证工作的时间性很强，所谓及时，包括以下两个方面的内容。

(1) 及时出单。各种单据的出单时间，要注意它们之间的逻辑关系和国际惯例。所谓出单时间的逻辑关系，指的是哪个单证在前，哪个单证在后，要合乎事理，这就是逻辑关系。比如，信用证还没有到，商业发票就缮制好了，这就不合乎逻辑。通常在收到信用证后，而且在没有需要修改的前提下，当天或两三天内制作完成商业发票即可。再比如，提单还没有到手，受益人证明书或装船通知就无法告知客户船期。（见表1-3）

表1-3 各类单证出单时间顺序

序号	单据名称	出单时间顺序
1	商业发票	商业发票日期应在各单证日期之首，晚于信用证开出时间，但形式发票可先于商业发票
2	装箱单	装箱单日期应等于或迟于商业发票日期，但必须在提单日之前
3	提单	提单日期不能超过 L/C 规定的最迟装运期，也不得早于信用证的最早装运期；提单日期是确定如下单证日期的关键参照点
4	保险单	保险单的签发应早于或等于提单日期（一般早于提单两天），不能早于发票日期
5	原产地证书	各种原产地证书不可早于商业发票日期，不可迟于海运提单日期
6	商检证	商检证日期不可晚于提单日期，但也不能过分早于提单日，尤其是鲜货和易变质的货物
7	装船通知	装船通知不晚于提单日期后三天内，并在符合信用证规定时间内

序号	单据名称	出单时间顺序
8	受益人证明	受益人证明上的日期等于或晚于提单日期
9	船公司证明	船公司证明上的日期等于或早于提单日期
10	汇票	汇票日期应晚于提单、发票或其他单证日期,但不能晚于信用证的有效期

(2)及时交单。只有及时制单、及时审单、及时交单,才能及时收汇。因此,单证员要首先把握信用证"三期"(最迟装运期、交单期和信用证有效期)。

① 最迟装运期(latest date for shipment)即卖方将全部货物装上运输工具或交付给承运人的期限或最迟日期。提单的出单日期即开船日,不得迟于信用证上规定的最迟装运期;若信用证中未规定此日期,则装运日期不得迟于信用证的有效期。

信用证通常规定有装运期,如未规定,则视为"双列期",即信用证有效期等于装运期。

② 交单期(presentation period)信用证规定了交单期,一般从提单签发日起算,期限长短见信用证规定。受益人(出口方)应在规定的交单期内将信用证要求的所有单据,向银行交单议付。根据《UCP600》的规定,银行将不接受迟于装运期后21天交单的单据。如果迟期交单,即使是在信用证有效期内,仍视为单证不符。可见,需要提交的单据日期都得早于交单期。

③ 信用证有效期(validity date)通常从信用证开证日起算,为1个月左右。凡是信用证都必须注明其有效期,否则信用证是无效信用证。

任务互动6

我方某公司与外商签订一份CIF出口合同,以L/C为支付方式。国外银行开来的信用证中规定:"信用证有效期为2016年6月6日,装运期为2016年5月。"我方加紧备货出运,于5月20日取得大副收据,并换回正本已装船清洁提单,我方最迟应于何日交单?

4. 简明

简明是指单证的内容应按照信用证、合同和国际惯例填写,力求简化,切勿加入不必要的内容,以免弄巧成拙。国际商会《UCP600》中指出,"为了防止混淆和误解,银行应劝阻在信用证或其任何修改书中加注过多细节的内容",其目的也是避免单证的复杂化,提高工作效率。简化单证流程或程序,不仅可以减少工作量,提高工作效率,而且也有利于提高单证的质量和减少单证的差错。

5. 整洁

单证表面要整洁、美观、大方,单证内容简洁明了。

如果正确和完整是单证的内在质量,那么整洁则是单证的外观质量。它在一定程度上反映了一个国家的科技水平和一个企业的业务水平。单证是否整洁,不但反映出制单人的业务熟练程度和工作态度,而且还会直接影响出单的效果。

单证的整洁还体现在单证格式的设计和缮制力求标准化和规范化,单证内容的排列要行次整齐、主次有序,重点项目突出醒目,单证字迹清晰、语言通顺、语句流畅、用词简明扼要、恰如其分,更改处要盖校对章或简签。如单证涂改过多,应重新缮制单证。

知识链接

国际商务单证的发展趋势

1. 单证标准化

单证的标准化主要是指单证格式标准化、数据元的标准化、代码的标准化，从而减少重复制作及审核，减少理解上的差错，简化程序、节省费用、提高效率，促进贸易的开展。

2. 代码标准化

代码标准化指单据中的一些具体内容用标准化的数字或字母代码来表示，并对代码在单据中出现的位置有具体规定。联合国设计推荐使用下列国际标准化代号和代码。

（1）简化运输标志：收货人（买方）简称、参考号（合同号）、目的地、件号，并要求分四行，每行限17个字母或数字，不允许使用几何图形或其他图案，不允许用彩色编码。

（2）国家和地区代码：两个英文字母组成，比如中国 CN、美国 US、英国 GB。

（3）货币代号：三个字母组成，比如人民币 CNY、美元 USD、英镑 GBP。

（4）地名代码：比如上海 CNSHG、纽约 USNYC、伦敦 GBLON。

（5）日期代码：比如2014年3月1日表示为2014-03-01。

3. 单据电子化

单据电子化是指运用计算机技术、电子数据交换技术、网络技术、外贸（制单）软件等现代信息技术进行外贸单证处理，提高准确度和效率。

制单软件根据外贸企业的规模和电子化应用程度的不同而不同，一般可分为模板式制单和外贸 ERP 系统自动制单。外贸 ERP（enterprise resource planning，企业资源计划）系统在外贸企业中得到了广泛的运用，包括财务、分销、制造、售后服务、人力资源等方面充分地实现了现代信息化管理，制单是管理软件功能中的一部分，在其中专门的单证管理功能模块进行即可。

任务实施

陈珊珊画出了 CIF 条件、信用证支付方式的出口业务单证工作流程图。（见图1-4）

小试身手

广州远鹏进出口有限公司的经理继续向杨晓阳提出问题。

第一个问题："请你谈谈一笔出口贸易的单证操作流程吧。"

第二个问题："你能说说外贸单证制单的基本要求吗？"

如果你是小杨，你会怎样回答呢？

```
                        签证合同
                           │
                        履行合同
        ┌──────────────────┼──────────────────────────────┐
   备货 加工 包装 刷唛                            催证 审证 改证
        │                  │              ┌───────────────┤
  向商检局报检          租船订舱         │            办理保险
        │                  │            │               │
        │            发运货物  办理报关  │               │
     检验证书──────┐        │          │               │
        │         └──海关检验放行       │          制作有关单据
        │                  │            │               │
        │         货物装船后取得提单     │            保险单
        │                  │            │               │
        │          向买方发装船通知      │               │
        └──────────────────┴───────汇集有关的单证──────────┘
                           │
         持全套货运单连同信用证向银行办理议付
```

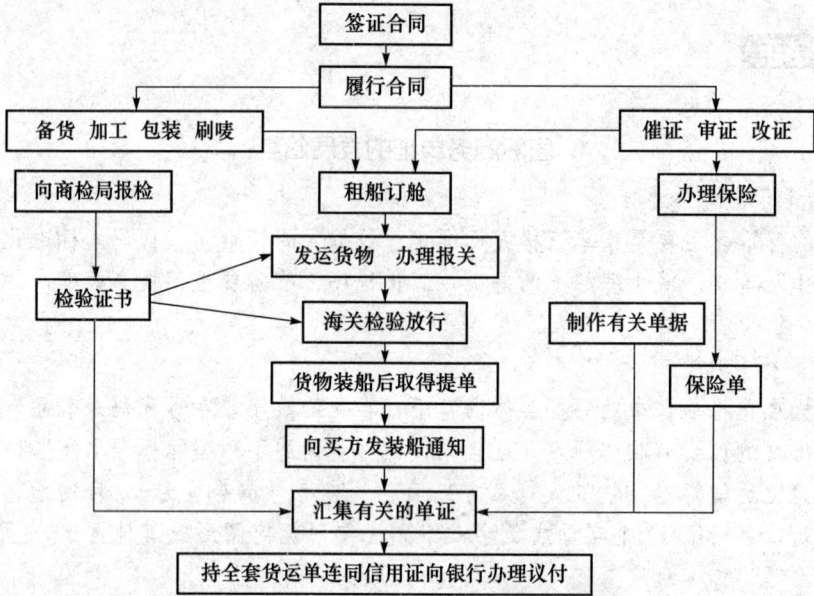

图 1-4 出口业务单证工作流程图 （CIF 条件、信用证支付）

项目二

分析合同和信用证

知识目标

1. 了解合同的主要形式；
2. 熟悉合同的基本内容和主要条款；
3. 理解信用证的含义、特点和业务流程；
4. 熟悉信用证的基本内容和主要条款；
5. 掌握信用证审核要点和修改程序。

技能目标

1. 能够读懂贸易合同的主要条款；
2. 能够读懂信用证的主要条款；
3. 能够根据合同条款审核信用证，找出信用证的不符点，并提出修改意见。

情境导入

广南公司是一家集贸易、生产、服务为一体的科工贸相结合的现代化企业，多年经营机械、成套设备及技术、电子仪器、轻工产品、食品、五金矿产等商品的出口业务，兼营国内销售、生产和加工业务。

2016 年 8 月，广南公司经与阿联酋 Haroon 公司反复磋商，达成一笔扳把式门拉手出口的交易。

基本交易信息如下。

1. 出口公司（The Seller）

名称 NAME：广南机械进出口有限公司

　　　　　　GUANGNAN MACHINERY IMPORT AND EXPORT CO. LTD.

地址 ADDRESS：广州市东风东路 726 号

　　　　　　726 DONGFENG EAST ROAD, GUANGZHOU, CHINA

电话 TEL：0086-20-37658122

传真 FAX：0086-20-87696462

电子邮件 EMAIL：NGMIE@163.com

2. 进口公司（The Buyer）

名称 NAME：HAROON CO. W. L. L. FOR MARKETING ENGINEERING MATERIALS LTD.

地址 ADDRESS：PO BOX 6747，SHARJAH，U. A. E.

电话 TEL：00971-6-5337338

传真 FAX：00971-6-5335883

电子邮件 EMAIL：HAROON@hotmail. com

3. 交易商品（Commodity）

商品名称：扳把式门拉手（LEVER HANDLE）（图样如图 2-1～图 2-4 所示）

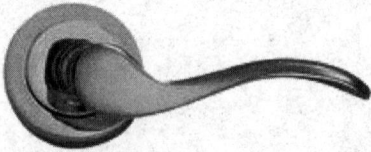

图 2-1　型号 991.006.86

图 2-2　型号 991.006F. 86

图 2-3　型号 991.006H. 86

图 2-4　型号 991.006.88

任务一　解读外贸合同

任务要求

　　2016 年 8 月 9 日，广南公司经与阿联酋 Haroon 公司成功签署了编号为 NO. HF60809 的扳把式门拉手出口合同（如合同 2-1 所示），以 CIF DUBAI 价格条件成交，即期信用证方式付款，合同金额为 58600.60 美元。

　　陈珊珊是广南公司五金工具部的单证员，负责该笔业务的审证、制单、交单、归档等一系列工作。因此她必须对该笔业务的合同十分熟悉，对合同的主要条款做到心中有数，为下一步审证和制单做好准备。

　　现在，请以单证员陈珊珊的身份仔细阅读合同，确定以下内容。

1. 合同号、签署日期、签署地点。
2. 买卖双方的名称、地址。
3. 货物名称、数量、单价、价格条款及总值。
4. 货物包装及唛头。
5. 装运期、装运港及目的港、分批装运和转运。
6. 保险条款的内容。
7. 支付条款的内容。

合同 2-1

GUANGNAN MACHINERY IMPORT AND EXPORT CO. LTD.
726 DONGFENG EAST ROAD, GUANGZHOU, CHINA
电话（TEL）：0086-20-37658122　传真（FAX）：0086-20-87696462

销 售 合 同
SALES CONTRACT

NO. HF60809
DATE：AUGUST 09，2016
SIGNED AT：GUANGZHOU

THE BUYER：HAROON CO. W. L. L. FOR MARKETING ENGINEERING MATERI-ALS LTD.
　　　　　PO BOX 6747, SHARJAH, U. A. E.
　　　　　TEL：00971-6-5337338　　　　FAX：00971-6-5335883

THE SELLER：GUANGNAN MACHINERY IMPORT AND EXPORT CO. LTD.
　　　　　726 DONGFENG EAST ROAD, GUANGZHOU, CHINA
　　　　　TEL：0086-20-37658122　　　FAX：0086-20-87696462

　　兹有买卖双方同意，按照以下条款达成下列交易。

　　The undersigned Seller and Buyer have agreed to close the following transaction according to the terms and conditions stipulated below.

(1) 货名及规格 COMMODITY & SPECIFICATION	(2) 数量 QUANTITY	(3) 单价 UNIT PRICE	(4) 金额 AMOUNT
LEVER HANDLE 991.006.86 991.006F.86 991.006H.86 991.006.88	3000SETS 460SETS 22SETS 3000SETS	USD9.10/SET USD8.30/SET USD8.30/SET USD9.10/SET	USD27300.00 USD3818.00 USD182.60 USD27300.00
TOTAL	6482SETS	CIF DUBAI	USD58600.60
(5) TOTAL AMOUNT: SAY US DOLLARS FIFTY-EIGHT THOUSAND SIX HUNDRED SIXTY CENTS ONLY.			

(6) PACKING: Packed in export standard carton.

(7) MARKS: As per seller's option.

(8) TIME OF SHIPMENT: Not later than October 15, 2016.

(9) PORT OF LOADING AND DESTINATION: From China ports to Dubai, U.A.E.

(10) INSURANCE: To be effected by the Seller for 110% of the invoice value covering Institute Cargo Clauses (A).

(11) TERM OF PAYMENT: Payment to be made by irrevocable letter of credit available by draft at sight, to reach the seller 30 days before time of shipment, and remain valid in China until the 21st day after the date of shipment.

(12) REMARKS: Partial shipment is prohibited and transshipment is allowed.

THE SELLER:
GUANGNAN MACHINERY
IMPORT AND EXPORT CO. LTD.
李伟华

THE BUYER:
HAROON CO. W. L. L. FOR MARKETING
ENGINEERING MATERIALS LTD.
Sammon

相关知识

一、合同的形式

在国际贸易中，合同的形式有书面合同、口头合同、行为合同三种，通常我国进出口实际业务中买卖双方经磋商达成交易后，需要签订书面合同。书面合同的形式和内容没有统一规定，从格式的繁简来看，我国进出口业务中主要采用合同（contract）和销售确认书（sales confirmation）两种形式，两者法律效力相同而无实质性区别。

签订书面合同有什么意义?

知识链接

合同有效成立的条件

(1) 合同当事人具有订立合同的行为能力。

(2) 合同必须有对价和合法的约因,即双方互为有偿。

(3) 合同的标的和内容必须合法。

(4) 双方当事人的意思表示必须真实。

(5) 合同必须符合法律规定的形式。

二、合同的基本内容

在实际业务中当事人根据具体交易情况订立合同条款,因此,合同的具体内容不尽相同,但基本内容通常包括约首、正文、约尾三个部分。

1. 约首

约首即合同的首部,主要包括合同的名称、编号、订约日期、订约地点及买卖双方名址、通信方式、合同序言等事项。

2. 正文

这是合同的主体部分,其中具体规定了买卖双方的权利、义务、责任、豁免,所有这些在合同中表现为各项具体交易条件和一般交易条件。拟定合同文本要注意,各项条款的内容要明确、完整、肯定;各项条款的内容不能相互矛盾。

(1) 品名、品质条款(name and quality clause)

合同中货物名称(name of commodity)应明确、具体,不产生歧义。货物品质(quality of goods)条款应列明所交易商品的规格、等级、标准、产地、商标或牌号等。

(2) 数量条款(quantity clause)

数量条款的基本内容是规定交货的数量和使用的计量单位,如果是按重量计算的货物,还要规定计算重量的方法,如毛重、净重、以毛作净、公量等。根据需要还要规定溢短装条款(more or less clause)。

任务互动2

天力进出口公司与外商签订合同,出口一批东北大米,每公吨❶ USD300 FOB 烟台,信用证方式付款,溢短装条款规定为"1000M/T 5% MORE OR LESS BOTH IN AMOUNT AND QUANTITY ALLOWED, AT SELLER'S OPTION"。若实际交货时,天力公司装运数量为970公吨,试问这样做是否允许?

---

❶ 公吨(metric ton,简写为M/T)是公制单位,在国际贸易实际中还有长吨和短吨,签订国际贸易合同时要特别注意。

（3）价格条款（price clause）

价格条款包括单价（unit price）和总值（total value）两个部分。其中，单价条款由计价货币、单价金额、计量单位和贸易术语四个部分组成。例如：每件 16 美元 CIF 新加坡（USD16.00 Per Piece CIF SINGAPORE）。

任务互动3

为什么国际货物买卖合同中的单价条款必须包括贸易术语？

（4）包装条款（packing clause）

包装条款包括包装的种类、方式和唛头（shipping mark）等。包装种类如纸箱（carton）、木箱（wooden case）、袋（bags）、桶（drum）、捆（bundle）等；包装方式指每个包装单位内所装数量，例如："Each in one plastic bag, 15 pcs to a carton.（每件装一个塑料袋，15 件装一纸箱）"。

包装条款有些还要列明运输标志即唛头，以便于货物装卸作业中识别及方便进口方清点货物。

知识链接

唛头的组成

按照国际标准化组织（ISO）的推荐，唛头一般由四部分组成：①收货人或买方名称的英文缩写字母或简称；②参考号，如提单号、订单号或发票号；③目的地；④件号。举例如下：

ASG（收货人代号） NF201468（参考号） SINGAPORE（目的地） 1/50（件数代号）

（5）装运条款（shipment clause）

装运条款主要规定装运时间（time of shipment）、运输方式（means of transportation）、装运港（port of loading）与目的港（port of destination）以及装运通知（shipping advice）、是否允许分批装运（partial shipment）和转运（transshipment）等事项。

例如："Partial shipment is prohibited and transshipment is allowed.（不允许分批装运，允许装运）"。

（6）支付条款（payment clause）

国际货款的收付主要有汇付（remittance）、托收（collection）、信用证（letter of credit）三种基本方式。以信用证方式支付的合同，支付条款应对信用证类别、信用证付款期限、受益人、买方开立信用证的时间、信用证金额、信用证有效期和到期地点等做出具体规定。

例如："Payment to be made by irrevocable letter of credit available by draft at sight, to reach the seller 30 days before time of shipment, and remain valid in China until the 21st day after the date of shipment.（不可撤销即期信用证付款，信用证须在装运前 30 天开到

卖方，装运日后 21 天在中国议付有效）"。

（7）保险条款（insurance clause）

依照贸易术语的规定，可以明确由哪方负责办理保险。比如以 FOB、CFR 贸易术语成交的合同，由买方负责投保，合同中只需标明"保险由买方办理（To be covered by the Buyers）"。

以 CIF 贸易术语成交的合同，由卖方负责投保，则还须在合同中订明投保险别、保险金额。例如："To be effected by the Seller for 110% of the invoice value covering All Risks and War Risks as per CIC Clause（保险由卖方办理，按发票金额的 110%，投保中国保险条款一切险和战争险）"。

（8）一般交易条件（general terms and conditions）

一般交易条件是出口方为出售货物或进口方为购买货物而拟定的对每笔交易都适用的一套共性的交易条件，通常又称为格式条款，一般可包括商品检验（inspection）、不可抗力（force majeure）、违约（breach）、索赔（claim）、仲裁（arbitration）等条款。

3. 约尾

这是合同正文后的结尾部分，在该部分一般列明合同的份数、合同条款的变更、合同的文字及效力、合同附件的名称和效力、买卖双方授权签字人签署等项。

任务实施

陈珊珊要根据任务情境提供的信息，阅读理解合同 2-1 所示条款，找出"任务要求"中问题的答案，并将这些内容翻译成中文。

1. 合同号：NO. HF60809；签署日期：2016 年 8 月 9 日；签署地点：广州

2. 卖方名称、地址：

广南机械进出口有限公司

中国广州市东风东路 726 号

买方名称、地址：

HAROON CO. W. L. L. FOR MARKETING ENGINEERING MATERIALS LTD.

PO BOX 6747，SHARJAH，U. A. E.

阿联酋，沙迦，邮政信箱：6747

3. 货物名称、数量、单价、价格条款及总值：

货名及规格	数量	单价	金额
LEVER HANDLE 扳把式门拉手 991.006.86 991.006F.86 991.006H.86 991.006.88	3000 套 460 套 22 套 3000 套	每套 9.10 美元 每套 8.30 美元 每套 8.30 美元 每套 9.10 美元	27300.00 美元 3818.00 美元 182.60 美元 27300.00 美元
合计	6482 套	CIF 迪拜	58600.60 美元
总值：伍万捌仟陆佰美元陆拾美分			

4. 货物包装：出口标准纸箱装

　　唛头：由卖方确定

5. 装运期：不迟于 2016 年 10 月 15 日

　　装运港：中国港口

　　目的港：阿联酋迪拜

　　分批装运：不允许

　　转运：允许

6. 保险条款的内容：保险由卖方办理，保险金额为发票金额的 110％，投保协会货物条款（A）险。

7. 支付条款的内容：不可撤销即期信用证付款，信用证须在装运期前 30 天开到卖方，信用证有效期为装运日后 21 天，在中国到期。

小试身手

　　粤辉进出口有限公司于 2016 年 4 月 15 日与加拿大 LIVI 贸易公司签订了一份女士针织衣的出口合同，如合同 2-2 所示。

合同 2-2

合　同
CONTRACT

卖方 SELLERS：YUEHUI IMPORT AND 　　　　　EXPORT CO. LTD.	合同号码 CONTRACT NO.：GGZ2016036
地址 ADDRESS：256 HONGLI EAST ROAD 　　　　　SHENZHEN, CHINA	日期 DATE：APR. 15，2016

电话　　　　　　　传真　　　　　　　　签约地点

TEL：0086-20-83550835　　FAX：0086-20-83556688 SIGNED AT：SHENZHEN, CHINA

买方

BUYERS：LIVI TRADING CORPORATION

地址

ADDRESS：112 ST. GEORGE STREET TORONTO, CANADA

电话　　　　　　　　传真

TEL：001-416-7366588　　FAX：001-416-7366352

经买卖双方确认根据下列条款订立本合同。

This contract is made out by the Sellers and Buyers as per the following terms and conditions mutually confirmed.

(1) 货物名称及规格 NAME OF COMMODITY AND SPECIFICATION	(2) 数量 QUANTITY	(3) 单价 UNIT PRICE	(4) 金额 AMOUNT
LADIE' 65％SILK 20％LAMBSWOOL 10％ANGORA 5％NYLON KNITTED DRESS ART. NO. S1203 ART. NO. T1204	 1000 PCS 2000 PCS	 USD15.00/PC USD10.00/PC	 USD15000.00 USD20000.00
TOTAL 合计	3000 PCS	CIF TORONTO	USD35000.00

数量及总值允许有 5％的增减。

5％ MORE OR LESS BOTH IN AMOUNT AND QUANTITY ALLOWED.

（5）合同总值（大写）

TOTAL VALUE IN WORD：SAY US DOLLARS THIRTY-FIVE THOUSAND ONLY.

（6）包装及唛头

PACKING AND SHIPPING MARKS：

EACH IN ONE PLASTIC BAG，15 PCS TO A CARTON，TOTAL：200 CARTONS

SHIPPING MARK：LIVI

　　　　　　　　TORONTO

　　　　　　　　NO. 1-200

（7）装运期

TIME OF SHIPMENT：Within 45 days of receipt of Letter of Credit and not later than the end of AUG. 2016 with partial shipments and transshipment allowed.

（8）装运口岸和目的地

LOADING PORT & DESTINATION：From Shenzhen China to Toronto Canada

（9）保险

INSURANCE：To be effected by the Seller for 110％ of the CIF invoice value covering all risks and war risk only as per China Insurance Clauses.

（10）付款条件

Terms of Payment：By 100％ irrevocable sight letter of credit opened by the Buyer to reach the Seller not later than July 25，2016 and to be available for negotiation in China until the 15th day after the date of shipment. In case of late arrival of the L/C，the Seller shall not be liable for any delay in shipment and shall have the right to rescind the contract and/or claim for damages.

CONFIRMED BY THE BUYER： 　　　THE SELLER：

LIVI TRADING CORPORATION 　　YUEHUI IMPORT AND EXPORT CO. LTD.

　　JOHN 　　　　　　　　　　　　　张利波

请阅读上述合同，回答下列问题。

1. 合同的签约日期和地点分别是什么？

2. 货物名称是什么？分别有哪两个货号？各货号商品的交易单价和数量是多少？

3. 合同交易的总数量和总值分别是什么？

4. 货物如何进行包装？总包装数量是什么？

5. 合同规定的装运期、装运港、目的港分别是什么？是否允许分批装运和转运？

6. 合同以什么方式结算货款？买方必须在什么时间将信用证开到卖方？对信用证有效期如何规定？

任务二 分析信用证

任务要求

2016 年 8 月 17 日，阿联酋 Haroon 公司按照合同（见合同 2-1）规定，开出了一份以广南机械进出口有限公司为受益人的信用证，开证行是 HABIB BANK AG ZURICH DUBAI（迪拜苏黎世哈比卜银行），如信用证 2-1 所示。

请以单证员陈珊珊的身份仔细阅读信用证，找出以下内容。

1. 信用证号、开证日期。

2. 信用证有效期及到期地点。

3. 开证人、受益人名称和地址。

4. 信用证金额。

5. 汇票期限和汇票付款人。

6. 装运港、目的港、装运期限、分批装运和转运的要求。

7. 商品名称、数量及贸易术语。

8. 合同号及日期。

9. 要求的单据。

10. 交单期限。

信用证 2-1

ISSUS OF A DOCUMENTARY CREDIT

APPLICATION HEADER 0700 1915 160817 HBZUAEADAXXX

2572 542494 160817 2315 N

HABIB BANK AG ZURICH

DUBAI

SEQUENCE OF TOTAL	27：	1/2
FORM OF DOC. CREDIT	40A：	IRREVOCABLE
DOC. CREDIT NUMBER	20：	DER260635
DATE OF ISSUE	31C：	160817
DATE AND PLACE OF EXPIRY	31D：	DATE 161030 PLACE CHINA

APPLICANT　　　　　　　　50： HAROON CO. W. L. L. FOR MARKETING
　　　　　　　　　　　　　　　　ENGINEERING MATERIALS LTD.
　　　　　　　　　　　　　　　　PO BOX 6747, SHARJAH, U. A. E.

BENEFICIARY　　　　　　　59： GUANGNAN MACHINERY IMPORT AND
　　　　　　　　　　　　　　　　EXPORT CO. LTD. , 726 DONGFENG EAST
　　　　　　　　　　　　　　　　ROAD, GUANGZHOU, CHINA

CURRENCY CODE, AMOUNT　32B： CURRENCY USD AMOUNT 58600. 60

AVAILABLE WITH/BY　　　41A： ANY BANK
　　　　　　　　　　　　　　　　BY NEGOTIATION

DRAFTS AT...　　　　　　42C： AT SIGHT

DRAWEE　　　　　　　　　42A： HBZUAEADAXXX
　　　　　　　　　　　　　　　　HABIB BANK AG ZURICH
　　　　　　　　　　　　　　　　DUBAI

PARTIAL SHIPMENTS　　　43P： NOT ALLOWED

TRANSSHIPMENT　　　　　　43T： ALLOWED

LOADING IN CHARGE　　　44A： CHINA

FOR TRANSPORT TO...　　44B： DUBAI, UNITED ARAB EMIRATES

LATEST DATE of SHIPMENT　44C： 161015

DESCRIPTION OF GOODS　　45A：

　　　　LEVER HANDLE

991.006.86	3000SETS	USD9.10/SET	USD27300.00
991.006F.86	460SETS	USD8.30/SET	USD3818.00
991.006H.86	22SETS	USD8.30/SET	USD182.60
991.006.88	3000SETS	USD9.10/SET	USD27300.00

　　　　TRADE TERM： CIF DUBAI

　　　　AS PER SALES CONFIRMATION NO. HF60809 DATED AUGUST 9, 2016

DOCUMENTS REQUIRED　　　46A：

1. 5 SIGNED COMMERCIAL INVOICE IN THE NAME OF BENEFI-
CIARY CERTIFING MERCHANDISE TO BE CHINA ORIGIN.

2. 4 PACKING LIST/WEIGHT LIST.

3. CERTIFICATE OF ORIGIN ISSUED BY CCPIT IN 1 ORIGINAL
AND 2 COPIES.

4. FULL SET OF CLEAN SHIPPED ON BOARD OCEAN BILL OF
LADING DRAWN OR ENDORSED TO THE ORDER OF HABIB
BANK AG ZURICH, SHOWING BENEFICIARY AS SHIPPER,
MARKED NOTIFY APPLICANT, BEARING OUR CREDIT
NO. , SHOWING FREIGHT PREPAID.

5. 2 MARINE INSURANCE POLICY/CERTIFICATE, ENDORSED
IN BLANK, FOR FULL INVOICE VALUE PLUS 10 PERCENT,

COVERING INSTITUTE CARGO CLAUSES（A），SHOWING CLAIMS IF ANY PAYABLE IN UNITED ARAB EMIRATES.

6. ALL SHIPMENT UNDER THIS CREDIT MUST BE ADVISED BY BENEFICIARY WITHIN 5 WORKING DAYS FROM SHIPMENT DATE DIRECTLY BY FAX OR POST OR COURIER TO APPLICANT. A COPY OF EACH OF ABOVE ADVICES TO ACCOMPANY THE ORIGINAL SET OF DOCUMENTS.

7. BENEFICIARY'S CERTIFICATION，CERTIFING THAT ONE SET OF NON NEGOTIABLE DOCUMENT MUST BE SENT TO THE APPLICANT ON FAX. NO. 9716 5331819 IMMEDIATELY AFTER SHIPMENT.

ADDITIONAL CONDITIONS 47A：

1. THIRD PARTY DOCUMENTS ARE NOT ACCEPTABLE.

2. DOCUMENTS ISSUED OR DATED PRIOR TO THIS CREDIT ISSUANCE DATE NOT ACCEPTABLE.

3. ALL DOCUMENTS TO BE MADE IN ENGLISH.

4. IF SHIPMENT IN CONTAINER，BILL OF LADING TO SHOW CONTAINER NUMBER AND SEAL NUMBER.

DETAILS OF CHARGES　71B：

ALL BANK CHARGES RECORDING FEE AND COMMISSION OUTSIDE UNITED ARAB EMIRATES INCLUDING REIMBURSEMENT CHARGES ARE FOR BENEFICIARY'S ACCOUNT.

PRESENTATION PERIOD 48：

DOCUMENTS TO BE PRESENTED WITHIN 21 DAYS AFTER THE DATE OF ISSUANCE OF THE SHIPPING DOCUMENTS, BUT WITHIN THE VALIDITY OF THE CREDIT.

CONFIRMATION　　　　49：　　　　WITHOUT

INSTRUCTION　　　　78：

1. THE NEGOTIATING BANK MUST FORWORD THE DRAFTS AND ALL DOCUMENTS BY REGISTERED AIRMAIL DIRECT TO US IN ONE LOT.

2. IF THIS L/C IS NEGOTIATED BY A BANK OTHER THAN THE ADVISING BANK，THE NEGOTIATING BANK IS TO CERTIFY ON COVERING SCHEDULE THAT THE ADVISING BANK CHARGES ARE PAID.

3. THIS DOCUMENTARY CREDIT ISSUED IS SUBECT TO UCP600.

INSTR. TO PAY/ACCEP/NEG. 78：

UPON RECEIPT OF ORIGINAL SHIPPING DOCUMENTS COM-

PLYING WITH CREDIT TERMS，WE SHALL EFFECT PAYMENT AS PER INSTRUCTION OF NEGOTIATING BANK/COLLECTING BANK.

ADVISE THROUGH　　　57A：BKCHCNBJ400

　　　　　　　　　　　　BANK OF CHINA GUANGDONG BRANCH

　　　　　　　　　　　　GUANGZHOU

补充交易资料

发票号：A12-234-8256　　　　　　发票日期：OCT. 9，2016

提单号：HUPDXB06A0306　　　　　提单日期：OCT. 13，2016

船名航次：WAN HAN 303 V. W049　装运港：HUANGPU，CHINA

集装箱号：1×20' FCL CY/CY

　　　　　WHLU5165067　SEAL NO. WH04341085

保单号：6697256　　　　　　　　　原产地证号：160387253

HS CODE：8302.4100　　　　　　　唛头：N/M

原材料情况：完全中国产，不含任何进口成分

货物装箱情况：

991.006.86	3000SETS	20 SETS/CTN	150CTNS
991.006F.86	460SETS	20 SETS/CTN	23CTNS
991.006H.86	22SETS	22 SETS/CTN	1CTN
991.006.88	3000SETS	20 SETS/CTN	150CTNS
	6482SETS		324CTNS

净重：1KG/SET　毛重：1.3KG/SET　　尺码：（56×38×31）CM/CTN

出口口岸：黄埔关区（5200）　　　　生产厂家：广东顺德德欧金属制品厂

经营单位编码：4401967226　　　　　贸易方式：一般贸易

运费：1200 美元　　　　　　　　　　保险费：500 美元

报检单位登记号：4401004899　　　　报关报检员：张建

相关知识

　　国际货款结算方式主要有汇付、托收和信用证三种。汇付和托收主要表现为商业信用，对买卖双方都存在一定的风险，而信用证方式属于银行信用，一方面在一定程度上缓解了进出口双方互不信任的矛盾，另一方面银行可以为进出口双方提供资金融通的便利，因此在国际结算中广泛应用。

知识链接

汇付和托收

汇付（remittance）是国际贸易中最简单的结汇方式，又称汇款，是进口方通过银行将应付款项汇交出口方的支付方式。因其手续简便、费用低廉，实际业务中较常使用。汇付有电汇（T/T）、信汇（M/T）、票汇（D/D）三种方式，目前多用电汇。

托收（collection）是在货物装运后，由出口方开出汇票连同货运单据委托出口地银行，通过进口地代收银行向进口方收款的一种结算方式。托收有付款交单（D/P）、承兑交单（D/A）两种方式。

汇付和托收都属于商业信用性质，对出口人安全收汇无保障，同时进出口双方资金负担不平衡，因此对进出口双方而言都存在较大的风险。

一、信用证的含义和特点

信用证（L/C）是开证银行根据开证人（进口方）的请求，向受益人（出口方）开出的有条件的承诺付款的书面文件。

信用证支付方式具有以下特点。

1. 信用证是一种银行信用

信用证是开证行的付款承诺，开证行负第一付款人责任。开证行对受益人的付款责任是首要的、独立的。即使开证人事后丧失偿付能力，只要受益人提交合格单据，开证行也必须承担付款责任。

2. 信用证是一种自足的文件

信用证虽然是根据买卖合同开立的，但信用证一经开出，就成为独立于买卖合同以外的另一种契约。信用证各当事人的权利和责任完全以信用证条款为依据，不受买卖合同的约束，银行只根据信用证行事。

3. 信用证是一种纯粹的单据业务

信用证实行的是凭单付款的原则，各有关当事人处理的是单据，而不是货物、服务和/或其他行为。银行以受益人提交的单据是否"单证相符、单单相符"为依据，决定是否付款。

任务互动

议一议：信用证和买卖合同有什么关系？

二、信用证的当事人

信用证基本当事人有六个，包括开证人、开证行、通知行、受益人、议付行和付款行。（见表2-1）

表 2-1　信用证当事人

序号	当事人名称	当事人权责	具体所指
1	开证人（applicant）	向银行申请开立 L/C 的人	进口方（买方）
2	开证行（opening/issuing bank）	接受开证人的委托，开立 L/C，承担保证付款责任的银行	进口方所在地的银行
3	通知行（advising/notifying bank）	受开证行的委托，将 L/C 转交出口人的银行	出口方所在地银行且通常是开证行的代理行
4	受益人（beneficiary）	接受 L/C 并享受其利益的人	出口方（卖方）
5	议付行（negotiating bank）	愿意买入受益人交来的跟单汇票的银行	可以是指定银行，也可以是非指定银行，通常是通知行
6	付款行（paying/drawee bank）	L/C 上指定的付款银行	一般是开证行，也可是指定的另一银行

三、信用证的业务流程

信用证种类和信用证条款的规定不同，其业务流程有所差异，但就其基本环节而言，则大致相同。（见图 2-5）

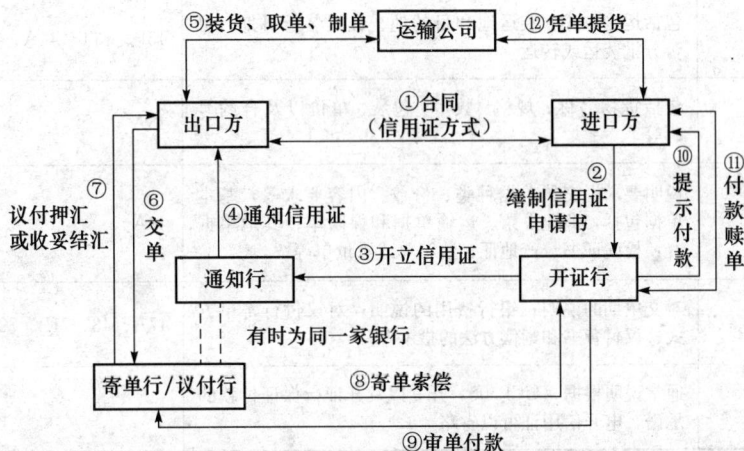

图 2-5　信用证业务流程图

① 进出口双方在贸易合同中规定使用信用证支付。

② 进口方（开证人）向当地银行（开证行）申请开立以出口方为受益人的信用证。

③ 开证行开出信用证，并寄交出口方（受益人）所在地银行（通知行）。

④ 通知行核对无误后，将信用证通知给出口方（受益人）。

⑤ 出口方（受益人）审证无误后，装运货物，领取、缮制各种货运单据。

⑥ 出口方（受益人）备齐跟单汇票和全套单据向议付行交单。

⑦ 议付行审单无误，予以议付，或按收妥结汇办理。

⑧ 议付行将跟单汇票和单据寄交开证行或付款行索偿。

⑨ 开证行或付款行审单无误后，向议付行偿付货款。

⑩ 开证行向进口方（开证人）提示付款。

⑪ 进口方（开证人）向开证行付款赎单。

⑫ 进口方（开证人）向承运人凭单提货。

四、信用证的基本内容

目前，国际信用证大多采用"SWIFT"报文格式开出，虽然各银行使用的格式并不尽相同，文字语句也有一些差别，但主要内容大致相同，主要包括以下几个方面。（见表2-2）

表2-2 信用证主要内容

信用证主要内容		SWIFT 项目代号
对信用证本身的说明	信用证的类型：说明可否撤销、转让，是否经另一家银行保兑，偿付方式等；信用证号码和开证日期；有效期及到期地点	40A、20、31C、31D、41A、42P、49
信用证的当事人	必须记载的当事人：申请人、开证行、受益人、通知行；可能记载的当事人：保兑行、指定议付行、付款行、偿付行等	50、59A、51A、52A、53A、57A
信用证的金额和汇票	信用证的金额：币别代号、金额、加减百分率；汇票条款：金额、到期日、出票人、付款人	32B、39A、42A、42C
运输条款	包括运输方式、装运地和目的地、最迟装运日期、可否分批装运或转运	43P、43T、44A、44B、44C、44D
货物条款	包括货物名称、规格、数量、包装、单价以及合约号码等	45A
单据条款	说明要求提交的单据种类、份数、内容要求等，基本单据包括：商业发票、运输单据和保险单；其他单据有：检验证书、产地证、装箱单或重量单等	46A
其他规定	对交单期的说明；银行费用的说明；对议付行寄单方式、议付背书和索偿方法的指示等	47A、48、71B、72、78
责任文句	通常说明根据《UCP500》开立以及开证行保证付款的承诺，电开信用证可以省略	47A、78

任务实施

陈珊珊根据任务情境提供的信息，阅读理解信用证 2-1 所示信用证条款，找出了"任务要求"中所提出的内容。

1. 信用证号：DER260635　　开证日期：160817
2. 信用证有效期及到期地点：161030，CHINA
3. 开证人名称和地址：

HAROON CO. W. L. L. FOR MARKETING ENGINEERING MATERIALS LTD.

PO BOX 6747，SHARJAH，U. A. E.

受益人名称和地址：

GUANGNAN MACHINERY IMPORT AND EXPORT CO. LTD.

726 DONGFENG ROAD EAST，GUANGZHOU，CHINA

4. 信用证金额：USD 58600.60

5. 汇票期限：即期付款

汇票付款人：HBZUAEADAXXX

HABIB BANK AG ZURICH

DUBAI

6. 装运港：中国港口

目的港：阿联酋迪拜

装运期限：161015

分批装运：不允许

转运：允许

7. 商品名称：LEVER HANDLE

数量：货号　991.006.86　　3000SETS

991.006F.86　460SETS

991.006H.86　22SETS

991.006.88　　3000SETS

合计　　　　6482 SETS

贸易术语：CIF DUBAI

8. 合同号及日期：NO. HF60809，160809

9. 要求的单据：(1) 商业发票；(2) 装箱单；(3) 原产地证书（贸促会签发）；(4) 清洁已装船海运提单；(5) 保险单/保险凭证；(6) 装船通知（装船日后 5 个工作日内发出）；(7) 受益人证明书（证明装运后已立即传真副本单据）

10. 交单期限：提单日期后 21 天内，但须在信用证的有效期内

小试身手

JSC 成功贸易有限公司（简称 JSC 公司）向意大利 AAA 贸易公司出口男式莱卡长裤一批，2015 年 12 月 24 日 JSC 公司收到通知行转来该笔合同项下的即期信用证一份，如信用证 2-2 所示。

信用证 2-2

ISSUE OF A DOCUMENTARY CREDIT

TO		HANG SENG BANK LTD.，GUANGZHOU BRANCH
FROM		UNICREDIT GROUP, ITALY
SEQUENCE OF TOTAL	27：	1/1
FORM OF DOC.	40A：	IRREVOCABLE
DOC. NO.	20：	00143-01-0053557
DATE OF ISSUE	31C：	DEC. 23，2015
EXPIRY DATE	31D：	DATE160323　IN CHINA
APPLICANT	50：	AAA TRADING CORPORATION P. O. BOX　NO. 6093，GENOVA，ITALY，FAX263745

BENEFICIARY	59：	JSC SUCCESS TRADING CO. LTD.
		20/FL, CHENGJIAN PLAZA GUANGZHOU,
		CHINA

AMOUNT　　　　　　　　32B： USD98000.00 （SAY US DOLLARS NINETY-EIGHT THOUSAND ONLY.）

AVAILABLE WITH/BY　　41A： ANY BANK BY NEGOTIATION

DRAFT AT...　　　　　　42C： DRAFTS AT SIGHT FOR FULL INVOICE VALUE

DRAWEE　　　　　　　42A： ISSUING BANK

PARTIAL SHIPMENTS　　43p： ALLOWED

TRANSSHIPMENT　　　　43T： ALLOWED （AT HONGKONG PORT ONLY）

LOADING IN CHARGE　　44A： GUANGZHOU PORT, CHINA

FOR TRANSPORT TO　　44B： GENOVA, ITALY

LATEST DATE OF SHIPMNET　44C： 20160320

DESCRIPTION OF GOODS　45A： 4000 DOZENS MEN'S LYCRA LONG PANTS AS PER S/C NO. 2015079

CIF GENOVA ITALY USD24.50 PER DOZEN

DOCUMENTS REQUIRED　46A： ＋1 SIGNED ORIGINAL COMMERCIAL INVOICE AND 5 COPIES.

＋PACKING LIST IN 2 COPIES.

＋3/3 SET OF ORIGINAL CLEAN ON BOARD OCEAN BILLS OF LADING MADE OUT TO ORDER OF SHIPPER AND BLANK ENDORSED AND MARKED "FREIGHT PREPAID" NOTIFY APPLICANT （WITH FULL NAME AND ADDRESS）.

＋CERTIFICATE OF ORIGIN IN 1 ORIGINAL AND 1 COPY, ISSUED BY COMPETENT AUTHORITY.

＋INSURANCE POLICY OR CERTIFICATE IN TWO FOLD ENDORSED IN BLANK, FOR 110PCT OF THE INVOICE VALUE COVERINGING THE INSTITUTE CARGO CLAUSES （A）, THE INSTITUTE WAR CLAUSES AS PER INSTITUTE CARGO CLAUSE, INSUANCE CLAIMS TO BE PAYABLE IN DUBAI.

ADDITIONAL CONDITONS.　47A： ＋ALL DOCUMENTS MUST BE ISSUED IN ENGLISH.

＋ALL DOCUMENTS MENTIONING THIS

L/C NO.

＋ SHIPPING MARKS：AAA/2015079/DUBAI/NO. 1-400

＋ T. T. REIMBURSEMENT IS PROHIBITED.

DETAILS OF CHARGES	71B：	ALL BANKING CHARGES OUTSIDE GENOVA，ITALY INCLUDING REIMBURSEMENT COMMISSION，ARE FOR ACCOUNT OF BENEFICIARY.
PRESENTATION PERIOD	48：	DOCUMENTS TO BE PRESENTED WITHIN 15 DAYS AFTER THE DATE OF SHIPMENT, BUT WITHIN THE VALIDITY OF THE CREDIT.
CONFIRMATION	49：	WITHOUT
INFO. TO PRESENTATING BK	79：	ON RECEIPT OF MAIL ADVICE OF NEGOTIATION，WE SHALL COVER AS PER INSTRUCTIONS RECEIVED.

THIS CREDIT IS SUBJECT TO UCP（2007 REVISION），ICC PUBL NO. 600.

补充交易资料

发票号：GDT06076　　　　　发票日期：FEB. 20，2016

提单号：100398　　　　　　提单日期：MAR. 15，2016

保单号：6697535　　　　　　原产地证号：GD6/80066/0013

船名：YINGHUA V. 1527　　　净重：7.00KGS/CTN

毛重：8.00KGS/CTN　　　　尺码：（50×50×40）CM/CTN

集装箱：1×20FCL CY/CY　　商品编码：1234.1000

　　　　HJCU874765-4 SEAL 05328　　原材料情况：完全中国产

卖方签字人：何平

请你以 JSC 公司单证员的身份，试将信用证内容翻译成中文。

任务三　审核修改信用证

任务要求

　　粤辉进出口有限公司于 2016 年 4 月 15 日与加拿大 Livi 贸易公司签订了一份女士针织连衣裙的出口合同，如前述合同 2-2 所示。

　　2016 年 7 月 15 日，加拿大 Livi 贸易公司根据合同的规定开出了以粤辉进出口有限公司为受益人的编号为 CBL-GO123 的信用证，如信用证 2-3 所示。

　　请以粤辉进出口有限公司单证员小杨的身份，根据合同审核信用证，指出不符之处并提出修改意见。

信用证 2-3

ISSUE OF A DOCUMENTARY CREDIT

ISSUING BANK：COMMERCIAL BANK LTD. , TORONTO CANADA

SEQUENCE OF TOTAL	27：	1/1
FORM OF DOC. CREDIT	40A：	IRREVOCABLE
DOC. CREDIT NUMBER	20：	CBL-GO123
DATE OF ISSUE	31C：	20160715
EXIPRY	31D：	DATE 20160915 IN CANADA
APPLICANT	50：	LIVI TRADING CORPORATION 112 ST. GEORGE STREET TORONTO, CANADA
BENEFICIARY	59：	YUEHUI IMPORT AND EXPORT CO. LTD. 256 HONGLI EAST ROAD SHENZHEN, CHINA
AMOUNT	32B：	HKD35000.00 （SAY HK DOLLARS THIRTY-FIVE THOUSAND ONLY. ）
AVAILABLE WITH/BY	41A：	ANY BANK BY NEGOTIATION
DRAFTS AT...	42C：	DRAFTS AT 15 DAYS' SIGHT FOR FULL INVOICE VALUE
DRAWEE	42A：	COMMERCIAL BANK LTD. , TORONTO CANADA
PARTIAL SHIPMENTS	43P：	ALLOWED
TRANSSHIPMENT	43T：	PROHIBITED
LOADING IN CHARGE	44A：	SHENZHEN
FOR TRANSPORT TO	44B：	MAIN PORTS, CANADA

LATEST DATE OF SHIPMENT 44C: 20160831

DESCRIPT OF GOODS 45A: LADIE' 65% SILK 20% LAMBSWOOL 10% ANGORA 5% NYLON KNITTED DRESS AS PER S/C NO. GZ2016036

ART NO.	QUANTITY	UNIT PRICE
S1203	1000 PIECES	USD15.00
T1013	2000 PIECES	USD10.00

PRICE TERM: CFR TORONTO

DOCUMENTS REQUIRED 46A:

1. 3/3 SET OF ORIGINAL CLEAN ON BOARD OCEAN BILLS OF LADING MADE OUT TO ORDER OF SHIPPER AND BLANK ENDORSED AND MARKED "FREIGHT PREPAID" NOTIFY APPLICANT (WITH FULL NAME AND ADDRESS).

2. ORIGINAL SIGNED COMMERCIAL INVOICE IN 5 FOLD INDICATING FOB VALUE, FREIGHT CHARGE AND INSURANCE COSTS SEPARATELY.

3. INSURANCE POLICY OR CERTIFICATE IN TWO FOLD ENDORSED IN BLANK, FOR 120PCT OF THE INVOICE VALUE COVERING THE INSTITUTE CARGO CLAUSES (A), THE INSTITUTE WAR CLAUSES AS PER INSTITUTE CARGO CLAUSE, INSUANCE CLAIMS TO BE PAYABLE IN CANADA IN THE CURRENCY OF THE DRAFTS.

4. CERTIFICATE OF ORIGIN GSP FORM A IN 1 ORIGINAL AND 1 COPY, ISSUED BY COMPETENT AUTHORITY.

5. PACKING LIST IN 3 FOLD.

6. BENEFICIARY'S CERTIFICATE STATING THAT ONE SET OF ORIGINAL SHIPPING DOCUMENTS HAS BEEN SENT DIRECTLY TO THE APPLICANT.

ADDITIONAL CONDITION 47A:

1. T. T. REIMBURSEMENT IS PROHIBITED.

2. THE GOODS TO BE PACKED IN EXPORT STRONG COLORED CARTONS.

3. SHIPPING MARKS: LIVI

TORONTO

NO. 1-200

DETAILS OF CHARGES 71B: ALL BANKING CHARGES OUTSIDE CANADA INCLUDING REIMBURSEMENT COMMISSION, ARE FOR ACCOUNT OF BENEFICIARY.

PRESENTATION PERIOD 48: DOCUMENTS TO BE PRESENTED WITHIN 15 DAYS AFTER THE DATE OF SHIPMENT, BUT WITHIN THE VALIDITY OF THE CREDIT.

CONFIRMATION

INSTRUCTIONS

49：WITHOUT

78：THE NEGOTIATION BANK MUST FORWARD THE DRAFTS AND ALL DOCUMENTS BY REGISTERED AIRMAIL DIRECT TO US IN TWO CONSECUTIVE LOTS, UPON RECEIPT OF THE DRAFTS AND DOCUMENTS IN ORDER, WE WILL REMIT THE PROCEEDS AS INSTRUCTED BY THE NEGOTIATING BANK.

相关知识

　　信用证的审核是银行（通知行）和出口方（受益人）的共同任务，但银行和出口方对信用证的审核却各有侧重。其中，银行着重审核信用证表面真实性、开证行政治背景、资信能力、付款责任和索汇路线等。而当出口方（受益人）收到信用证后，则必须以货物买卖合同为依据，审核信用证内容与买卖合同条款是否一致，必要时及时修改信用证，以确保合同能够顺利进行，货款安全收回。

任务互动

　　议一议：如果信用证与合同不符将会出现什么情况？

一、信用证审核的要点

　　出口方（受益人）在收到信用证后，检查和审核的要点主要包括以下内容。（见表2-3）

表2-3　信用证审核要点及注意事项

序号	审证要点	注意事项
1	信用证种类	必须与合同规定一致，且应为"不可撤销（IRREVOCABLE）信用证"。若合同规定可转让信用证，则须注明"TRANSFERABLE"字样
2	信用证有效期和到期地点	所有信用证都要规定一个有效期，没有规定有效期的信用证视为无效信用证，到期地点尽量要求在我国（受益人所在国）
3	受益人和开证人名称、地址	必须完整、准确，与合同一致。如果有误，应及时修改更正，否则可能会因单证不符遭拒付，直接影响收汇
4	付款时间	应与合同中付款条件的规定一致，如是即期信用证，则汇票付款期限必须规定"DRAFT AT SIGHT"
5	信用证金额、币制	信用证的金额不能低于合同金额，所用货币种类要与合同规定一致，金额的大小写要一致
6	装运条款	检查装期、装运港、目的港、是否允许分批装运和转运等与合同规定一致
7	货物描述	包括货物的名称、规格、数量、单价、总值、包装等，这部分必须与合同规定一致，否则履行合同将无所适从。此外，还要核对信用证所列的合同号码是否正确

续表

序号	审证要点	注意事项
8	价格条款	不同的价格条款涉及费用，如运费、保险费由谁负担。价格条款必须与合同规定相符
9	单据要求	检查信用证要求的单据能否提供或及时提供。注意点如：以 FOB 交易，提单应注明 FREIGHT COLLECT，如误开为 FREIGHT PREPAID，应要求改证；保险单中的保险条款、险别、保险加成等内容应与合同一致；要求出具的受益人证明书应是受益人实际已完成或受益人力所能及的任务的证明；指定某种格式或编号的海关发票，应核查能否提供，否则应改证等
10	交单期限	检查能否在信用证规定的交单期交单。信用证有规定交单期的，应按规定的交单期向银行交单；信用证没有规定的，向银行交单的日期不得迟于提单日期后 21 天，但无论如何不得迟于信用证有效期
11	有无陷阱条款	检查信用证中有无陷阱条款，如有则必须要求改证。如"1/3 正本提单直接寄送进口方"，受益人将随时面临货、款两空的风险；"将客检证作为议付文件"，受益人正常处理信用证业务的主动权很大程度上掌握在对方手里，影响安全收汇
12	有无矛盾之处	检查信用证中有无自相矛盾之处。如空运方式，却要求提供海运提单；价格条款是 FOB，保险应由买方办理，而信用证中却要求提供保险单等

二、信用证的修改

1. 信用证的修改程序

信用证的修改程序如图 2-6 所示。

① 出口方（受益人）审证发现信用证与合同不符有不能接受的条款，或者信用证某些条款不符合《UCP600》等要求的，即以改证函的方式向进口方（开证申请人）提出修改要求。

② 进口方（开证人）向开证行提出修改信用证的申请。

③ 开证行同意修改，即向原通知行发出信用证修改通知书。

④ 通知行鉴别修改书真实性后，将修改通知书转给出口方（受益人）。

⑤ 出口方（受益人）收到修改通知书后，对该修改表示接受或拒绝。接受后，原证修改部分即以修改通知书为准。

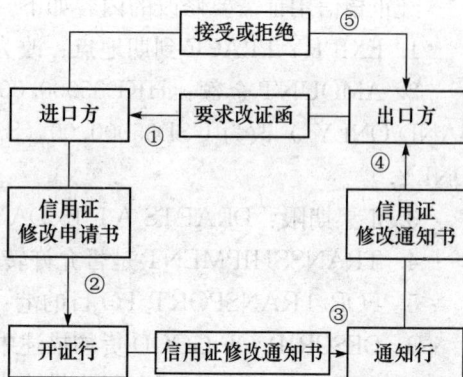

图 2-6　改证流程图

知识链接

改证函的拟写要点

一份规范的改证函主要包括三方面内容：

（1）感谢对方开来信用证，经审核存在不符点；

（2）列明不符点并说明如何修改；

（3）希望早日收到信用证修改书。

2. 修改信用证的注意事项

（1）一份信用证如有多处需要修改，应集中一次性通知开证人办理修改，避免一改再改，既增加双方的费用又浪费时间，而且还会产生不良影响。

（2）修改信用证的要求一般及时通知开证人，同时应规定一个修改通知书的到达时限。

（3）收到信用证修改后，应及时检查修改内容是否符合要求，并分情况表示接受或重新提出修改。

（4）对于修改内容要么全部接受，要么全部拒绝，部分接受修改中的内容是无效的。

（5）有关信用证修改必须通过原信用证通知行才有效。经由开证人直接寄送的修改申请书或修改书复印件不是有效的修改。

（6）明确修改费用由谁承担，一般按照责任归属来确定。

任务实施

小杨按照任务情境提供的信息，根据合同 2-2 的内容审核信用证 2-3，指出不符之处并提出修改意见。

经审核信用证需要修改的内容如下。

1. EXIPRY PLACE 到期地点：改为 CHINA

2. AMOUNT 金额：HKD35000.00（SAY HK DOLLARS THIRTY-FIVE THOU-SAND ONLY.）改为 USD35000.00（SAY US DOLLARS THIRTY-FIVE THOUSAND ONLY.）

3. 汇票期限：DRAFTS AT 15 DAYS' SIGHT 改为 DRAFTS AT SIGHT

4. TRANSSHIPMENT 是否允许转运：PROHIBITED 改为 ALLOWED

5. FOR TRANSPORT TO 目的港：MAIN PORTS 改为 TORONTO, CANADA

6. DESCRIP. OF GOOD 货物描述中的合同号：SC NO 改为 GGZ2016036

7. DESCRIP. OF GOOD 货物描述中的货号：ART NO. T1013 改为 T1204

8. PRICE TERM 价格条件：CFR TORONTO 改为 CIF TORONTO

9. DOCUMENTS REQUIRED 单据要求中的保险金额：INSURANCE POLICY FOR 120PCT OF THE INVOICE VALUE 改为 FOR 110PCT OF THE INVOICE VALUE

10. 单据要求中的保险险别改为 COVERING ALL RISKS AND WAR RISK ONLY AS PER CHINA INSURANCE CLAUSES.

小试身手

2016 年 1 月 7 日，广州飞越进出口公司和日本 ITOCHU 公司签订了一份销售全棉围裙的外贸合同（见合同 2-3），2016 年 4 月 7 日，ITOCHU 公司根据合同的规定开出了以广州飞越进出口公司为受益人的编号为 AB-AN250-2 的信用证（见信用证 2-4）。请以广州飞越进出口公司单证员的身份，根据合同内容审核信用证，指出不符之处并提出修改意见。

合同 2-3

SALES CONTRACT

The Seller：

GUANGZHOU FEIYUE IMP. & EXP. CO. LTD.

NO. 168 LONGDONG ROAD TIANHE GUANGZHOU，CHINA

The Buyer：

ITOCHU CORPORATION，OSAKA，JAPAN

Contract No.：AN107

Date：JAN. 7，2016

Signed at：GUANGZHOU

The undersigned Sellers and Buyers have agreed to close the following transactions according to the terms and conditions stipulated below：

(1) 货号、品名及规格 NAME OF COMMODITY AND SPECIFICATIONS	(2) 数量 QUANTITY	(3) 单价 UNIT PRICE	(4) 金额 AMOUNT
100% PURE COTTON APRON ART. NO. 49394 ART. NO. 49393 ART. NO. 55306 5% more or less both in amount and quantity allowed	3600PCS 3900PCS 1500PCS	USD1. 00/PC USD1. 00/PC USD1. 25/PC	USD3600. 00 USD3900. 00 USD1875. 00
	CIF OSAKA USD9375. 00		

(5) PACKING：12PCS/CARTON

(6) DELIVERY：From GUANGZHOU to OSAKA with partial shipment and transshipment allowed

(7) SHIPPING MARKS：ITOCHU/OSAKA/NOS. 1-750

(8) TIME OF SHIPMENT：Within ___30___ days after receipt of L/C.

(9) TERMS of PAYMENT：By 100% Confirmed irrevocable Letter of Credit in favor of the Sellers to be available by sight draft to reach China before APRIL 15, 2016 and to remaind valid for negotiation in China until 21 days after the foresaid Time of Shipment.

(10) INSURANCE：To be effected by Sellers for 110% of full invoice value covering ALL RISKS AND WAR RISK   only as per CIC.

(11) ARBITRATION：All dispute arising from the execution of or in connection with this contract shall be settled amicably through friendly negociation. In case of settlement can be reached through negotiation the case shall then be submitted by China International Economic & Trade Arbitration Commission In Shenzhen （or in Beijing） for arbitration in act with its sure of procedures. The arbi-

tral award is final and binding upon both parties.

The Seller：   The Buyer：

GUANGZHOU FEIYUE IMP. & EXP. CO. LTD.   ITOCHU CORPORATION

王梅   Asaoka Megumi

信用证 2-4

ISSUE OF A DOCUMENTARY CREDIT

SEQUENCE OF TOTAL	27：	1/1
ISSUING BANK	51A：	ASAHI BANK LTD. , TOKYO
FORM OF DOC. CREDIT	40A：	IRREVOCABLE
CREDIT NUMBER	20：	AB-AN250-2
DATE OF ISSUE	31C：	160407
EXPIRY	31D：	160607 IN JAPAN
APPLICANT	50：	ITOCHU CORPORATION, OSAKA, JAPAN
BENEFICIARY	59：	GUANGZHOU FEIYUE IMP. & EXP. CO. LTD. NO. 168 LONGDONG ROAD GUANGZHOU, CHINA
AMOUNT	32B：	USD9375.00 （SAY US DOLLARS NINE THOUSAND THREE HUNDRED AND SEVENTY-FIVE ONLY）
POS. /NEG. TOL. （%）	39A：	5/5
AVAILABLE WITH/BY	41A：	ANY BANK IN ADVISING COUNTRY BY NEGOTIATION
DRAFT AT...	42C：	DRAFTS AT 30 DAYS' SIGHT FOR FULL INVOICE VALUE
PATRIAL SHIPMENTS	43P：	PERMITTED
TRANSSHIPMENT	43T：	PROHIBITED
LOADING IN CHARGE	44A：	GUANGZHOU
FOR TRANSPORT TO	44B：	OSAKA
SHIPMENT PERIOD	44C：	AT THE LATEST MAY 31, 2016
DESCRIP OF GOODS	45A：	100% PURE COTTON APRON AS PER S/C NO. AH107
		ART. NO. 49394 3960PCS USD1.00/PC
		ART. NO. 49393 3900PCS USD1.00/PC
		ART. NO. 55306 1500PCS USD1.25/PC
		CIF OSAKA
DOCUMENTS REQUIRED	46A：	
		＋COMMERCIAL INVOICE 1 SIGNED ORIGI-

NAL AND 5 COPIES.

+PACKING LIST IN 2 COPIES.

+FULL SET OF CLEAN ON BOARD MARINE BILLS OF LADING, MADE OUT TO ORDER OF SHIPPER AND ENDORSED IN BLANK, MARKED "FREIGHT COLLECT" AND NOTIFY APPLICANT.

+GSP CERTIFICATE OF ORIGIN FORM A, CERTIFYING GOODS OF ORIGIN IN CHINA, ISSUED BY COMPETENT AUTHORITIES.

+ INSURANCE POLICY/CERTIFICATE IN TWO FOLD COVERING ALL RISKS AND WAR RISKS OF CIC WITH CLAIMS PAYABLE IN JAPAN FOR AT LEAST 120 PCT OF CIF VALUE.

+ SHIPPING ADVICES MUST BE SENT TO APPLICANT WITH 2 DAYS AFTER SHIPMENT ADVISING NUMBER OF PACKAGES, GROSS & NET WEIGHT, VESSEL NAME, BILL OF LADING NO. AND DATE, CONTRACT NO. , VALUE.

ADDITIONAL CONDITIONS 47A:

+T/T REIMBURSEMENT IS PROHIBITED.

+THE GOODS TO BE PACKED IN EXPORT STRONG COLORED CARTONS

+ALL DOCUMENTS MENTIONING THIS L/C NO.

PRESENTATION PERIOD 48: 3 DAYS AFTER ISSUANCE DATE OF SHIPPING DOCUMENT

COFIRMATION 49: WITHOUT

INSTRUCTIONS 78: THE NEGOTIATION BANK MUST FORWARD THE DRAFTS AND ALL DOCUMENTS BY REGISTERED AIRMAIL DIRECT TO US IN TWO CONSECUTIVE LOTS, UPON RECEIPT OF THE DRAFTS AND DOCUMENTS IN ORDER, WE WILL REMIT THE PROCEEDS AS INSTRUCTED BY THE NEGOTIATING BANK.

项目三

>>> **缮制备货单据**

知识目标

1. 掌握商业发票的含义和种类；
2. 熟悉商业发票各栏目内容，并掌握商业发票的缮制要点；
3. 了解《UCP600》对商业发票的有关规定；
4. 熟悉装箱单各栏目内容，并掌握装箱单的缮制要点。

技能目标

1. 能够读懂外贸合同和信用证中有关商业发票、包装单据的条款；
2. 能够根据合同、信用证及具体交易信息规范缮制商业发票；
3. 能够根据合同、信用证及具体交易信息规范缮制装箱单；
4. 能够准确计算出运货物的毛重、净重和尺码。

情境导入

广南公司单证员陈珊珊在审证（合同2-1、信用证2-1）并确认无误后，立即通知公司跟单部的同事按照合同的规定向工厂订货，安排备货事宜。陈珊珊也随即开始了备货制单。

请思考以下三个问题：

(1) 陈珊珊在收到信用证并审核无误后开始备货制单，她首先需要缮制的是哪两份单据？

(2) 什么是商业发票？商业发票有哪些主要作用？

(3) 什么是装箱单？装箱单与商业发票有什么关系？

任务一 缮制商业发票

任务要求

广南公司跟单部根据合同和信用证的规定，在指定的时间内备好了货物。2016年10月9日，单证员陈珊珊根据信用证资料以及货物相关情况缮制了商业发票。

请以单证员陈珊珊的身份，根据合同、信用证及具体交易情况完成商业发票的缮制。

相关知识

以 CIF 贸易术语、信用证支付方式签订的出口合同，其履行程序概括起来主要包括货（出口备货）、证（催证、审证、改证）、船（租船订舱）、款（制单结汇）四个基本环节，其中出口备货工作是履行合同的基础。

出口备货是指出口方根据合同、信用证的规定，按质、按量地准备好应交货物，以保证按时出运。在备货环节，单证员需要严格按照出口合同和信用证条款制作商业发票、装箱单等单据，以便在后续申请产地证、办理托运和报关报检时提交。

一、商业发票的含义和作用

发票的种类有商业发票、海关发票、形式发票、领事发票、银行发票、联合发票和厂商发票等，最常见的是商业发票。海关发票、领事发票也应买方的要求出现在信用证中。联合发票则是针对中国香港、中国澳门特别行政区开证的需要。本项目主要介绍商业发票。

商业发票（commercial invoice）简称发票，是出口方向进口方开立的载有货物名称、数量、价格等内容的清单。作为进出口双方交接货物、结算货款的主要单据，它对该笔交易做出详细的叙述，反映了一笔交易的全貌，是国际贸易必不可少的单据，也是进出口报关完税必备的单据之一。

任务互动1

商业发票的主要作用有哪些？

知识链接

商业发票的重要性

商业发票是进出口结汇单证中最重要的单据之一，是全套出口单据的核心，是出口方缮制其他出口单据的依据。

二、商业发票的缮制

商业发票是由出口方自行拟制，无统一格式，但基本栏目大致相同，分为首文、本文和结文三部分。首文部分包括发票名称、号码、出票日期、地点、抬头人、合同号、运输线路等。本文部分包括货物描述、单价、总金额、唛头等。结文部分包括有关货物产地、

包装材料等各种证明文句、发票制作人签章等。（见商业发票 3-1）

商业发票 3-1

(1) 出票人名称
　　出票人地址

COMMERCIAL INVOICE （2）发票名称
ORIGINAL（正本）

TO：(3) 发票抬头人名称　　　　　　　　DATE：(4) 发票日期
　　发票抬头人地址　　　　　　　　　　INVOICE NO.：(5) 发票编号
　　　　　　　　　　　　　　　　　　　S/C NO.：(6) 合同编号
　　　　　　　　　　　　　　　　　　　L/C NO.：(7) 信用证编号
　　　　　　　　　　　　　　　　　　　ISSUED BY：(8) 开证银行

FROM　　　　　　　TO　　　　　　BY　　　(9) 航线

MARKS & NO.	DESCRIPTIONS OF GOODS	QUANTITY	UNIT PRICE	AMOUNT
(10) 唛头及件号	(11) 货物描述	(12) 数量	(13) 单价	(14) 金额
	(15) 总数量与总金额（小写） TOTAL：			
TOTAL：(16) 总金额（大写）				

(17) 特殊条款

　　　　　　　　　　　　　　　　　　　　　(18) 签章：出口公司名称（盖章）
　　　　　　　　　　　　　　　　　　　　　　　　　 负责人签字

商业发票的主要内容和缮制方法说明如下。

（1）出票人的名称与地址（name and address of beneficiary）。此栏填写出口方名称和详细地址，应与信用证中受益人相一致。

（2）发票名称（name of invoice）。发票名称应用英文粗体标出"COMMERCIAL IN-VOICE"或"INVOICE"字样，须与信用证规定的名称一致。

（3）发票抬头人名称与地址（to...）。信用证方式下，需按信用证填制此项，一般是开证申请人。托收方式下，收货人通常是进口方。填写时，名称、地址不应同行放置，应分行填制。

（4）发票日期（invoice date）。发票日期是发票的签发日期。一般而言，商业发票是全套单据中最早出具的，其日期晚于合同和信用证的签发日期，早于装运日期，但不得迟于信用证的议付有效期（expiry date）。

（5）发票编号（invoice No.）。发票编号由出口方根据本公司的实际情况自行编制，是全套结汇单据的中心编号。

（6）合同编号（contract No.）。发票的出具都有合同作为依据，但合同不都以"CONTRACT"为名称，有时出现"S/C""P.O."等，应根据信用证中所规定的名称做

49

相应的改变，以求单证一致。

（7）信用证编号（L/C No.）。信用证项下的发票必须填入信用证编号，托收等其他支付方式下空白此栏。

（8）开证银行（issued by）。当以信用证方式支付货款时，此栏填写信用证的开证行，否则空白此栏。

（9）航线（from...to...by...）。此栏目填写货物实际的起运港（地）、目的港（地）以及运输方式。如货物需经转运，应把转运港（地）的名称标示出来，如：FROM GUANGZHOU TO LONDON BY SEA W/T（VIA）HONGKONG。

（10）唛头及件号（marks & No.）。发票唛头应按信用证或合同填制，其他单据的唛头应与其一致。如未作具体的规定，则此项填写 N/M（NO MARKS）。发票唛头如无指定，出口方可自行设计唛头，唛头内容包括进口方名称的缩写、合同号（或发票号）、目的港、件号等几部分。

（11）（12）货物描述和数量（descriptions of goods and quantities）。货物描述一般包括品名、品质、数量、包装等内容。信用证方式下，货物描述必须与信用证的描述一致；省略或增加货名的任何字或句，都会造成单据不符。如为其他支付方式，如托收，应与合同的描述相符。

知识链接

填写"货物描述"栏的注意事项

① 信用证只规定了货物的总称，发票应照样显示外，还可加列相应的货名，但不得与总称矛盾。例如：信用证规定" blue cotton wears"，而发票却显示"colored cotton wears"。

② 信用证未规定货物的总称，但列举的货名很详细，则发票应按信用证规定列明。

③ 信用证规定了多种货名，应根据实际发货情况注明其中的一种或多种，不可盲目照抄。除了信用证规定的货物外，发票不能再显示其他货物或免费样品等。

④ 关于数量的填写，应与其他单据相一致。凡"约""大概""大约"或类似的词语，用于信用证数量时，应理解为交货时数量不要超过 10% 的增减幅度。如果信用证规定的货物是以重量（吨、磅）、长度（米、码）或体积（立方米）等作为数量单位的，而不是按包装单位或个数记数的，在信用证对货物数量没有不得增减要求和所支取的金额为超过信用证金额的前提下，允许货物数量有 5% 的增减幅度。

（13）单价（unit price）。此栏是商业发票中一项极为重要的内容，完整的单价应包括计价货币、单位价格、计量单位和贸易术语四部分内容。例如：CIF LONDON（贸易术语）、USD（计价货币）、100.00（单位数额，保留小数点后两位）、PER DOZ（计量单位）——CIF LONDON USD 100.00 PER DOZ。贸易术语关系到买卖双方风险和费用的划分，也是海关征税的依据，必须正确表述。

　　发票中显示的单价和币种必须与信用证的要求一致。凡"约""大概""大约"或类似的词语，用于信用证金额时，应理解为有关金额可有不超过10％的增减幅度。填写此栏时应注意以下两点：①本栏内容应与左边一栏的数量对应整齐；②不要漏填贸易术语。

　　（14）金额（amount）。此栏应是发票上列明的单价与数量的乘积。发票总额不能超过信用证规定的最高金额，以免开证行拒绝支付。对于佣金和折扣应按信用证规定的处理。

任务互动2

　　1. 广南公司按FOBC 5％广州每箱100美元出口某商品1000台，D/P at sight 支付方式支付。请问小陈在制作发票时，发票总值应为多少？应付佣金多少？

　　解答：发票总值＝（数量×单价）－佣金＝1000×100－（1000×100）×5％＝95000美元。

　　2. 来证要求：30M/T FROZEN CHICKEN LEGS CIF LONDON USD900.00 PER M/T LESS 3％TRADE DISCOUNT，发票的总金额应如何计算和填写？

　　解答：　　CIF D 3％　　　　　　USD27000.00

　　　　　　LESS DISCOUNT 3％　　USD710.00

　　　　　　──────────────────────────────

　　　　　　TOTAL：　　　　　　　USD26290.00

　　3. 来证要求：20M/T FROZEN CHICKEN WINGS CFR LONDON USD 1000.00 PER M/T INCLUDING 2％ COMMISSION，发票的总金额应如何计算和填写？

　　解答：　　CFR C 2％　　　　　　　USD20000.00

　　　　　　LESS COMMISSION 2％　USD400.00

　　　　　　──────────────────────────────

　　　　　　TOTAL：　　　　　　　USD19600.00

　　（15）总数量与总金额小写（total）。合计数量和金额，填注总数量、总金额小写。

　　（16）总金额大写。大写金额，"SAY…ONLY"表示"计……整"，以避免他人篡改。

　　（17）特殊条款（special terms/conditions）。此栏应根据信用证的规定或特别需要，在此项注明相关内容，如：We hereby certify that the contents of invoice herein are true and correct，兹证明发票的内容是真实的、正确的。

　　．（18）签章（name of beneficiary signature）。此栏填制出口公司的名称及负责人签字并盖章。如信用证规定手签（manually signed），则必须按规定照办。要注意出口目的地是墨西哥、阿根廷等国家时，无论信用证是否规定，都必须手签。

任务实施

　　缮制商业发票是一项复杂而细致的工作，由于发票是缮制其他单据的主要依据，因此正确规范地缮制发票，保证发票缮制的质量，是整个制单工作的前提。

　　根据前述工作情境和任务描述，单证员陈珊珊根据合同和信用证资料以及货物相关信息，利用 Word 文档正确规范地缮制了该笔业务项下的商业发票。（见商业发票 3-2）

商业发票 3-2

广南机械进出口有限公司

GUANGNAN MACHINERY IMPORT AND EXPORT CO. LTD.

726 DONGFENG EAST ROAD, GUANGZHOU, CHINA

COMMERCIAL INVOICE

ORIGINAL

TO：HAROON CO. W. L. L. FOR MARKETING　　　　　　DATE：OCT. 9，2016

ENGINEERING MATERIALS LTD.　　　　　　　INVOICE NO.：A12-234-8256

PO BOX 6747，SHARJAH，U. A. E.　　　　　　　S/C NO.：HF60809

TEL 00971-6-5337338　FAX 00971-6-5335883　　　L/C NO.：DER260635

ISSUED BY HABIB BANK AG ZURICH，DUBAI

FROM HUANGPU, CHINA TO DUBAI, UNITED ARAB EMIRATES BY SEA

MARKS &. NO.	DESCRIPTIONS OF GOODS	QUANTITY	UNIT PRICE	AMOUNT
N/M	LEVER HANDLE：		CIF DUBAI	
	991. 006. 86	3000SETS	USD9. 10/SET	USD27300. 00
	991. 006F. 86	460SETS	USD8. 30/SET	USD3818. 00
	991. 006H. 86	22SETS	USD8. 30/SET	USD182. 60
	991. 006. 88	3000 SETS	USD9. 10/SET	USD27300. 00
	AS PER S/C NO. HF60809			
	DATE AUGUST 09，2016			
	TOTAL	6482SETS		USD58600. 60

TOTAL：SAY US DOLLARS FIFTY-EIGHT THOUSAND AND SIX HUNDRED SIXTY CENTS ONLY.

GUANGNAN MACHINERY IMPORT AND EXPORT CO. LTD.

李伟华

小试身手

　　请根据以下信用证（信用证 3-1）及补充资料填制一份商业发票。

信用证 3-1

　　（前略）

SEQUENCE OF TOTAL	27：	1/1
FORM OF DOCUMENTARY CREDIT	40A：	IRREVOCABLE
DOC. CREDIT NUMBER	20：	VM2016T59
DATE OF ISSUE	31C：	160806
APPLICABLE RULES	40E：	UCP LATEST VERSION

DATE/PLACE EXP.	31D：	161015 CHINA
APPLICANT	50：	KE TEXTILE CO. LTD. NO. 532 VTRA. MONTREAL CANADA
BENEFICIARY	59：	SHENZHEN WUYANG TRADE IMP AND EXP CORP. NO. 15 SHENNAN ROAD SHENZHEN CHINA
CURRENCY CODE，AMOUNT	32B：	CURRENCY USD AMOUNT 192060.00
MAXIMUM CREDIT AMOUNT	39B：	NOT EXCEEDING
AVAILABLE WITH/BY...	41D：	ANY BANK IN CHINA, BY NEGOTIATION
DRAFTS AT...	42C：	DRAFTS AT SIGHT FOR 97PCT INVOICE VALUE
DRAWEE	42D：	HSBC BANK MONTREAL, CANADA
PARTIAL SHIPMENTS	43P：	ALLOWED
TRANSSHIPMENTS	43T：	ALLOWED
PORT OF LOADING/AIRPORT OF DEPARTURE	44E：	YANTIAN CHINA
PORT OF DISCHARGE/AIRPORT OF DESTINATION	44F：	MONTEREAL CANADA
LATEST DATE OF SHIPMENT	44C：	160915
DESCRIPTION OF GOODS AND/OR SERVICES	45A：	100％ COTTON TOWELS 20 * 40 16000PCS USD5.00/PC 40 * 80 10000PCS USD7.00/PC 50 * 100 6000PCS USD8.00/PC CIFC3 MONTREAL DETAILES AS PERS/C NO. TJY43582
DOCUMENTS REQUIRED	46A：	

+SIGNED COMMERCIAL IN OICE IN TRIPLICATE SHOWING A DEDUCTION OF 3％ BEING COMMISSION AND THE GOODS ARE OF CHINESE ORIGIN.

补充交易资料

发票号码：RHG654832；发票签发的日期：20160810；发票的签发人：周伟

包装：80PCS IN ONE CARTON

提单日期：20160816；VESSEL：DONGFENG V4869

SHIPPING MARK：KE/TJY43582/MONTREAL/CTN NO. 1-400

商业发票 3-3

SHENZHEN WUYANG TRADE IMP. AND EXP. CORP.
NO. 15 SHENNAN ROAD SHENZHEN CHINA
COMMERCIAL INVOICE
ORIGINAL

TO:

DATE:
INVOICE NO. :
S/C NO. :
L/C NO. :
ISSUED BY:

FROM　　　　　　　　　TO　　　　　　　　BY

MARKS &. NO.	DESCRIPTIONS OF GOODS	QUANTITY	UNIT PRICE	AMOUNT

任务二　缮制装箱单

任务要求

发货人办理出口货物托运手续，需要向货运代理公司提交装箱单。为此，广南公司单证员陈珊珊在缮制商业发票后制作了装箱单。

请你以单证员陈珊珊的身份，根据合同、信用证及具体交易情况完成装箱单的缮制。

相关知识

一、装箱单的含义和作用

装箱单（packing list/slip）又称包装单、码单，是用以说明装箱货物的名称、规格、数量、唛头、包装、箱号、件数等情况的单据。装箱单通常与发票同时缮制。它是商业发票的补充，也是货运单据中一项重要单据，是出口方缮制其他单据时计量、计价的基础资料，是进口方收货时清点和核对数量或重量以及销售货物的依据，也是海关查验货物的凭证。

任务互动1

装箱单和商业发票有什么关系？装箱单有哪些主要作用？

二、装箱单的缮制

装箱单无固定和统一的格式，一般由各出口企业根据货物的种类和进口方的要求依照商业发票的大体格式来制作。各出口企业制作的装箱单主体内容大致相同，分首部和文本两部分。首部包括装箱单名称、出口方名称、地址、进口方名称、地址、合同号或订单号、提单号、商业发票号、船名、航线、装运港、目的港等；文本部分包括货物描述、包装方式、装运详情，装运详情包括唛头、重量、数量、尺码、总重量、总尺码，以及信用证条款的其他要求等。（见装箱单 3-1）

装箱单 3-1

(1) 出单人名称

出单人地址

PACKING LIST（2）单据名称

ORIGINAL（正本）

TO：(3) 进口方名称 　　　　　　　　　DATE：(4) 出单日期

　　　进口方地址 　　　　　　　　　　INVOICE NO.：(5) 发票编号

　　　　　　　　　　　　　　　　　　S/C NO.：(6) 合同编号

　　　　　　　　　　　　　　　　　　L/C NO.：(7) 信用证编号

　　　　　　　　　　　　　　　　　　ISSUED BY（8）开证银行

FROM　　　　　TO　　　　　BY　　　（9）航线

MARKS & NO.	DESCRIPTIONS OF GOODS	QUANTITY	WEIGHT		MEASUREMENT
			N. W.	G. W.	
(10) 唛头及号码	(11) 商品描述	(12) 包装数量	(13) 净重	(14) 毛重	(15) 尺码
	TOTAL: (16) 总包装数量、总净重、总毛重、总尺码小写				
TOTAL：(17) 包装总数大写					

(18) 特殊条款

　　　　　　　　　　　　　　　　　　　　　　　(19) 签章：出口公司名称（盖章）

　　　　　　　　　　　　　　　　　　　　　　　　　　　负责人签字

装箱单的主要内容和缮制方法说明如下。

(1) 出单人名称和地址（name and address of exporter）。此栏填写出口方的名称、地址，应与发票同项内容一致，缮制方法相同。

(2) 单据名称（name of document）。单据名称通常用英文粗体标出。常见的英文名称有：packing list（note），packing specification。实际使用中，应与信用证要求的名称相符，倘若信用证未作规定，可自行选择。

(3) 进口方名称和地址（name and address of importer）。与发票上同一栏目相同。

(4) 出单日期（date）。与发票日期相同或略迟于发票日期，通常填写发票签发日。

(5) 发票编号（invoice No.）。填写发票编号。

(6) 合同编号（contract No.）。填写合同编号。

(7) 信用证号码（L/C No.）。信用证支付方式下，填制相应信用证号码，否则空白此栏。

(8) 开证银行（issuing bank）。信用证支付方式下，填制开证银行，否则空白此栏。

(9) 航线（from...to...by...）。与发票同一栏目相同。如果货物在运输过程中出现中转，必须填写中转地名称。例如：FROM GUANGZHOU TO LONDON W/T HONGKONG BY VESSEL。

(10) 唛头及号码（marks & No.）。此项制作要符合信用证的规定，并与发票的唛头相一致。

(11) 商品描述（description of goods）。商品描述必须与信用证的描述相符。此栏包括商品规格和包装规格的描述，例如，packed in polythene bags of 5kgs each, and then in inner box, 30 boxes to a carton（每5千克装一塑料袋，每袋装一盒，30盒装一纸箱）。

(12) 包装数量（quantity）。此项填制运输包装单位的数量后再补充计价单位的数量，如 1000CTNS/10000PAIRS，如品质规格不同，应分别列出，并累计其总数。

任务互动2

信用证上显示：ART. NO. 233 1000KGS, PACKED IN CARTONS OF 5KGS EACH. 试计算总包装件数是多少？

(13) 净重（net weight）。此项填写货物的总净重。

(14) 毛重（gross weight）。此项填写带有外包装的货物的总重量，规格不同要分别列出。

任务互动3

资料上显示：ART. NO. 533 2000KGS, PACKED IN CARTONS OF 10KGS EACH, GROSS WEIGHT 7KGS/CTN, NET WEIGHT 6KGS/CTN 。试计算总毛重、总净重是多少？

(15) 尺码（measurement）。此项填写货物的总尺码。

任务互动4

资料上显示：ART. NO. 533 1000KGS, PACKED IN CARTONS OF 5KGS EACH, （100×90×80）CM/CTN. 试计算总体积是多少？

注意：如果信用证要求同时显示每件货物的净重、毛重和体积，那么第13、14、15项都应填写上。填制时，注意左右对应整齐和下方加总，并在合计栏内注明总数。

(16) 合计（total）。总包装数量、总净重、总毛重、总尺码小写。

(17) 包装总数大写（total packages in words）。此栏应填写包装总件数的大写。

(18) 特殊条款（special conditions）。信用证要求在装箱单上特别加注船名、原产地、进口许可证号码等声明文句时，装箱单上必须一一详列。

（19）出单人盖章和签字（signature of exporter）。此栏填写出口方公司名称及负责人签字并盖章，出单人签字盖章应与商业发票签章处相符。如果信用证规定中性包装，此栏可不填。当装箱单中含有证明文句时，则应该签署。

知识链接

包装单据的种类

包装单据种类较多，不同商品有不同的包装单据，主要根据买方的要求来确定，常见的有装箱单（packing list/slip）、重量单（weight list/note）、尺码单（measurement list）几种，其显示内容、制作方法基本相似。

任务实施

单证员陈珊珊根据信用证、商业发票以及货物相关信息，利用 Excel 表格缮制了一份装箱单，如装箱单 3-2 所示。

装箱单 3-2

广南机械进出口有限公司

GUANGNAN MACHINERY IMPORT AND EXPORT CO. LTD.

726 DONGFENG EAST ROAD, GUANGZHOU, CHINA

PACKING LIST

ORIGINAL

TO：HAROON CO. W. L. L. FOR MARKETING DATE：OCT. 9，2016
ENGINEERING MATERIALS LTD. INVOICE NO.：A12-234-8256
PO BOX 6747，SHARJAH，U. A. E. S/C NO.：HF60809
TEL 00971-6-5337338 FAX 00971-6-5335883 L/C NO.：DER260635
                 ISSUED BY HABIBBANK AG ZURICH, DUBAI
                 MARKS &. NO.：
                 N/M

FROM HUANGPU, CHINA TO DUBAI, UNITED ARAB EMIRATES BY SEA

DESCRIPTIONS OF GOODS	QUANTITY (PCS)	PACKING (CTNS)	WEIGHT		MEASUREMENT
			N. W.	G. W.	
LEVER HANDLE					
991.006.86	3000SETS	150CTNS	3000KGS	3900KGS	9.895CBM
991.006F.86	460SETS	23CTNS	460KGS	598KGS	1.518CBM
991.006H.86	22SETS	1 CTN	22KGS	28.6KGS	0.066CBM
991.006.88	3000SETS	150CTNS	3000KGS	3900KGS	9.895CBM
AS PER S/C NO. HF60809					
DATE AUGUST 9，2016					
TOTAL	6482SETS	324CTNS	6482KGS	8426.6KGS	21.374CBM
TOTAL：SAY THREE HUNDRED AND TWENTY-FOUR CARTONS ONLY.					

GUANGNAN MACHINERY IMPORT AND EXPORT CO. LTD.

李伟华

小试身手

请根据以下信用证（信用证３-２）及补充交易资料填制装箱单。

信用证 3-2

（前略）

DOC. CREDIT NUMBER	20：	KRT2899302
DATE OF ISSUE	31C：	160912
EXPIRY	31D：	DATE 161205 PLACE CHINA
APPLICANT	50：	CURRENT FUNDS LIMITED
		ROOM 1110 CHINA CHIEM GOLDEN PLAZA
		NO. 77 MODY ROAD, TSIM SHA TSUI EAST,
		KOWLOON, HONGKONG
BENEFICIARY	59：	GUANGZHOU TEXTILES IMPORT AND EX-PORT KNITWEARS COMPANY LIMITED
		15/F., GUANGZHOU TEXTILES MANSION,
		236 LONGLIN ROAD, GUANGZHOU, CHINA
AMOUNT	32B：	CURRENCY USD AMOUNT 30384. 00
AVAILABLE WITH/BY	41D：	CREDIT ISSUING OFFICE BY PAYMENT
PARTIAL SHIPMENTS	43P：	FORBIDDEN
TRANSSHIPMENT	43T：	PROHIBITED
LOADING IN CHARGE	44A：	HUANGPU, CHINA
FOR TRANSPORT TO…	44B：	SANTOS, BRAZIL
LATEST DATE OF SHIPMENT.		
	44C：	161115
DESCRIPTION Of GOODS	45A：	

CHILDREN'S 65 PERCENT COTTON 35 PERCENT POLYESTER KNITTED JOGGING SUIT

QUANTITY：720 DOZEN SETS

UNIT PRICE：USD42. 2 PER DOZEN SET

FOB GUANGZHOU, CHINA

ALL OTHER DETAILS AS PER CONFIRMATION NO. DY-039

SHIPMENT TO BE EFFECTED BY 1 * 20CONTAINER (FCL)

DOCUMENTS REQUIRED　46A：

+ PCAKING LIST IN TRIPLICATE SHOWING DETAILS OF PACKING. BREAKDOWN OF QUANTITY, GROSS WEIGHT, NET WEIGHT AND MEASUREMENT OF EACH CARTON.

补充交易资料

发票号码：9703SP023　　　　　　发票日期：2016 年 11 月 2 日
提单号码：SA75214　　　　　　　货物装箱情况：30DOZ/BALE
船名：FANDU V.336　　　　　　　装运港：黄埔港
净重：180.00KGS/BALE　　　　　毛重：195.00KGS/BALE
尺码：（100＊100＊120）CM/BALE

装箱单 3-3

GUANGZHOU TEXTILES IMPORT AND EXPORT

KNITWEARS COMPANY LIMITED

15/F., GUANGZHOU TEXTILES MANSION,

236 NONGLIN ROAD, GUANGZHOU, CHINA

PACKING LIST

ORIGINAL

TO：　　　　　　　　　　　　　　　DATE：

　　　　　　　　　　　　　　　　　INVOICE NO. :

　　　　　　　　　　　　　　　　　S/C NO. :

　　　　　　　　　　　　　　　　　L/C NO. :

　　　　　　　　　　　　　　　　　ISSUED BY

FROM　　　　　　　TO　　　　　　BY

DESCRIPTIONS OF GOODS	QUANTITY	PACKING	WEIGHT		MEASUREMENT
			N. W.	G. W.	
TOTAL：					

项目四

填制托运单据

知识目标

1. 了解货物托运的流程；
2. 熟悉海运托运单的内容和填制；
3. 熟悉空运托运单的内容和填制。

技能目标

1. 能够读懂外贸合同和信用证中有关装运的条款；
2. 能够根据合同、信用证及实际业务资料填制海运托运单；
3. 能够根据合同、信用证及实际业务资料填制空运托运单。

情境导入

广南公司收到阿联酋 Haroon 公司按照合同（合同 2-1）的规定，经由开证行 HABIB BANK AG ZURICH DUBAI（迪拜苏黎世哈比卜银行），于 2016 年 8 月 17 日开出的以广南公司为受益人的编号为 DER260635 的信用证（信用证 2-1）。

广南公司在备好货物后，必须根据合同和信用证规定的装运时间，及时办理出口货物的运输手续。

请思考：

（1）如何办理出口托运（租船订舱）手续？

（2）如何填制货物托运单？

任务一 填制海运托运单

任务要求

广南公司单证员陈珊珊经与生产厂家联系后确认了具体的交货期，随即致电联系公司一直有业务往来的货运代理公司，委托其代为办理订舱。为此，陈珊珊必须及时填制海运托运单。

请以单证员陈珊珊的身份，根据合同、信用证及有关资料填制出口货物托运单。

相关知识

一、出口托运流程

对于出口方而言，如果货物采用集装箱班轮运输，那么在备货及落实信用证的同时，就应该着手开始订舱，以便按时履行合同及信用证项下的交货和交单的义务。如果货物的数量较大，就需要洽租整船甚至多船装运。

实际业务中，出口托运一般通过专业的货运代理公司向承运人代理托运。出口托运流程说明如下。

① 备货完成。

② 查看物流排期表，选择合适的承运人。

③ 填制出口托运单，随附商业发票、装箱单等单据，交货运代理（物流）公司。

④ 货运代理公司向船公司安排船只舱位，并在托运单签章，确认运输合同成立。

⑤ 货运代理公司或船公司向托运人签发装货单（shipping order，俗称"下货纸"）。

知识链接

装 货 单

装货单是接受了货物的船公司签发给托运人的用以命令船长将承运的货物装船的单据。它既能用作装船的依据，又是货主用以向海关办理出口货物申报手续的主要单据之一，所以又叫关单。对于托运人来讲，它是办妥货物托运的证明；对船公司或其代理来讲，它是通知船方接受装运该批货物的指示文件。

二、海运托运单的内容及填制

集装箱货物托运单一般一式数份，分别用于货主留底、船代理留底、运费通知、装货单、交纳出口货物港务费申请书、场站收据、货运代理留底、配舱回单、场站收据副本（大副联）等。集装箱货物托运单、散装运输托运单的格式和内容如货物托运单4-1、货物托运单4-2所示。

货物托运单 4-1（集装箱）

Shipper（2）			D/R No. （1）
Consignee（3）			
Notify Party（4）			

Pre-Carriage by（5）	Place of Receipt（6）	集装箱货物托运单
Ocean Vessel Voy. No.（7）	Port of Loading（8）	货主留底 第一联
Port of Discharge（9）	Place of Delivery（10）	Final Destination for the Merchant's Reference

Particulars Furnished by Merchants	Container/Seal No. Marks & Nos.（11）（12）	No. of Containers or Packages（13）	Description of Goods（If Dangerous Goods, See Clauses 20）（14）	Gross Weight（kg）（15）	Measurement（m³）（16）
	Total Number of Containers and/or Packages (in words)（17）				

Freight & Charges（18）	Revenue Tons	Rate	Per	Prepaid	Collect
Ex Rate	Prepaid at（19）		Payable at（20）		Place and Date of Issue（21）
	Total Prepaid		No. of Original B (s) /L（22）		

Service Type on Receiving	Service Type on Delivery	Refer–Temperature Required °F ℃
□—CY □—CFS □—DOOR（23）	□—CY □—CFS □—DOOR	

Type of Goods	□ Ordinary □ Reefer □ Dangerous □ Auto	危险品	Class Property IMDG Code Page UN No.
	□ Liquid □ Live Animal □ Bulk		

可否转船	可否分批	金额	制单日期
装运期	有效期		

货物托运单 4-2（散装）

<table>
<tr><td colspan="6" align="center">海运出口托运单
SHIPPING LETTER OF INSTRUCTION</td></tr>
<tr><td colspan="6">托运人 Shipper</td></tr>
<tr><td colspan="6">编号 No.　　　　船名 S/S　　　　目的港 For</td></tr>
<tr>
<td rowspan="3" align="center">标记及号码
Marks & Nos.</td>
<td rowspan="3" align="center">件数
Quantity</td>
<td rowspan="3" align="center">货物描述
Description of Goods</td>
<td colspan="3" align="center">重量（千克）Weight（kg）</td>
</tr>
<tr>
<td align="center">净重 Net</td>
<td colspan="2" align="center">毛重 Gross</td>
</tr>
<tr>
<td colspan="3">运费付款方式 Method of Freight Payment</td>
</tr>
<tr><td colspan="6">共计件数（大写）Total Number of Packages in Writing</td></tr>
<tr><td colspan="3">运费计算 Freight</td><td colspan="3">尺码 Measurement</td></tr>
<tr><td colspan="6">备注 Remarks</td></tr>
<tr>
<td colspan="2">抬头 Order of</td>
<td colspan="2">可否转船 Whether transshipment allowed</td>
<td colspan="2">可否分批 Whether partial shipment allowed</td>
</tr>
<tr>
<td colspan="2">通知 Notice</td>
<td colspan="2">装运期 Period of shipment</td>
<td>有效期 Period of validity</td>
<td>提单份数 No. of B(s)/L</td>
</tr>
<tr>
<td colspan="2">收货人 Receiver</td>
<td colspan="2">银行编号 Bank No.</td>
<td colspan="2">信用证号 L/C No.</td>
</tr>
</table>

知识链接

散装运输托运单

散装运输托运单适用于件杂货物运输和大宗货物散装运输，是散装货物在托运所需的装货单（S/O）和收货单（M/R）的基础上发展而成的一种综合单据。一套完整的散装海运托运单共有十二联，分别用于船代留底、运费通知单、装货单、收货单、货运代理留底、配舱回单、货主留底、港务部留存和备用联。

其中，第四联是收货单即大副收据（Mate's Receipt，M/R），是货物装上船后，大副在此联上签收，船公司或船代凭此联签发全套正本海运提单。

下面以集装箱托运单为例，说明出口托运单的内容和填制方法。

（1）集装箱货物托运单号码（D/R No.），即托运单的编号。

（2）托运人（shipper），即委托运输的人，包括全称、地址和联系方式；可以是合同的卖方，也可以是货主的代理人，如果是货主的代理人代办的，要列明代理人的名称。

（3）收货人（consignee），在信用证支付的条件下，对收货人的规定常用以下两种方法表示：①记名收货人，即合同的买方，这类单据不易转让；②指示收货人，这类单据可转让。

任务互动

托运单上"收货人"一栏应如何填写？

（4）被通知人（notify party），承运人在货物到港后通知的对象，一般为收货人的代理人，其全称及详细地址，信用证项下应按信用证要求填写。

（5）前程运输（pre-carriage by），第一程船名、航次；如果货物不需要转运，此栏留空。

（6）收货地点（place of receipt），收货的港口名称或地点；如果货物不需要转运，此栏留空。

（7）海运船只、航次（ocean vessel voy. No.），实际货运船名、航次；如果货物需转运，填写第二程的船名、航次。

（8）装运港（port of loading），货物的实际装船的港口名称；如果货物需要转运，填写货物中转港口的名称。

（9）卸货港（port of discharge），一般填写货物卸货港口名称。

（10）交货地点（place of delivery），如果交货地点就是卸货港，此栏留空。

（11）集装箱号（container No.），填写集装箱箱体两侧标示的全球唯一的集装箱编号。

（12）封号及唛头（seal No. marks & Nos.），封号是装箱人装箱完毕后在集装箱门上加上封志的号码；一般箱封号在托运单上可以不填，但在提单上必须填报每一个集装箱的箱号、封号；收货人提货时应该检查封号，检查集装箱门是否被打开过；唛头应与信用证和其他单据中的唛头一致，如果没有规定唛头时可填写"NO MARKS"或"N/M"。

（13）集装箱箱数或包装件数（No. of containers or packages），如为托运人装箱的整箱货，可只注集装箱数量，如"3 containers"，只要海关已对集装箱封箱，承运人对箱内的内容和数量不负责任。如需注明箱内小件数量，数量前应加"said to container..."；如果是拼箱货，该栏的填制可参照散装运输托运单相同栏目的填制方法，填写货物最大包装件数。

（14）货物描述（description of goods），按信用证或合同的规定填写。

（15）毛重（gross weight），货物的毛重总数，以千克表示；如果为裸装货，应在净

65

重前加注"N. W."。

（16）尺码（measurment），货物的体积总数，应小数点后保留三位。

（17）合计总箱数/货物总件数（total number of containers and/or packages），集装箱箱数或包装件数合计（大写）。

（18）运费与附加费（freight & charges），根据运费吨、运费率计算所需运费，并按信用证规定加注运费条款，CIF、CFR 条件下，填"FREIGHT PAID"运费已付或"FREIGHT PREPAID 运费预付"；FOB 条件下，填"FREIGHT COLLECT"运费到付；租船运输时，填"AS ARRANGED"。

（19）（运费）预付地点（prepaid at），填写实际运费预付的地点，CFR、CIF 条件下填装运港名称。

（20）（运费）到付地点（payable at），FOB 条件下填目的港名称；此栏也可留空。

（21）签发的提单时间、地点（place and date of issue），集装箱托运单上一般有提单签发的时间和签发地点。

（22）正本提单份数［No. of original B(s)/L］，承运人一般签发正本提单 2～3 份，签发的份数应用英文大写注明；开立全套正本提单可以是仅有一份正本或者一份以上正本，每份提单具有同等效力。

（23）集装箱交接方式（service type on receiving/delivery），CY 表示集装箱堆场，用于整箱交接；CFS 表示集装箱货运站，用于拼箱交接；DOOR 表示门对门服务。

知识链接

集装箱货运分为整箱和拼箱两种，因此在交接方式上也有所不同，当前国际上的做法大致有以下四类。

（1）整箱交、整箱接（FCL/FCL），货主在工厂或仓库把装满货后的整箱交给承运人，收货人在目的地以同样整箱接货，换言之，承运人以整箱为单位负责交接。货物的装箱和拆箱均由货方负责。

（2）拼箱交、拆箱接（LCL/LCL），货主将不足整箱的小票托运货物在集装箱货运站或内陆转运站交给承运人，由承运人负责拼箱和装箱运到目的地货站或内陆转运站，由承运人负责拆箱，拆箱后，收货人凭单接货。货物的装箱和拆箱均由承运人负责。

（3）整箱交、拆箱接（FCL/LCL），货主在工厂或仓库把装满货后的整箱交给承运人，在目的地的集装箱货运站或内陆转运站由承运人负责拆箱后，各收货人凭单接货。

（4）拼箱交、整箱接（LCL/FCL），货主将不足整箱的小票托运货物在集装箱货运站或内陆转运站交给承运人。由承运人分类调整，把同一收货人的货集中拼装成整箱，运到目的地后，承运人以整箱交，收货人以整箱接。

上述各种交接方式中，以整箱交、整箱接效果最好，也最能发挥集装箱的优越性。

任务实施

陈珊珊阅读信用证中的运输单据条款、附加条款及实际业务资料，并根据发票和装箱单，确定相关运输信息，填制了出口海运托运单，如货物托运单 4-3（集装箱）所示。

货物托运单 4-3（集装箱）

Shipper GUANGNAN MACHINERY IMPORT AND EXPORT CO. LTD. 726 DONGFENG EAST ROAD, GUANGZHOU, CHINA TEL：0086-20-37658122					D/R NO.（编号） 123456	
Consignee TO ORDER					集装箱托运单	
Notify Party HAROON CO. W. L. L. FOR MARKETING ENGINEERING MATERIALS LTD. PO BOX 6747，SHARJAH，U. A. E. TEL：065337338　FAX：065335883					货主留底	
Pre-Carriage by		Place of receipt				
Ocean Vessel Voy. No. WAN HAN 303 V. W049		Port of Loading HUANGPU, CHINA				
Port of Discharge		Place of Delivery			Final Destination for the Merchant's Reference	

Container No. WHLU5165067	Seal No. Marks & Nos. WH04341085 N/M	No. of Containers or Packages 1 CONTAINER	Description of Goods LEVER HANDLE 324 CARTONS	Gross Weight 8426.60 KG	Measurment 21.374CBM
Total Number of Containers or Packages（in words）		SAY ONE CONTAINER ONLY.			

Freight & Charges	Revenue Tons		Rate	Per	Prepaid PREPAID	Collect
Ex Rate	Prepaid at HUANGPU, CHINA		Payable at		Place of Issue HUANGPU, CHINA	
	TOTAL PREPAID		No. of Original B(s)/L THREE			

Service Type on Receiving √CY □-CFS □-DOOR	Service Type on Delivery √CY □-CFS □-DOOR	Refer-Temperature Required （冷藏温度）		℉	℃
TYPE OF GOODS	√Ordinary，□ Reefer，□Dangerous，□Auto.		危险品	Class Property IMDG Code Page UN No.	
	□Liquid，□Live animal，□Bulk				

可否转船　ALLOWED		可否分批 NOT ALLOWED	
装 运 期　OCT.13, 2016		有 效 期	
金　　额			
制单日期　OCT.9, 2016			

小试身手

请根据以下资料填制海运托运单。

有关交易资料

信用证要求：Original clean shipped on board marine bill of lading issued to order and endorsed in blank, marked freight prepaid and notify the applicant.

信用证号：JT-SLC100

信用证有效期：JULY 15，2016

最迟装运期限：MAY 31，2016

受益人：JUNTENG TRADING COMPANY

135 XIAOBEI ROAD, GUANGZHOU, CHINA

开证人：SMITH TRADING CORP.

SM BUILDING, 138 NY ROAD, NEWYORK, USA

装运港：GUANGZHOU, CHINA

目的港：NEWYORK, USA

币种：USD

贸易术语：CIF NEWYORK

合同号：JT-SHT100

发票号码：JT-SINV100

是否允许分批装运：ALLOWED；是否允许转船装运：ALLOWED

信用证开证日期：APRIL 20，2016

开证行：EAST NY BANK.

议付行：BANK OF CHINA, GUANGZHOU BRANCH

运费交付方式：PREPAID

提单正本数：3

唛头：SMITH/1314/ NEWYORK /CARTON1-600

船名、航次：YONGHENG, V501

数量、包装：600 SETS IN 600 CARTONS

品名规格：GREEN BRAND BICYCLE 20'

单价：USD45.00/SET

体积（台）：0.5 CBM

净重：25 KG

Shipper

Consignee

ORIGINAL

Port–to–Port or Combined Transport

BILL OF LADING

Notify Party

Pre–Carriage by		Place of Receipt		
Ocean Vessel	Voy. No.	Port of Loading		
Port of Discharge		Place of Delivey		

Container/Seal No. Marks & Nos.	No.of Container of Packages	Description of Goods(If Dangerous Goods, See Clauses 20)	Gross Weight(kg)	Measurement(m³)

Particulars Furnished by Merchants

Total Number of Containers and/or Packages(in word)

Freight & Charges	Revenue Tons	Rate	Per	Prepaid	Collect

Ex. Rate	Prepaid at	Payable at	Place and Date of Issue
	Total Prepaid	No. of Original B(s)/L	Stamp & Signature

LADEN ON BOARD THE VESSEL

Date   By

(TERMS CONTINUED ON BACK HEREOF)

任务二　填制空运托运单

任务要求

假设广南公司与阿联酋 Haroon 公司该笔关于扳把式门拉手（lever handle）的交易（见合同 2-1）的货物改由航空运输。广南公司委托中国国际航空公司托运，信用证（见信用证 2-1）其他内容不变，信用证中的运输单据要求更改如下。

DOCS REQUIRED 46 A：

＋ CLEAN AIR WAYBILL FOR GOODS AIRFREIGHTED TO HAROON CO. W. L. L. FOR MARKETING ENGINEERING MATERIALS LTD., MARKED FREIGHT PREPAID AND EVIDENCING THAT ORIGINAL INVOICE AND PACKING LIST ACCOMPANY THE GOODS, NOTIFY APPLICANT.

请以单证员陈珊珊的身份，完成空运托运单的填制。

相关知识

一、航空运输的主要方式

（1）班机运输（scheduled airline），是指具有固定开航时间、航线和停靠航站的飞机。通常为客货混合型飞机，货舱容量较小，运价较贵，但由于航期固定，有利于客户安排鲜活商品或急需商品的运送。

（2）包机运输（chartered carrier），是指航空公司按照约定的条件和费率，将整架飞机租给一个或若干个包机人（包机人指发货人或航空货运代理公司），从一个或几个航空站装运货物至指定目的地。包机运输适合于大宗货物运输，费率低于班机，但运送时间则比班机要长些。

（3）集中托运（consolidation），可以采用班机或包机运输方式，是指航空货运代理公司将若干批单独发运的货物集中成一批向航空公司办理托运，填写一份总运单送至同一目的地，然后由其委托当地的代理人负责分发给各个实际收货人。这种托运方式，可降低运费，是航空货运代理的主要业务之一。

（4）急件专递（air express service），是目前航空运输中最快捷的方式。它由专门经营此项业务的部门和航空公司合作，以最迅速的方式传送急件。

二、空运托运单的内容和填制

空运托运单或国际货物运输托运书（air waybill）是托运人用于委托承运人或其代理人填开航空货运单的一种表单，表单上列有填制货运单所需各项内容，并应印有授权承运人或其代理人代其在货运单上签字的文字说明。

中国民用航空总局制定了统一格式的国际货物托运书（SHIPPER'S LETTER OF INSTRUCTION），如空运托运单4-1所示。

空运托运单 4-1

空运托运单
SHIPPER'S LETTER OF INSTRUCTION

货运单号码
NO. OF AIR WAYBILL

(1) 托运人姓名及地址 SHIPPER'S NAME AND ADDRESS	托运人账号 SHIPPER'S ACCOUNT NUMBER	供承运人用 FOR CARRIER USE ONLY	
		(7) 航班/日期 FLIGHT/DATE	航班/日期 FLIGHT/DATE
(2) 收货人姓名及地址 CONSIGNEE'S NAME AND ADDRESS	收货人账号 CONSIGNEE'S ACCOUNT NUMBER	已预留吨位 BOOKED	
(3) 代理人的名称和城市 ISSUING CARRIER AGENT NAME AND CITY		(8) 运费 CHARGES	
(4) 另请通知 ALSO NOTIFY			
(5) 始发站 AIRPORT OF DEPARTURE			
(6) 到达站 AIRPORT OF DESTINATION			

(9) 托运人声明价值费 SHIPPER'S DECLARED VALUE		(10) 保险金额 AMOUNT OF INSURANCE	(11) 所附文件 DOCUMENTS TO ACCOMPANY AIR WAYBILL
供运输用 FOR CARRIAGE	供海关用 FOR CUSTOMS		

(12) 处理情况（包括包装方式货物标志及号码等）
HANDLING INFORMATION（INCL. METHOD OF PACKING IDENTIFYING MARKS AND NUMBERS ETC.）

(13) 件数 NO. OF PACKAGES	(14) 实际毛重（千克）ACTUAL GROSS WEIGHT (kg)	(15) 运价类别 RATE CLASS	(16) 收费重量（千克）CHARGEABLE WEIGHT (kg)	(17) 费率 RATE CHARGE	(18) 货物品名及数量（包括体积或尺寸）NAME AND QUANTITY OF GOODS（INCL. DIMENSIONS OR VOLUME）

托运人证实以上所填全部属实并愿遵守承运人的一切载运章程。
THE SHIPPER CERTIFIES THAT THE PARTICULARS ON THE FACE HEREOF ARE CORRECT AND AGREES TO THE CONDITIONS OF CARRIAGE OF THE CARRIER.

(19) 托运人签字　　　　　(20) 日期　　　　经手人　　　　　　日期
SIGNATURE OF SHIPPER　　DATE　　　　　AGENT　　　　　　　DATE

知识链接

在国际航空货物运输中，托运人委托航空货运代理将货物运到国外，发货人在发货时要填写空运托运单。根据《统一国际航空运输某些规则的公约》第6条第（1）和（5）款规定，货运单应由托运人填写，也可由承运人或其代理人代为填写；实际上，目前货运单均由承运人或其代理人填制。

空运托运书作为填写航空运单的依据，应由托运人自己填写，而且托运人必须在上面签字或盖章。

空运托运单的主要项目、内容及填制方法说明如下。

（1）托运人的名称和地址（shipper's name and address），填写托运人姓名（名称）、地址、国家（或国家两字代号）以及托运人的电话、传真、电传号码等联络方法，信用证方式下必须与受益人名称地址一致。在运费到付的情况下，承运人要求托运人提供托运人账号，以便承运人在收货人拒付运费时，向托运人索赔。

（2）收货人的名称和地址（consignee's name and address），填写收货人名称、地址、国家以及电话、传真等联络方法。本栏内不得填写"order"或"to order of the shipper"（按托运人的指示）等字样，因为航空货运单不能转让。收货人账号仅供承运人使用，一般不需要填写，除非承运人需要。

（3）代理人的名称和城市（issuing carrier agent name and city），填制向承运人收取佣金的国际航协代理人的名称和所在机场或城市。

（4）另请通知（also notify）填写收货时的通知人名称及其具体联系方式。

（5）始发站（airport of departure），填始发站机场的全称。

（6）到达站（airport of destination），填目的地机场（不知道机场名称时，可填城市名称），如果某一城市名称用于一个以上国家时，应加上国名。例如：LONDON UK（伦敦，英国）。

（7）航班及日期（flight/date），本栏供承运人使用。在此不填写托运人所要预定的航班。

（8）运费（charges），根据货物计算重量和适用的运价费率所收取的航空运费，声明运费预付（freight prepaid）或到付（freight collect）。

（9）托运人声明价值费（shipper's declared value）。

① 供运输用（for carriage），填写托运人的所托运货物的申报价格，该价格为承运人赔偿责任的限额。假如托运人想填写"no value declared"（无申报价格），该栏可填写缩写字母"NVD"。

② 供海关用（for customs），托运人要申报海关申报价格时，可在这里填写，海关根据此栏所填数额征税。假如托运人不想填写海关申报价格，就可填入"NVD"或什么都不填。

（10）保险金额（amount of insurance），只有在航空公司提供代保险业务而客户也有此需要时才填写。

（11）所附文件（documents to accompany air waybill），填写随附在空运托运单上一同送往目的地的文件，应填上所附单据的名称。

（12）处理情况（handling information），包括包装方式、货物标志及号码等。

（13）件数（no. of packages），填写该批货物的总件数，并注明包装方法。如：包裹（package）、纸箱（carton）、袋（bag）等。

（14）实际毛重（actual gross weight），此栏内的重量应由承运人或其代理人在称重后填入。如托运人已填上重量，承运人或其代理人必须进行复核。

（15）运价类别（rate class），填写所适用的运价、协议价、杂费、服务费。

（16）收费重量（chargeable weight），本栏内的计费重量应由承运人或其代理人在量过货物的尺寸（以厘米为单位）并算出计费重量后填入，如果托运人已经填上，承运人或其代理人需要复核。

（17）费率（rate charge），是每单位（如每千克）货物的运输价格。

（18）货物品名及数量（name and quantity of goods），填写货物品名、特性、数量，包括尺寸或容积。

（19）托运人签字（signature of shipper），托运人必须在本栏内签字。

（20）日期（date），填托运人或其代理人交货的日期。

知识链接

航空货运计重方法

1. 重货

重货是指那些每6000立方厘米或每366立方英寸重量超过1千克或者每166立方英寸重量超过一磅的货物。重货的计费重量就是它的毛重。

以毛重计重时用千克表示，计费重量的最小单位是0.5千克。当重量不足0.5千克时，按0.5千克计算；超过0.5千克不足1千克时按1千克计算。如果货物的毛重以磅表示，当货物不足1磅时，按1磅计算。

2. 轻货或轻泡货物

轻货或轻泡货物是指那些每6000立方厘米或每366立方英寸重量不足1千克或者每166立方英寸重量不足1磅的货物。轻泡货物以它的体积重量作为计费重量，体积重量的计算方法如下：

① 不考虑货物的几何形状分别量出货物的最长、最宽、最高的数值，单位为厘米或英寸，测量数值的尾数四舍五入；

② 将货物的长、宽、高相乘得出货物的体积；

③ 将体积折合成千克或磅，即根据所使用不同的度量单位分别用体积除以6000立方厘米或366立方英寸或166立方英寸得出体积重量。

任务实施

单证员陈珊珊根据合同、信用证及有关资料填制了空运托运单4-2。

空运托运单 4-2

空运托运单

SHIPPER'S LETTER OF INSTRUCTION

货运单号码
NO. OF AIR WAYBILL

托运人姓名及地址 SHIPPER'S NAME AND ADDRESS	托运人账号 SHIPPER'S ACCOUNT NUMBER	供承运人用 FOR CARRIER USE ONLY	
GUANGNAN MACHINERY IMPORT AND EXPORT CO. LTD. 726 DONGFENG EAST ROAD, GUANGZHOU, CHINA		航班/日期 FLIGHT/DATE	航班/日期 FLIGHT/DATE
		FX0910/OCT. 13，2016	
收货人姓名及地址 CONSIGNEE'S NAME AND ADDRESS	收货人账号 CONSIGNEE'S ACCOUNT NUMBER	已预留吨位 BOOKED	
HAROON CO. W. L. L. FOR MARKETING ENGINEERING MATERIALS LTD. , PO BOX 6747, SHARJAH, U. A. E.		运费 CHARGES	
代理人的名称和城市 ISSUING CARRIER AGENT NAME AND CITY			
另请通知 ALSO NOTIFY	SAME AS CONSIGNEE		
始发站 AIRPORT OF DEPARTURE	CAN	FREIGHT PREPAID	
到达站 AIRPORT OF DESTINATION	DXB		

托运人声明价值费 SHIPPER'S DECLARED VALUE		保险金额 AMOUNT OF INSURANCE	所附文件 DOCUMENTS TO ACCOMPANY AIR WAYBILL ORIGINAL INVOICE AND PACKING LIST, ACCOMPANY THE GOODS.
供运输用 FOR CARRIAGE	供海关用 FOR CUSTOMS		
NVD			

处理情况（包括包装方式、货物标志及号码等）
HANDLING INFORMATION（INCL. METHOD OF PACKING IDENTIFYING MARKS AND NUMBERS ETC.）

件数 NO. OF PACKAGES	实际毛重（千克） ACTUAL GROSS WEIGHT（kg）	运价类别 RATE CLASS	收费重量（千克） CHARGEABLE WEIGHT（kg）	费率 RATE CHARGE	货物品名及数量（包括体积或尺寸） NAME AND QUANTITY OF GOODS（INCL. DIMENSIONS OR VOLUME）
324 CTNS	8426.60		8426.60	20.61	LEVER HANDLE DIMS：21.374CBM

托运人证实以上所填全部属实并愿遵守承运人的一切载运章程。
THE SHIPPER CERTIFIES THAT THE PARTICULARS ON THE FACE HEREOF ARE CORRECT AND AGREES TO THE CONDITIONS OF CARRIAGE OF THE CARRIER.

托运人签字 SIGNATURE OF SHIPPER	日期 DATE	经手人 AGENT	日期 DATE

![telephone] **小试身手**

请根据以下资料，填制空运托运单，要求格式清楚、内容完整。

商业发票 4-1

COMMERCIAL INVOICE 商业发票		
1. To Messrs. NEWWO PAINTING CC 6 METCALFE STREET, DEAL PARTY, PORT ELIZABETH, SOUTH AFRICA 　ATTN：LEO　TEL：0027-41-6058335	3. INVOICE NO. GNINV20160008	4. INVOICE DATE DEC. 8，2016
	5. L/C NO. DER340628	6. L/C DATE DEC. 4，2016
	7. S/C NO. GNSC20160008	
2. EXPORTER GUANGDONG XINGHAI TRADE CO. 726 DONGFENG EAST ROAD, GUANGZHOU, CHINA TEL：0086-20-37658122		
8. TRANSPORT DETAILS SHIPMENT FROM GUANGZHOU TO JOHANNESBURG BY AIR FREIGHT PREPAID	9. TERMS OF PAYMENT L/C AT SIGHT	

10. MARKS NO.	11. DES. OF GOODS NO. AND KIND OF PACKAGES	12. QTY.	13. UNIT PRICE	14. AMT.
N/M	CURSHER BLADE	4 CARTONS	USD620/CARTON CIF JOHANNESBURG	USD2480.00

15. TOTAL AMOUT
SAY US DOLLARS TWO THOUSAND FOUR HUNDRED AND EIGHTY ONLY.

16. FREE DISPOSAL

GUANGDONG XINGHAI TRADE CO.
李明
(SIGNATURE)

补充交易资料

G. W.：31KG/CARTON
DIMS：48×24×11CM/CARTON
TIME OF SHIPMENT：NOT LATER THAN DEC. 31，2016

空运托运单 4-3

空运托运单

SHIPPER'S LETTER OF INSTRUCTION

货运单号码
NO. OF AIR WAYBILL

托运人姓名及地址 SHIPPER'S NAME AND ADDRESS	托运人账号 SHIPPER'S ACCOUNT NUMBER	供承运人用 FOR CARRIER USE ONLY	
		航班/日期 FLIGHT/DATE	航班/日期 FLIGHT/DATE
收货人姓名及地址 CONSIGNEE'S NAME AND ADDRESS	收货人账号 CONSIGNEE'S ACCOUNT NUMBER	已预留吨位 BOOKED	
		运费 CHARGES	
代理人的名称和城市 ISSUING CARRIER AGENT NAME AND CITY			
另请通知 ALSO NOTIFY			
始发站 AIRPORT OF DEPARTURE			
到达站 AIRPORT OF DESTINATION			

托运人声明及价值 SHIPPER'S DECLARED VALUE		保险金额 AMOUNT OF INSURANCE	所附文件 DOCUMENTS TO ACCOMPANY AIR WAYBILL
供运输用 FOR CARRIAGE	供海关用 FOR CUSTOMS		

处理情况（包括包装方式货物标志及号码等）
HANDLING INFORMATION（INCL. METHOD OF PACKING IDENTIFYING MARKS AND NUMBERS ETC.）

件数 NO. OF PACKAGES	实际毛重（千克） ACTUAL GROSS WEIGHT（kg）	运价类别 RATE CLASS	收费重量（千克） CHARGEABLE WEIGHT（kg）	费率 RATE CHARGE	货物品名及数量（包括体积或尺寸） NAME AND QUANTITY OF GOODS（INCL. DIMENSIONS OR VOLUME）

托运人证实以上所填全部属实并愿遵守承运人的一切载运章程。

THE SHIPPER CERTIFIES THAT THE PARTICULARS ON THE FACE HEREOF ARE CORRECT AND AGREES TO THE CONDITIONS OF CARRIAGE OF THE CARRIER.

托运人签字 SIGNATURE OF SHIPPER	日期 DATE	经手人 AGENT	日期 DATE

项目五 申领原产地证书

知识目标

1. 了解原产地证书的含义和作用；
2. 掌握一般原产地证书的填写方法；
3. 熟悉申领一般原产地证书的具体手续；
4. 掌握普惠制原产地证书的填制方法；
5. 熟悉申领普惠制原产地证书的具体手续。

技能目标

1. 能够读懂合同和信用证中有关原产地证书的条款；
2. 能够根据合同和信用证中的要求填制一般原产地证书；
3. 能够根据合同和信用证中的要求向贸促会或商检局申领一般原产地证书；
4. 能够根据合同和信用证中的要求填制普惠制原产地证书；
5. 能够根据合同和信用证中的要求向商检局申领普惠制原产地证书。

情境导入

广南公司单证员陈珊珊制备了商业发票、装箱单等备货单据后，继续审核信用证中关于原产地证书的条款，在确认需要哪种类型的原产地证书后，立即着手缮制相应的文件，并向有关签证机构申请办理原产地证书。

请思考：

（1）什么是原产地证书？原产地证书有什么作用？

（2）常见的原产地证书有哪两种？

（3）如何申请和填制这两种原产地证书？

任务一 申领一般原产地证书

任务要求

广南公司单证员陈珊珊发现信用证中要求提交的结汇单据之一为一般原产地证书，于是着手缮制相应的文件，随即向有关签证机构申请办理一般原产地证书。

请以单证员陈珊珊的身份完成以下任务。

1. 找出信用证中对原产地证书的要求；

2. 根据合同、信用证及具体交易情况，完成原产地证书的填制和申领。

相关知识

一、原产地证书的含义和作用

1. 原产地证书的含义

原产地证书（certificate of origin），又称原产地证明书，是出口方应进口方的要求而提供的，由出口国政府有关机构签发的一种证明货物原产地和制造地的证明文件。常见的原产地证书包括一般原产地证书和普惠制原产地证书两种。

原产地证书是证明商品原产地，即货物的生产或制造地的一种证明文件，是商品进入国际贸易领域的"经济国籍"或"护照"，是证明货物原产国或原产地区，具有法律效力的证明文件。

2. 原产地证明书的作用

（1）确定税率待遇的依据。

（2）进行贸易统计的依据。

（3）实施进口数量限制、反倾销、反补贴等外贸措施的依据。

（4）控制从特定国家进口货物，确定准予放行与否的依据。

（5）证明商品内在品质或结汇的依据。

二、一般原产地证书的申请

一般原产地证书又称普通原产地证书，是各国按照自己的原产地规则签发的原产地证书。各国海关对持有一般原产地证的货物按最惠国税率征税。在我国，一般原产地证书（certificate of origin of the People's Republic of China）由各地进出口商品检验检疫局或各地贸易促进会按《中华人民共和国出口货物原产地规则》及《中华人民共和国出口货物原产地规则实施办法》办理签发。

根据我国有关规定，出口企业最迟应在货物出运（报关）前3天，持签证机构规定的正本文件，向签证机构申请办理产地证书，并严格按照签证机构的要求，真实、完整、正确地填写以下材料。

（1）《一般原产地证明书/加工装配证明书申请书》（见样单5-1）一份。

（2）经申请单位手缮人员手缮并加盖公章的一般原产地证明书一套（一正三副）。

（3）出口货物商业发票副本一份。

（4）签证机构认为必要的其他证明文件。

签证机构对出口企业所提交的签证资料进行审核，如审核无误，即在一般原产地证书的第12栏签字盖章，并将证书退交给出口企业。

知识链接

实际出口业务中，凡进口方要求我国官方机构签发一般原产地证书的，出口企业应向我国检验检疫机构申请办理；凡进口方要求商会出具一般原产地证书的，出口企业应向中国国际贸易促进委员会申请办理；未明确要求的，出口企业向检验检疫机构或贸促会申请办理均可。

样单 5-1

一般原产地证明书/加工装配证明书

申 请 书

申请单位注册号：   证书号：

申请单位郑重声明：

本人被正式授权代表本企业办理和签署本申请书。

本申请书及一般原产地证明书/加工装配证明书所列内容正确无误，如发现弄虚作假，冒充证书所列货物，擅改证书，自愿接受签发机构的处罚并承担法律责任，现将有关情况申报如下：

企业名称		发票号		
商品名称		H. S. 编码（六位数）		
商品 FOB 总值（以美元计）		最终目的地国家/地区		
拟出运日期		转口国（地区）		
贸易方式和企业性质（请在适用处画"√"）				
一般贸易		三来一补		其他贸易方式	

国有企业	三资企业	国有企业	三资企业	国有企业	三资企业
包装数量或毛重或其他数量					
证书各类（画"√"）		一般原产地证明书		加工装配证明书	

现提交中国出口货物商业发票副本一份，一般原产地证明书/加工装配证明书一正三副，以及其他附件　份，请予审核签证。

申请人（签名）：

申请单位盖章
电话：

日期：　　年　月　日

商检局联系记录

三、一般原产地证书的内容及填制要求

一般原产地证书共有 12 项内容，如一般原产地证书 5-1 所示，除了证书号（certificate No.）外，其余各栏均由出口企业用英文规范填写打印。

一般原产地证书 5-1

ORIGINAL

1. Exporter (full name and address)	Certificate No.			
2. Consignee (full name, address, country)	CERTIFICATE OF ORIGIN OF THE PEOPLE'S REPUBLIC OF CHINA			
3. Means of transport and route	5. For certifying authority use only			
4. Country/region of destination				
6. Marks and numbers	7. Number and kind of packages; description of goods	8. H. S. Code	9. Quantity or weight	10. Number and date of invoices

11. Declaration by the exporter
    The undersigned hereby declares that the above details and statements are correct, that all the goods were produced in China and that they comply with the Rules of Origin of the People's Republic of China.
	12. Certification
	    It is hereby certified that the declaration by the export is correct.			

Place and date, signature and stamp of authorized signatory	Place and date, signature and stamp of certifying authority			

一般原产地证书填制的基本要点见表 5-1。

表 5-1 一般原产地证书填制要点

序号	项目名称	填制要点
1	出口方 exporter	按实际填写，信用证项下为受益人
2	收货人 consignee	一般为进口方名称、地址及所在国
3	运输方式和路线 means of transport and route	按信用证或合同规定，填起运地、目的地及采用的运输方式
4	目的地国家或地区 country/region of destination	一般应与最终收货人或最终目的港国别一致，不能填中间商国家的名称
5	供出证方使用 for certifying authority use only	由签证机构在签发后发证书、补发证书或加注其他声明时使用，一般留空不填
6	标记唛码 marks and numbers	应照发票上所列唛头填写完整，若没有唛头，则填"N/M"，不得留空不填
7	品名及包装种类和件数 number and kind of packages；description of goods	一般应按商业发票填写，品名要具体，不得概括；包装种类和件数要按具体单位填写总的包装件数，并在阿拉伯数字后加注英文表述，末行要打上表示结束的符号＊＊＊＊，以防加添别的内容
8	编码 H. S. code	按规定填写，不得留空
9	数量或重量 quantity or weight	填写出口货物和量值及商品计量单位，若无则填重量
10	发票号码及日期 number and date of invoices	按实际情况填写，此栏的日期必须与正式商业发票一致
11	出口方声明 declaration by the exporter	已事先印好，由出口方填写签发地点、日期并盖公章和专人签字，且不得重合，此栏日期不得早于本证第10栏日期
12	签证机构证明 certification	由签证机构签发地点、日期、盖章和手签

任务实施

单证员陈珊珊仔细阅读了信用证中关于一般原产地证书的要求，准备好相关单据向贸促会申领一般原产地证书。

她在信用证 2-1 中找出关于一般原产地证书的条款"CERTIFICATE OF ORIGIN ISSUED BY CCPIT 1 ORIGINAL AND 2 COPIES"（由贸促会签发的一般原产地证书一份正本两份副本），明确了信用证中要求出具的原产地证书类型、签发机构及其份数。

陈珊珊填制好的一般原产地证书如下（见一般原产地证书 5-2）。

一般原产地证书 5-2

ORIGINAL

1. Exporter GUANGNAN MACHINERY IMPORT AND EXPORT CO. LTD. , 726 DONGFENG EAST ROAD, GUANG-ZHOU, CHINA	Certificate No. 160387253
2. Consignee HAROON CO. W. L. L. FOR MARKETING ENGINEERING MATERIALS LTD. , PO BOX 6747, SHARJAH, U. A. E.	CERTIFICATE OF ORIGIN OF THE PEOPLE'S REPUBLIC OF CHINA
3. Means of transport and route FROM HUANGPU, CHINA TO DUBAI, U. A. E. BY VESSEL WAN HAN 303 V. W049	5. For certifying authority use only
4. Country / region of destination U. A. E.	

6. Marks and numbers	7. Number and kind of packages; description of goods	8. H. S. Code	9. Quantity	10. Number and date of invoice
N/M	THREE HUNDRED AND TWENTY FOUR (324) CARTONS OF LEVER HANDLE * * * * * * * * * * * * * * * * * * *	8302. 4100	6482 SETS	A12－234－8256 OCT. 9, 2016

11. Declaration by the exporter The undersigned hereby declares that the above details and statements are correct, that all the goods were produced in China and that they comply with the Rules of Origin of the People's Republic of China. GUANGNAN MACHINERY IMPORT AND EXPORT CO. LTD. 陈珊珊 GUANGZHOU OCT. 10, 2016 Place and date, signature and stamp of authorized signatory	12. Certification It is hereby certified that the declaration by the exporter is correct. GUANGZHOU OCT. 10, 2016 Place and date, signature and stamp of certifying authority

小试身手

广东省深圳市真维斯服装有限公司向英国某公司出口一批男式 T 恤衫，该出口公司产地申报员张小娜拟于 2016 年 10 月 12 日向深圳市贸促会申领一般原产地证书，请你根据下面的商业发票（商业发票 5-1）协助张小娜填制一般原产地证书。

商业发票 5-1

ISSUER JEANSWEST GARMENTS CORPORATION LTD. FOREIGN TRADE BUILDING NO. 126, SHENZHEN, CHINA		COMMERCIAL INVOICE		
TO ROYAL TRADERS LTD. 757 SPRINGS TREET, BROOKLYN, NEW YORK, U-NITED STATES		NO. 183-T02		DATE OCT. 10，2016
TRANSPORT DETAILS From SHENZHEN PORT TO NEW YORK. BY SEA		S/C NO. 18A3T006		L/C NO.
		TERMS OF PAYMENT		
MARKS AND NUMBERS	DESCRIPTION OF GOODS	QUANTITY	UNIT PRICE	AMOUNT
R. T DUTS23105 NEW YORK C/NO. 1-120 MADE IN CHINA	100PCT COTTON MEN'S T-SHIRT 1）ART NO. B8325 SIZE：S COLOR：WHITE 2）ART NO. B8328 SIZE：M COLOR：BLUE H. S. CODE：6109. 1001	1200PCS 1000PCS	CFR NEW YORK USD10. 52/PC USD12. 88PCS	USD12624. 00 USD12880. 00
	TOTAL：	2200PCS		USD25504. 00
TOTAL：SAY US DOLLARS TWENTY-FIVE THOUSAND FIVE HUANDRED AND FOUR ONLY. TOTAL PACKAGE：80CARTONS				
		JEANSWEST GARMENTS CORPORATION LTD.		

一般原产地证书 5-3

ORIGINAL

1. Exporter	Certificate No.
2. Consignee	CERTIFICATE OF ORIGIN OF THE PEOPLE'S REPUBLIC OF CHINA
3. Means of transport and route	5. For certifying authority use only
4. Country / region of destination	

6. Marks and numbers	7. Number and kind of packages; description of goods	8. H. S. Code	9. Quantity	10. Number and date of invoices

11. Declaration by the exporter The undersigned hereby declares that the above details and statements are correct, that all the goods were produced in China and that they comply with the Rules of Origin of the People's Republic of China.	12. Certification It is hereby certified that the declaration by the export is correct.
Place and date, signature and stamp of authorized signatory	Place and date, signature and stamp of certifying authority

任务二 申领普惠制原产地证书

任务要求

2016 年 9 月 12 日，广南公司与荷兰 H. M. Trading, Co., Ltd. 签订了一份 Stainless Steel Spade Head（不锈钢铲头）的出口合同，荷兰 H. M. Trading, Co., Ltd. 于 2016 年 9 月 25 日开来了以广南公司为受益人的信用证。信用证部分条款如下。

/documentary credit number：DOM44782

/date of issue：SEP. 25，2016

/date and place of expiry：NOV. 31，2016 BENEFICIARIES' COUNTRY

/applicant：H. M. TRADING，CO.，LTD.

205 WATER ROAD，ROTTERDAM，NETHERLANDS

/beneficiary：59 GUANGNAN MACHINERY IMPORT AND EXPORT CO. LTD.，

726 DONGFENG EAST ROAD，GUANGZHOU，CHINA

/currency code amount：USD45000. 00

/percent credit amt tolerance：05/05

/on board/disp/taking charge：GUANGZHOU，CHINA

/for transportation to：ROTTERDAM

/latest date of shipment：OCT. 30，2016

/descp of goods and/or services：

5000PCS OF STAINLESS STEEL SPADE HEAD USD9. 00/PCS CIF ROTTERDAM

As per S/C No. 2016HM02

Packed：in 5PC/BUNDLE

Shipping marks：H. M.

ROTTERDAM

NO. 1-1000

/documents required：

＋CERTIFICATE OF ORIGIN G. S. P FORM A，ONE ORIGINAL AND ONE COPY，CERTIFYING GOODS OF ORIGIN IN CHINA，ISSUED BY COMPETENT AUTHORITIES.

补充交易资料

发票号码：B14-645-21

出具发票日期：2016 年 10 月 20 日

普惠制原产地证号码：926743276

请以单证员陈珊珊的身份完成以下任务。

1. 阅读信用证中对普惠制产地证书的要求。

2. 根据信用证中的要求申领并填制普惠制原产地证书。

相关知识

一、普惠制原产地证书的含义和作用

普惠制原产地证书即普遍优惠制（Generalized System of Preferences Certificate of Origin，GSP）证书，又称普惠制原产地证明书，是发达国家给予发展中国家出口制成品和半制成品（包括某些初级产品）一种普遍的、非歧视的、非互惠的关税优惠制度。

根据大多数给惠国的规定，享受普惠制必须持受惠国政府指定的机构签署的普惠制原产地证书，我国政府指定各地出口商品检验机构签发普惠制原产地证书。

二、普惠制原产地证书的申请

（1）出口企业根据合同或信用证填写普惠制原产地证书及其申请书。

（2）出口企业应在货物出运（报关）前 5 天持下述资料到出入境检验检疫局办理普惠制原产地证书签发手续。

① 填制正确、清楚的《普惠制原产地证明书申请书》（见样单 5-2）一份。

② 缮制正确、清楚，并经申请单位手签人员手签并加盖公章的《普惠制原产地证明书》一套（一正二副）。

③ 出口货物商业发票正本一份。

④ 签证机构认为必要的其他资料。

（3）出入境检验检疫局对出口企业所提交的签证资料进行审核，如审核无误，即在普惠制原产地证书上第 11 栏签字盖章，将其退交给出口企业。

样单 5-2

普惠制产地证明书申请书

申请单位（加盖公章）：　　　　　　　　　　　　　　　　证书号：
　申请单位郑重声明：　　　　　　　　　　　　　　　　　注册号：
　本人被正式授权代表本企业办理和签署本申请书。
　本申请书及普惠制产地证明书格式 A（FORMA）所列内容正确无误，如发现弄虚作假，冒充格式 A 所列货物，擅改证书，自愿接受签发机构的处罚并承担法律责任，现将有关情况申报如下：

生产单位		生产单位联系人电话		
商品名称（中英文）		H.S. 税目号（以六位数码计）		
商品 FOB 总值（以美元计）		发票号		
最终销售国		证书种类 "√"	加急证书	普通证书
拟出运日期				
贸易方式和企业性质（请在适用处画 "√"）				
正常贸易 C	来进料加工 L	补偿贸易 B	中外合资 H	中外合作 Z	外商独资 D	零售 Y	展卖 M
包装数量或毛重或其他数量				

原产地标准
本项商品系在中国生产，完全符合该给惠国给惠方案规定，其原产地情况符合以下第　条：
(1) "P"（完全国产，未使用任何进口原材料）；
(2) "W" 其 H.S. 税目号为_____（含进口成分）；
(3) "F"（对加拿大出口产品，其进口成分不超过产品出厂价值的 40%）。
本批产品系：1. 直接运输从_____到_____；
　　　　　　 2. 转口运输从_____中转国（地区）_____到_____。

申请人说明	领证人（签名）： 电话： 日期：　年　月　日

现提交中国出口货物商业发票副本一份，普惠制产地证明书格式 A（FORM A）一正两副，以及其他附件　份，请予审核签证。
注：凡有进口成分的商品，必须要求提交《含进口成分受惠商品成本明细单》。

　商检局联系记录

三、普惠制原产地证书的内容及填制要求

普惠制原产地证书共有 12 项内容，如普惠制原产地证书 5-1 所示。其中证书右上角标题栏已显示产地证书的编号（reference No.），在标题横线上方必须填上中华人民共和国签发的英文字样，即 "Issued in THE PEOPLE'S REPUBLIC OF CHINA"，其余各栏均由出口企业用英文规范填制打印。

普惠制原产地证书 5-1

1. Goods consigned from (Exporter's business name, address, county)	Reference No.
	GENERALIZED SYSTEM OF PREFERENCES CERTIFICATE OF ORIGIN (Combined declaration and certificate) FORM A issued in THE PEOPLE'S REPUBLIC OF CHINA (COUNTRY)
2. Goods consigned to (Consignee's name, address, country)	See Notes overleaf

3. Means of transport and route (as far as known)	4. For official use		

5. Item number	6. Marks and numbers of packages	7. Number and kind of packages; description of goods	8. Origin criterion (see Notes over leaf)	9. Gross weight or other quantity	10. Number and date of invoices

11. Certification It is hereby certified, on the hasis of control carried out, that the declaration by the exporter is correct.	12. Declaration by the export The undersigned hereby declares that the above details and statements are correct; that all the goods were produced in
	.... (country) and that they comply with the origin requirements specified for those goods in the Generalized System of Preferences for goods exported to
	.... (importing country)
Place and date, signature and stamp of certifying authority	Place and date, signature of authorized signatory

表 5-2 普惠制原产地证书填制的基本要点

序号	项目名称	填制要点
1	出口方名称、地址及所在国 exporter's business name, address, country	填上出口方的全称和详细地址,包括街道及门牌号码等
2	收货人名称、地址、国家 consignee's name, address, country	一般为给惠国的收货人名址,不能填中间商名址
3	运输方式和路线 means of transport and route	按信用证或合同规定,填起运地、目的地及采用的运输方式
4	供官方使用 for official use	由签证机构根据需要填写
5	商品项目编号 item number	有几种商品,就编几个号码,如 1、2、3 等;若只有一种商品,此栏填 1
6	标记唛码 marks and numbers of packages	应按实际填写
7	品名及包装种类和件数 number and kind of packages; description of goods	一般应按商业发票填写,品名要具体,不得概括;包装种类和件数要用阿拉伯数字和英文同时表示,在下行要打上表示结束的符号＊＊＊＊,以防加别的内容。若货物为散装,则在品名后加注 IN BULK
8	原产地标准 origin criterion	此栏是证书的核心,应根据规定填写,要求如下: (1) 完全自产于出口的产品:输往给惠国时,填写"P"。对澳大利亚和新西兰出口时,可不必填写 (2) 经过出口国充分制作或加工的产品,输往下列国家时,其填写要求如下: 加拿大:对于在两个或两个以上受惠国内加工或制作且符合原产地标准的产品,填"G",其他填"F" 日本、挪威、瑞士和欧盟:填"W",其后填明出口产品 H. S. 编码的前四位税则号如:"W" 9618 白俄罗斯、保加利亚、捷克、匈牙利、哈萨克斯坦、波兰、俄罗斯、乌克兰和斯洛伐克:对于在出口受惠国增值的产品,填"Y",其后注明进口原料和部件的价值在出口产品离岸价格中所占的百分率,如"Y" 45%,对于在一个受惠国生产而在另一个或数个其他受惠国制作或加工的产品,填写"PK" 澳大利亚和新西兰:本栏不必填写,在第 12 栏做出适当申报即可
9	数量或重量 gross weight or other quantity	填写出口货物的量值及商品计量单位,若无则填重量
10	发票号码及日期 number and date of invoices	按实际填写。此栏的日期必须与正式商业发票一致
11	签证当局的证明 certification	由商检局签发地点、日期、盖章和手签。此栏日期不得早于发票日期(第 10 栏)和申报日期(第 12 栏),而且应早于货物的出运日期(第 3 栏)
12	出口方声明 declaration by the exporter	已事先印好,由出口公司填写签发地点、日期并加盖公章和专人签字,公章应为中英文对照章,且签字与公章不得重合。申报日期不得早于发票日期(第 10 栏)

任务实施

单证员陈珊珊仔细阅读了信用证中对普惠制原产地证书的要求，并根据合同、信用证要求及具体业务情况，准备好相关单据，向广州出入境检验检验局申领普惠制原产地证书。

陈珊珊在填制普惠制原产地证书前，在信用证中找出关于普惠制原产地证书的条款"Certificate of Origin G. S. P Form A，One original and one copy，Certifying goods of origin in China，issued by competent authorities."（由授权机构签发的普惠制原产地证书格式 A 一份正本一份副本，证明货物的原产地在中国），明确了信用证中要求出具的原产地证书类型、签发机构及其份数。

陈珊珊填好的普惠制原产地证书如下所示。

普惠制原产地证书 5-2

1. Goods consigned from (Exporter's business name, address, country) GUANGNAN MACHINERY IMPORT AND EXPORT CO. LTD.，726 DONGFENG EAST ROAD, GUANGZHOU, CHINA	Reference No.　　926743276 GENERALIZED SYSTEM OF PREFERENCES CERTIFICATE OF ORIGIN (Combined declaration and certificate) FORM A
2. Goods consigned to (Consignee's name, address, country) H. M TRADING, CO.，LTD. 205 WATER ROAD, ROTTERDAM, NETHERLANDS	Issued in THE PEOPLE'S REPUBLIC OF CHINA (country) See Notes overleaf
3. Means of transport and route (as far as known) FROM GUANGZHOU TO ROTTERDAM BY SEA	4. For official use

5. Item number	6. Marks and numbers of packages	7. Number and kind of packages; description of goods	8. Origin criterion (see Notes overleaf)	9. Gross weight or other quantity	10. Number and date of invoices
1	H. M ROTTERDAM NO. 1-1000	ONE THOUSAND (1000) BUNDLES OF STAINLESS STEEL SPADE HEAD * * * * * * * * * * * * * *	"P"	5000PCS	B14-645-21 OCT. 20，2016

11. Certification It is hereby certified, on the basis of control carried out, that the declaration by the exporter is correct.	12. Declaration by the exporter The undersigned hereby declares that the above details and statements are correct, that all the goods were produced in　　CHINA (country) and that they comply with the origin requirements specified for those goods in the Generalized System of Preferences for goods exported to NETHERLANDS GUANGZHOU　OCT. 21，2016
Place and date, signature and stamp of certifying authority	Place and date, signature and stamp of authorized signatory

小试身手

广东省服装进出口公司向英国某公司出口一批丝绸上衣，该出口公司产地申报员李燕拟于 2016 年 11 月 20 日向广州出入境检验检疫局申领普惠制原产地证书，请你根据下面的商业发票（商业发票 5-2）协助李燕填制"普惠制原产地证书"。

商业发票 5-2

ISSUER Guangdong Garments Import And Export Corporation Foreign Trade Building No. 180 Zhanqian Road，GuangZhou，China	COMMERCIAL INVOICE

TO Simran Ideal Ltd.，Merlin House, 14 Sutherland Road London，United Kingdom	NO. 23A3-T001	DATE Nov. 19，2016
	S/C NO. 23A3B036	L/C NO.
TRANSPORT DETAILS From GuangZhou To London By Vessel	TERMS OF PAYMENT D/P AT 30DAYS AFTER SIGHT	

Marks and Numbers	Description of goods	Quantity	Unit Price	Amount
SIMRAN LONDON NO. 1—228	Silk Blouses 1）Art No. JGB30 Size：36" Color：Pink 2）Art No. JGB31 Size：40" Color：Blue	3200Dozen 4000Dozen	CIF London USD50.50/DOZ USD61.00/DOZ	USD161600.00 USD244000.00
	Total：	7200Dozen		USD405600.00

SAY TOTAL：US DOLLARS FOUR HUNDRED AND FIVE THOUSAND SIX HUNDRED ONLY.
Total Package：228 cartons
货物原产地情况：完全由中国原产。

Guangdong Garments Import And Export Corporation

普惠制原产地证书 5-3

1. Goods consigned from (Exporter's business name, address, country)	Reference No.
	GENERALIZED SYSTEM OF PREFERENCES CERTIFICATE OF ORIGIN (Combined declaration and certificate) FORM A Issued in THE PEOPLE'S REPUBLIC OF CHINA (COUNTRY) See Notes overleaf
2. Goods consigned to (Consignee's name, address, country)	

3. Means of transport and route (as far as known)	4. For official use

5. Item number	6. Marks and numbers of packages	7. Number and kind of packages; description goods	8. Origin criterion (see Notes overleaf)	9. Gross weight or other quantity	10. Number and date of invoices

11. Certification It is hereby certified, on the basis of control carried out, that the declaration by the exporter is correct.	12. Declaration by the export The undersigned hereby declares that the above details and statements are correct, that all the goods were produced in ‥‥‥‥‥‥‥‥‥‥‥‥‥‥‥‥‥‥‥‥‥‥ (country) and that they comply with the origin requirements specified for those goods in the Generalized System of Preferences for goods exported to ‥‥‥‥‥‥‥‥‥‥‥‥‥‥‥‥‥‥‥‥‥‥ (importing country)
‥‥‥‥‥‥‥‥‥‥‥‥‥‥‥‥‥‥‥ Place and date, signature and stamp of certifying authority	‥‥‥‥‥‥‥‥‥‥‥‥‥‥‥‥‥‥‥ Place and date, signature of authorized signatory

知识链接

出口欧盟产品普惠制优惠 2015 年起取消

20 世纪 80 年代起欧盟（欧共体）单方面给予我国有关出口产品普惠制关税优惠待遇，平均能给我国出口企业带来 5% 的关税减免。然而，欧洲委员会第 1421/2013 号法规 2015 年 1 月 1 日正式生效，我国内地及厄瓜多尔、马尔代夫、泰国因连续三年被世界银行归类为高收入或中高收入国家，因而被剔出受惠国行列。2015 年 1 月 1 日起，中国将从欧盟普惠制"毕业"，中国所有产品将不再享受普惠制优惠待遇，这意味着出口欧盟国家的企业将多出 5% 的运营成本。对我国给予普惠制优惠的国家也由 40 个锐减至 12 个。

面对如此形势，我国出口企业可以采用市场多元化战略，积极开拓欧盟等传统市场之外的新兴市场，从两个方面规避欧盟的"毕业"机制对出口产生的负面影响。一方面，继续深度开拓给予我国普惠制待遇的其他发达国家的市场，如澳大利亚、新西兰、日本、加拿大和俄罗斯等国家，以继续享受普惠制优惠。另一方面，将产品出口到与我国建成自贸区的国家和地区。目前，我国已签署自贸协定 12 个，涉及 20 个国家和地区，分别是中国与东盟、新加坡、巴基斯坦、新西兰、智利、秘鲁、哥斯达黎加、冰岛和瑞士的自贸协定，以及大陆与台湾的海峡两岸经济合作框架协议（ECFA）。此外，我国还加入了亚太贸易协定。取得中国原产资格的产品在进入上述国家和地区时均可享受关税减免，甚至享受零关税待遇。

项目六

填制（审核）投保单据

知识目标

1. 了解出口货物投保流程；
2. 熟悉投保单、保险单的主要项目及内容；
3. 掌握保险单据的审核要点。

技能目标

1. 能够读懂外贸合同和信用证中有关保险的条款；
2. 能够熟练计算保险金额和保险费；
3. 能够根据合同、信用证及具体交易情况填制投保单；
4. 能够根据合同、信用证及具体交易情况填制（审核）保险单。

情境导入

广南公司在合同（见合同 2-1）和信用证（见信用证 2-1）项下，备齐相关货物（扳把式门拉手），办理货物托运及申领了原产地证书。在 CIF 成交的条件下，广南公司必须负责投保，于是单证员陈珊珊着手缮制投保单，并与保险公司联系保险事宜。

请思考：

(1) 如何向保险公司办理出口货物运输保险？

(2) 如何填制投保单？

(3) 如何填制（核对）保险单？

任务一 填制投保单

任务要求

广南公司单证员陈珊珊在货物离开仓库装船前即与中国人民保险公司联系，根据合同和信用证中有关保险条款的规定，填写投保单，办理货物运输保险手续。

请以单证员陈珊珊的身份，根据合同、信用证及具体交易情况，完成以下任务：

1. 计算该批货物的保险金额和保险费；
2. 完成投保单的填制。

相关知识

凡按 CIF 和 CIP 条件成交的出口货物，由出口企业向当地保险公司逐笔办理投保手续。在办理时注意：应根据出口合同或信用证规定，在备妥货物并已确定装运日期和运输工具后，按约定的保险险别和保险金额，向保险公司投保。投保时应填制投保单并支付保险费，保险公司凭此出具保险单或保险凭证。投保的日期应不迟于货物装船的日期。

一、投保单的含义和作用

投保单（application for insurance）是由保险公司印制，投保人填写的一种办理投保手续的业务单据。投保人在办理保险手续时，应在运输工具起运前，填制投保单一份，并随附提单、商业发票等单证提交保险公司，保险公司审核无误后，依此出具保险单据。

投保单是保险公司衡量风险、计算保费、订立合同（出保单）的依据。投保人提出保险要约时，均须如实填写投保单所列项目，以供保险人决定是否承保或以何种条件、何种费率承保。投保单本身并非正式的合同文本，但一经保险人接受后，即成为保险合同的一部分。

二、投保单的内容与缮制

各保险公司的投保单格式不尽相同，但大体内容一致，在投保单中要填制的内容一般包括货物名称、运输标志、包装及数量、保险金额、保险险别、运输工具、开航日期、提单号等。（见投保单 6-1）

投保单 6-1

货物运输保险投保单

投保人（1）			
发票号码及标记（2）	件数（3）	货物名称（4）	保险金额（5）
运输工具、航次（及转载工具）（6）	约起运于（7）	赔付地及币别（8）	
运输路程（9）	自　　经　　到	提单号码（10）	
承保险别（11）		投保单位签章（12）	

（1）投保人：按实际有关人填写，在 CIF 或 CIP 合同下，由卖方办理保险，则此栏应填写出口方（受益人）的相关信息，如信用证有其他规定，则按信用证规定办理。

（2）发票号码及标记：此栏填制发票号码及运输标志（唛头），如无实际运输标志，则填"N/M"。

（3）件数：按货物的最大包装件数填写。

（4）货物名称：按发票描述的商品名称填写，可填制货物的统称。

（5）保险金额：按信用证或合同规定的金额填写，如无特别规定，则按 CIF 发票金额的 110％填写。保险金额的确定计算公式如下：

$$保险金额＝发票金额×（1＋投保加成率）$$

例：某批出口货物价值 USD40000，信用证规定按发票金额的 110％投保，其保险金额应为：40000×（1＋10％）＝44000（美元）

知识链接

如果计算出的保险金额有小数，则小数点后尾数一律要"进一法取整"。按"进一法取整"，不论是"2097.13"或"2097.89"，都按"2098"填。

（6）运输工具：不同的运输方式有不同的表示方法，采用海运则填写船名航次，采用铁路、航空运输则填写相应的班次、航次。

（7）约起运于（开航日期）：此栏填写运输单据的签发日期，采用海运时可填写"AS PER B/L"。

（8）赔付地及币别：如信用证无特别规定，赔付地点一般在目的地，币别应与信用证一致。

（9）运输路程：填写实际的装运地（港）及目的地（港），如发生转运，应填写中转地，如广州经香港到纽约。

（10）提单号码：按实际的提单号码填写。

（11）承保险别：按信用证或合同的规定填写。

任务互动

在采用 CIF 或 CIP 贸易术语时，如合同或信用证未规定投保金额和投保险别时，应如何确定投保金额？卖方应投保什么险别？

（12）投保单位签章：此栏应由第一栏投保人签名盖章，并注明投保日期。投保日期应在发票日期之后，并不迟于运输工具起航日期或运输单据签发日期，在实际中，也有投保日期和发票日期是同一天，或者和提单日期是同一天的情况。保险公司一般把投保日期作为保险单的出单日期。

任务实施

单证员陈姗姗找出信用证中的保险单条款，"46A：5.2 MARINE INSURANCE POLICY/CERTIFICATE, ENDORSED IN BLANK, FOR FULL INVOICE VALUE PLUS 10 PERCENT, COVERING INSTITUTE CARGO CLAUSES（A）, SHOWING CLAIMS IF ANY PAYABLE IN UNITED ARAB EMIRATES"，确定了以下信息：保险单或凭证 2 份，

空白背书，保险金额为发票金额加成，投保 ICC（A）险，在阿联酋赔付。

已知运至阿联酋的一般货物 ICC（A）险的保险费率为 0.8%。

陈珊珊根据合同、信用证及其他业务资料，计算该批货物的保险金额和保险费，并完成投保单的填制。

计算保险金额和保险费如下：

保险金额＝发票金额×（1＋投保加成率）＝ 58600.60×110% ＝USD64460.66

保险费＝保险金额×保险费率 ＝64460.66×0.8% ＝ USD515.69

陈珊珊填好的投保单如投保单 6-2 所示。

投保单 6-2

货物运输保险投保单

投保人（1） GUANGNAN MACHINERY IMPORT AND EXPORT CO. LTD.，726 DONGFENG EAST ROAD，GUANGZHOU，CHINA					
发票号码及标记（2）		件数（3）	货物名称（4）		保险金额（5）
A12-234-8256 N/M		324CTNS	LEVER HANDLE		USD64461.00
运输工具、航次 （及转载工具）（6）	WAN HAN 303 V. W049	约起运于（7）	OCT. 13, 2016	赔付地及 币别（8）	DUBAI, UNITED ARAB EMIRATES IN USD
运输路程（9）	自 HUANGPU，CHINA 经 到 DUBAI，UNITED ARAB EMIRATES			提单号码（10）	HUPDXB06A0306
承保险别（11） INSTITUTE CARGO CLAUSES（A）			投保单位签章：（12） GUANGNAN MACHINERY IMPORT AND EXPORT CO. LTD. 李伟华 2016 年 10 月 9 日		

小试身手

根据以下信用证（信用证 6-1）及补充交易资料填写投保单。

信用证 6-1

（前略）

BENEFICIARY：GUANGZHOU TIANYI IMP. & EXP. CO.

　　　　　　　NO. 25，DONGFENG ROAD，GUANGZHOU，CHINA

APPLICANT：THE GREES UNITED COMPANY

　　　　　　111 BANKER STREET，SINGAPORE

AMOUNT：USD75000.00

EXPIRY DATE AND PLACE：DEC. 15，2016 IN CHINA

SHIPMENT FROM GUANGZHOU，CHINA TO SINGAPORE

PARTIAL SHIPMENT：ALLOWED

TRANSSHIPMENT：ALLOWED

DESCRIPTION OF GOODS：25000PCS（500CTNS）T-SHIRTS AT USD3.00/PC CIF SINGAPORE

INSURANCE POLICY ENDORSED IN BLANK FOR 110% OF CIF VALUE COVERING FPA AND WAR RISK.

补充交易资料

提单日期：OCT. 20，2016　　船名航次：EAST WIND V. 987　　提单号码：COSCO7658

G. W.：200KGS　　　　N. W.：190KGS　　　MEASUREMENT：50.00M³

SHIPPING MARK：GREENS/T2014135/SINGAPORE/C/NO. 1-500

投保单 6-3

货物运输保险投保单

投保人				
发票号码及标记		件数	货物名称	保险金额
运输工具、航次（及转载工具）		约起运于		赔付地及币别
运输路程	自　　　经　　　到			提单号码
承保险别			投保单位签章	

任务二　填制（审核）保险单

任务要求

　　单证员陈珊珊在填写投保单后，随附相关单据，向保险公司办理投保手续。保险公司审核投保单无误后签发保险单据。陈珊珊当日收到保险公司传真过来的保险单，立即进行保险单的审核。

　　请以单证员陈珊珊的身份，完成以下任务。

　　1. 填制保险单；

　　2. 核对保险单。

相关知识

一、保险单据的含义和种类

　　保险单据（insurance documents）是保险公司与被保险人订立的承保证明，列明双方之间的权利与义务。在运输过程中，当货物遭受保险合同责任范围内的损失时，保险单是被保险人索赔的依据，也是保险公司理赔的主要依据。

保险单据主要有以下几类。

（1）保险单（insurance policy），俗称大保单，是保险人与被保险人之间订立的一种正规的保险合同，正面载明被保险人、保险人的名称、运输标记、被保险货物名称、包装件数、保险金额、运输工具、起航日期、装运港与目的港、承保险别、出单日期等项目，背面列有保险人与被保险人各自的权利、义务等详细内容。保险单是最完整的保险单据。

（2）保险凭证（insurance certificate），俗称小保单，是一种简化的保险单，只有正面印就的保险基本条款，没有保险单背面所印内容，与保险单具有同等的法律效力。

任务互动1

在实际业务中，大保单可代替小保单，小保单能否代替大保单？

（3）预约保险单（open policy），又称开口保险单，是一种长期性的货物保险合同，合同规定了被保险货物的范围、保险险别、保险责任、费率等，凡保单范围内的货物一经装运，保险公司自动承保。它一般适用于经常有相同类型货物需要装运的保险，可简化逐笔签订保险合同的手续。

（4）保险批单（endorsement），是保险公司在保险单据出具后，根据投保人的要求，对保险内容补充或变更而出具的一种见证，是保险单的组成部分。

根据《UCP600》的解释，如信用证要求提交预约保险项下的保险证明书或声明书，可以用保险单代替。

二、保险单的内容与缮制

各保险公司的保险单格式不尽相同，但大体内容一致，空白保险单样单如"保险单6-1"所示。在CIF、CIP成交条件下，保险单是重要议付单据之一，在保险公司出具正式保险单之前，被保险人必须认真填制与审核保险单，以确保单据的准确性和议付的顺利进行。

（1）保险公司名称（name of insurance company）。如果信用证和合同指定保险公司，应根据要求到指定的保险公司办理保险手续，如信用证规定"INSURANCE POLICY BY PICC"，则提供的保险单应由PICC［the People's Insurance Company（Group）of China Limited］，即中国人民财产保险股份有限公司出具。

（2）保险单据名称（name of insurance documents）。此栏应按信用证和合同要求填制。如信用证规定"INSURANCE POLICY IN DUPLICATE"，则应出具保险单而非保险凭证。

（3）发票号码（invoice No.）。此栏填写投保货物商业发票的号码。

（4）保险单号次（policy No.）。此栏填写保险单号码。

（5）被保险人（insured），又称保险单的抬头。在CIF或CIP合同下，都由出口方办理出口货物投保手续，因此若信用证无特别规定时，此栏填制信用证的受益人，即出口公司名称。

（6）货物标记（marks of goods）。此栏填制运输标记，即唛头，内容应与发票、提单及其他单据上同一栏目内容相同，因此可填写"AS PER INVOICE NO.×××"。在发生保险索赔时，除了保险单还应提供发票，以供参考。

保险单 6-1

(1)

发票号码
Invoice No.(3)

保险单号次
Policy No.(4)

海 洋 货 物 运 输 保 险 单
MARINE CARGO TRANSPORTATION INSURANCE POLICY(2)

被保险人

Insured (5)

中保财产保险有限公司(以下简称本公司)根据被保险人的要求，及其所缴付约定的保险费，按照本保险单承保险别和背面所载条款与下列特别条款承保下列货物运输保险，特签发本保险单。

This policy of Insurance witnesses that The People's Insurance Company of China, Ltd. (hereinafter called"The Company"), at the request of the Insured and in consideration of the agreed premium paid by the Insured, undertakes to insure the undermentioned goods in transportation subject to the conditions of this Policy as per the Clauses printed overleaf and other special clauses attached hereon.

保险货物项目 Descriptions of Goods	包装 单位 数量 Packing Unit Quantity	保险金额 Amount Insured
(8)	(7)	(9)

承保险别
Conditions(15)

货物标记
Marks of Goods(6)

ORIGINAL

总保险金额
Total Amount Insured (10)

保费   As arranged
Premium (11)

装载运输工具
Per comveyancs S.S. (12)

开航日期
Slg. on or abt. (13)

起运港
From

目的港
To (14)

所保货物，如发生本保险单项下可能引起索赔的损失或损坏，应立即通知本公司下述代理人查勘。如有索赔，应向本公司提交保险单正本(本保险单共有 份正本)及有关文件。如一份正本已用于索赔。其余正本则自动失效。

In the event of loss or damage which may result in a claim under this Policy,immediate notice must be given to the Company's Agent as mentioned hereunder. Claims, if anyone of the Original Policy which has been issued in Original(s) together with the relevant documents shall be surrendered to theCompany. If one of the Original Policy has been accomplished. the others to be void.(21)

Stamp & Signature
(19)

赔款偿付地点
Claim payable at (16)

日期
Date (17)

在
at (18)

地址
Address
(20)

（7）包装 单位 数量（packing unit quantity）。此栏填写最大包装件数，与提单上同一栏目内容相同。

（8）保险货物项目（descriptions of goods）。此栏填制货物名称，一般使用统称，并与其他单据同一栏目内容相同。

（9）保险金额（amount insured）。投保时使用的货币应与信用证和发票上的一致，保险金额应按信用证规定的加成投保，如无特别规定，一般以发票金额加一成（即110%）为准。

（10）总保险金额（total amount insured）。这一栏目为第九栏保险金额的大写，金额与币别必须一致。

（11）保费（premium）。此栏一般由保险公司事先印制"AS ARRANGED"（如约定）字样，如信用证特别规定"MARKED PREMIUM PREPAID"，此栏显示："PREMIUM PREPAID"即可。

任务互动2

广南公司按 CIF 汉堡每件 110 欧元出口某商品 5000 件，合同规定按发票价值的110%投保一切险加战争险。小陈在办理投保时查得一切险的保险费率为0.5%，战争险的保险费为0.8%。请问小陈在办理投保时需要支付多少保险费？保险单上保险金额应为多少？

解答：保险金额＝发票价值×110%＝5000×110×110%＝605000（欧元）

保险费＝保险金额×保险费率＝605000×（0.5%＋0.8%）＝7865（欧元）

费率一般由保险公司事先印制"AS ARRANGED"（如约定）字样，除非信用证特别规定，保费与费率可以不具体显示。

（12）装载运输工具（per conveyance S. S.）。此栏按照实际情况填写，应与提单上的船名航次一致，当货物发生转船时，应把各程的船名航次填在此栏，如"EAST WIND/BLUE MOON"。

（13）开航日期（sailing on or about，简写为 Slg. on or abt.）。此栏填制运输单据的签发日期，如使用海运方式，也可填上"AS PER B/L"。

（14）起运港……目的港……（from...to...）。此栏填写实际的起运港口和目的港口名称，当货物发生转船时，应把转船地点填上，如"FROM SHANGHAI TO NEW-YORK VIA HONGKONG（或 W/T AT HONGKONG）"。

（15）承保险别（conditions）。此栏应根据信用证和合同的保险条款来填制，如信用证要求"INSURANCE POLICY COVERING ALL RISKS AND WAR RISK AS PER CIC"，则此栏应填"ALL RISKS AND WAR RISK AS PER CIC"。

（16）赔款偿付地点（claim payable at）。通常将目的地作为赔付地点，因此，如信用证或合同无特殊要求，此栏填制运输目的地，赔款货币为投保金额相同的货币。

（17）日期（date）。此栏填制保险单的签发日期。保险单的签发日期应不早于货物离开仓库的日期和不晚于提单的签发日期，最迟可与提单同一天。

（18）投保地点（at...）。此栏一般填制为装运港（地）的名称。

（19）盖章和签字（stamp & signature）。此栏加盖与第一栏相同的保险公司印章及其负责人的签字。

（20）特殊条款（special conditions）。如信用证和合同中对保险单据有特殊要求则填在保险单的空白处，如信用证要求："L/C NO.，DATE OF ISSUE MUST BE INDICATED IN ALL DOCUMENTS"，所有单据必须注明信用证号码、开证日期，则应在保险单空白处填制"L/C NO.×××"和"开证日期"。

（21）保险单的份数及"ORIGINAL"字样。《UCP600》规定，正本保险单上必须有"ORIGINAL"字样，并显示该套保险单据正本的出具份数。

三、保险单的转让

保险单可以经背书转让，保险单据经被保险人背书后即随着保险货物的所有权自动转到受让人手中。背书的方式有记名背书和空白背书两种。

（1）记名背书，这种背书方式是在保险单背面注明被保险人名称和经办人的名字后，注明"DELIVERY TO ××× CO.（BANK）"或"IN THE NAME OF ×××"的字样。

（2）空白背书，只需在保险单背面注明被保险人（公司名称或经办人）的名称即可。

四、保险单据批单

批单（endorsement）是修改保险单的一种文书。当被保险人投保后，由于某种原因需要补充或修改保险单的内容，可向保险人提出修改申请，由保险人出具批单进行修改。实际操作中，批单应粘贴在保险单上，并加盖骑缝章，批单的效力优先于保险单。

常见的批单内容有：①更改被保险人名称；②更改货物名称；③更改货物包装或数量；④更改保险金额；⑤更改承保险别；⑥更改货物标记（唛头）；⑦更改船名，加注转船或内陆目的地；⑧更改开航日期；⑨更改起运港或目的地港；⑩更改赔款偿付地点；⑪更改出单日期；⑫延长保险有效期（期限）等。

任务实施

单证员陈珊珊要审核保险单是否正确，其前提是作为投保人必须会正确填制保险单，清楚保险单各个栏目的填写内容和要求。陈珊珊填制的保险单如下。（见保险单6-2）

保险单 6-2

发票号码
Invoice No. A12-234-8256

保险单号次
Policy No. 6697256

海 洋 货 物 运 输 保 险 单
MARINE CARGO TRANSPORTATION INSURANCE POLICY

被保险人

Insured　　GUANGNAN MACHINERY IMPORT AND EXPORT CO.（空白背书）

中保财产保险有限公司（以下简称本公司）根据被保险人的要求，及其所缴付约定的保险费，按照本保险单承担险别和背面所载条款与下列特别条款承保下列货物运输保险，特签发本保险单。

This policy of Insurance witnesses that The People's Insurance Company of China，Ltd.（hereinafter called "The Company"），at the request of the Insured and in consideration of the agreed premium paid by the Insured，undertakes to insure the undermentioned goods in transportation subject to the conditions of this Policy as per the Clauses printed overleaf and other special clauses attached hereon.

保险货物项目 Descriptions of Goods	包装 单位 数量 Packing Unit Quantity	保险金额 Amount Insured
LEVER HANDLE TOTAL：324CTNS	324CTNS	USD64461.00

承保险别

Conditions

COVERING INSTITUTE CARGO CLAUSES（A）

货物标记

Marks of Goods

N/M

总保险金额

Total Amount InsuredUS DOLLARS SIXTY-FOUR THOUSAND FOUR HUNDRED AND SIXTY-ONE ONLY.

保费　　　　　　装载运输工具　　　　　　　　开航日期

　　　　　　　As arranged

Premium　　　　　　Per conveyance S. S. WAN HAN 303 V. W049 Slg. on or abt. OCT. 13，2016

起运港　　　　　　　　　　　　目的港

From HUANGPU，CHINA　　　To DUBAI，UNITED ARAB EMIRATES

所保货物，如发生本保险单项下可能引起索赔的损失或损坏，应立即通知本公司下述代理人查勘。如有索赔，应向本公司提交保险单正本（本保险单共有 2 份正本）及有关文件。如一份正本已用于索赔，其余正本则自动失效。

In the event of loss or damage which may result in a claim under this Policy，immediate notice must be given to the Company's Agent as mentioned hereunder. Claims，if anyone of the Original Policy which has been issued in 2 Original（s）together with the relevant documents shall be surrendered to the Company. If one of the Original Policy has been accomplished，the others to be void.

赔款偿付地点

Claim payable at UNITED ARAB EMIRATES

日期　　　　　　　　　在

Date OCT. 10，2016　　　　at　GUANGZHOU

地址

Address

![小试身手]

1. 根据下列信用证的相关信息填制保险单（见保险单6-3）。

L/C NO.：YF79006　　　DATE：OCT. 10. 2016　　　AMOUNT：USD50000. 00

BENEFICIARY：GUANGDONG HONGYI IMP. & EXP. CO.

DOCUMENTS REQUIRED：+INSURANCE POLICY IN DUPLICATE BLANK ENDORSED COVERING ALL RISKS AND WAR RISK FOR 110% OF INVOICE VALUE.

COVERING：2000PCS OF GARMENTS

PACKING：IN CARTONS OF 100PCS EACH

SHIPPING：FROM GUANGZHOU, CHINA TO NEWYORK, USA BY VESSEL "REDSTAR V. 88" ON OCT. 30. 2016

INVOICE NO.：YDF2016105

POLICY NO.：DE13567

NO SHIPPING MARK.

2. 根据以下信用证（信用证6-2）及补充交易资料审核并修改保险单（见保险单6-4）。

信用证 6-2

ISSUE OF A DOCUMENTARY CREDIT

APPLICATION HEADER：		THE NATIONAL BANKING GROUP LTD. , TOKYO
DESTINATION：		BANK OF CHINA, GUANGZHOU BRANCH
SEQUENCE OF TOTAL	27：	1/1
FORM OF DOC. CREDIT	40A：	IRREVOCABLE
DOC. CREDIT NUMBER	20：	LC-784319
DATE OF ISSUE	31C：	SEP. 10. 2016
APPLICANT RULES	40E：	UCP LATEST VERSION
EXPIRY	31D：	DEC. 15. 2016
APPLICANT	50：	TOMO TRADING COMPANY
BENEFICIARY	59：	GUANGZHOU SHENGDA IMP. & EXP. CO. NO. 159. ZHONGSHAN ROAD, GUANGZHOU，CHINA
AMOUNT	32B：	USD 25000. 00
AVAILABLE WITH … BY…	41D：	ANY BANK BY NEGOTIATION
DRAFTS AT	42C：	AT SIGHT
DRAWEE	42D：	ISSUING BANK
PARTIAL SHIPMENT	43P：	ALLOWED
TRANSHIPMENT	43T：	ALLOWED

LADING IN CHARGE   44A：GUANGZHOU，CHINA

TRANSPORTATION TO   44B：TOKYO，JAPAN

LATEST DATE OF SHIPMENT 44C：DEC. 1，2016

DESCRIPTION OF GOODS OR SERVICES

         45A：5000KGS GREEN TEA CIF TOKYO

DOCUMENTS REQUIRTED 46A：

  +SIGNED COMMERCIAL INVOICE IN TRIPLICATE.

  +PACKING LIST IN DUPLICATE.

  +FULL SET OF CLEAN ON BOARD BILLS OF LADING MADE OUT TO ORDER BLANK ENDORSED, MARKED "FREIGHT PREPAID" AND NOTIFY APPLICANT.

  +INSURANCE POLICY IN DUPLICATE BLANK ENDORSED COVERING FPA AND WAR RISK FOR 110% OF INVOICE VALUE CLAIM PAYABLE AT TOKYO，JAPAN.

ADDITIONAL CONDITION 47A：WITHOUT

DETAILS IF CHARGES   71B：

  +ALL BANKING CHARGES OUTSIDE OPENING BANK ARE FOR ACCOUNT OF BENEFICIARY.

PRESENTATION PERIOD 48：

  +DOCUMENTS MUST BE PRESENTED WITHIN 15 DAYS AFTER THE DATE OF SHIPMENT BUT WITHIH VALIDITY OF CREDIT.

CONFIRMATION   49： WITHOUT

INSTRUCTIONS   78：

  +REIMBURSENTMENT BY TELECOMMUNICATION IS PROHIBITED END OF L/C.

补充交易资料

保险单号号码：MIE79069   发票号码：YPT07908

货物总包装件数：100CTNS 船名航次：EAST WTND V. 97

提单签发日期：2016 年 11 月 15 日 提单签发地点：广州

保险单 6-3

发票号码
Invoice No.

保险单号次
Policy No.

海 洋 货 物 运 输 保 险 单
MARINE CARGO TRANSPORTATION INSURANCE POLICY

被保险人

Insured ....

中保财产保险有限公司(以下简称本公司)根据被保险人的要求，及其所缴付约定的保险费，按照本保险单承担险别和背面所载条款与下列特别条款承保下列货物运输保险，特签发本保险单。

This policy of Insurance witnesses that The People's Insurance(Property)Company of China, Ltd.(hereinafter called "The Company"), at the request of the Insured and in consideration of the agreed premium paid by the Insured, undertakes to insure the undermentioned goods in transportation subject to the conditions of this Policy as per the Clauses printed overleaf and other special clauses attached hereon.

保险货物项目 Descriptions of Goods	包装 单位 数量 Packing Unit Quantity	保险金额 Amount Insured

承 保 险 别
Conditions

货 物 标 记
Marks of Goods

ORIGINAL

总 保 险 金 额

Total Amount Insured ....

保费　　As arranged

装载运输工具

开航日期

Premium.............................Per conveyance S.S. ....Slg. on or abt. ....

起运港

目的港

From.. To ....

所保货物，如发生本保险项下可能引起索赔的损失或损坏，应立即通知本公司下述代理人查勘。如有索赔，应向本公司提交保险单正本(本保险单共有　　　份正本)及有关文件。如一份正本已用于索赔，其余正本则自动失效。

In the event of loss or damage which may result in a claim under this Policy, immediate notice must be given to the Company's Agent as mentioned hereunder. Claims, if anyone of the Original Policy which has been issued in Original(s) together with the relevant documents shall be surrendered to the Company. If one of the Original Policy has been accomplished, the others to be void.

中保财产保险有限公司
THE PEOPLE'S INSURANCE(PROPERTY) COMPANY OF CHINA, LTD.

赔款偿付地点
Claim payable at ....

日期　　　　　　　　在
Date...at...

地址
Address

保险单 6-4

保　险　单
INSURANCE POLICY

发票号码 号次
Invoice No. YPT07908　　　　　　　　　　　　　　　　　No. MIE79069

中国人民保险公司（以下简称本公司）根据（以下简称被保险人）的要求，由被保险人向本公司缴付约定的保险费，按照本保险单承保险别和背面所载条款与下列条款承保下述货物运输保险，特立本保险单。

This Policy of Insurance witnesses that The People's Insurance Company of China (hereinafter called "the Company"), at the request of THE NATIONAL BANKING GROUP LTD. , TOKYO (hereinafter called "the Insured") and in consideration of the agreed premium paid to the Company by the Insured, undertakes to insure the undermentioned goods in transportation subject to the conditions of this Policy as per the Clause printed overleaf and other special clauses attached hereon.

标记 Marks & Nos.	包装 单位 数量 Packing Unit Quantity	保险货物项目 Description of Goods	保险金额 Amount Insured
N/M	5000KG	GREEN TEE	USD25000. 00

承保险别

Conditions

COVERING FPA AND WAR RISK

总保险金额

Total Amount Insured US DOLLARS TWENTY-FIVE THOUSAND ONLY.

保费　　　　　　　　费率　　　　　　　　装载运输工具

Premium　AS ARRANGED　Rate　AS ARRANGED　　Per conveyance S. S. EAST WTND V. 97

开航日期　　　　　　　　自　　　　　　　　至

Slg. on or abt. NOV. 15，2016　From GUANGZHOU，CHINA to TOKYO，JAPAN

所保货物，如遇出险，本公司凭本保险单及其他有关证件给付赔款。

所保货物，如发生本保险单项下负责赔偿的损失或事故，应立即通知本公司下述代理人查勘。

Claims，if any，payable on surrender of this Policy together with other relevant documents.

In the event of accident whereby loss or damage may result in a claim under this Policy immediate notice applying for survey must be given to the Company's Agent as mentioned hereunder：

赔款偿付地点　　　　　　　　广州

Claim payable at GUANGZHOU IN CHINA

日期

Date NOV. 16，2016

地址

Address

项目七

填制报检与报关单据

知识目标

1. 熟悉出口报检的流程；
2. 掌握出口货物报检单的填制规范；
3. 熟悉出口报关的流程；
4. 掌握出口货物报关单的填制规范；
5. 了解货物出境的通关程序。

技能目标

1. 能够根据合同、信用证及具体交易信息填制出口货物报检单；
2. 能够根据合同、信用证及具体交易信息填制出口货物报关单。

情境导入

广南公司单证员陈珊珊，根据商品 H. S. 编码查出该批货物的监管条件，确认该批货物需要出口货物通关单后，她开始与生产厂家广东顺德德欧金属制品厂了解货物生产情况。在明确货物已经加工完成后，陈珊珊随即与公司报关报检员张建联系，协助其完成报关报检事宜。报关员张建向顺德出入境检验检疫局办理商品的报检手续，并由顺德出入境检验检疫局检验合格后出具换证凭单，在黄埔海关办理出口通关手续。

请思考：

（1）报关员张建该如何办理货物出口通关手续？

（2）单证员陈珊珊需要协助张建准备哪些单据完成报检、报关手续？

任务一 填制出境货物报检单

任务要求

单证员陈姗姗准备好出口货物相关的单据——发票、信用证、装箱单、合同副本、厂检单，交由报检员张建在报关前根据船期安排，提前向顺德出入境检验检疫局预约安排商检。该批货物拟定于 2016 年 10 月 10 日报检。

请以单证员陈姗姗的身份，协助报检员根据合同、信用证及具体交易情况填制出境货物报检单。

相关知识

一、报检的流程

我国出口商品检验的程序，主要包括三个环节：报检、检验和出证。

1. 报检

报检也称报验，是指进出口货物收发货人或其代理人，依照有关法律、行政法规的规定，在规定的地点和期限内，以书面或电子申报方式向出入境检验检疫机构报告其法定检验检疫物的情况，随附有关单证，并接受出入境检验检疫机构对其法定检验检疫物实施检验检疫以获得出入境通关放行凭证及其他证单的行为。

（1）出境报检的时限和形式

出境货物最迟于出口报关前或装运前 7 天报检，对于个别检验检疫周期较长的货物，应留有相应的检验检疫的时间，另外，需隔离检疫的出境动物在出境前 60 天预报，隔离前 7 天报检。

出境报检以书面报检单和电子报检信息并存的形式进行，必须确保书面报检单和电子报检信息完全一致。

（2）报检时需要提交的单据

报检人应于出口前，仔细填写出境货物报检单，每份出境货物报检单仅限填报一个合同、一份信用证的商品。对同一合同、同一信用证，但标记号码不同者，应分别填写相应的报检单。

除了报检单，还应同时提交有关的单证和资料，如双方签订的合同与合同附件、信用证、商业发票、装箱单以及厂检单、出口商品运输包装性能检验等必要的单证，向商品存放所在地的检验机构申请检验，缴纳检验费。

知识链接

收发货人依法向出入境检验检疫机构备案后可自行报检，称为自理报检；也可委托有报检资质的代理公司报检，称为代理报检，即向出入境检验检疫机构注册备案的公司，完成报检程序，办理委托只需要出具报检委托书即可。

2. 检验

出入境检验检疫机构在审查上述单证符合要求后，受理该批商品的报检，对报检的商品进行检验和查验。检验的方式主要有抽样检验和到厂检验。

3. 出证

对检验合格的商品，由出入境检验检疫机构签发检验证书。对产地与报关地一致的商品，出入境检验检疫机构还会出具出境货物通关单；对产地与报关地不一致的商品，产地出入境检验检疫机构出具出境货物换证凭单，然后到报关地出入境检验检疫机构换取出境货物通关单。

知识链接

凡列入《出入境检验检疫机构实施检验检疫的进出境商品目录》（以下简称《进出境商品目录》）内的货物，需要按照要求报检。《进出境商品目录》以《商品分类和编码协调制度》为基础编制而成，包括了大部分法定检验检疫的货物，是出入境检验检疫机构依法对出入境货物实施检验检疫的主要执行依据。

二、检验检疫证书的分类

检验证书（Inspection Certificate）是检验机构对进出口商品进行检验、鉴定后签发的证明检验结果的书面文件。国际货物买卖中的检验证书，在实际业务中，常见的主要有以下几种。

（1）品质检验证书（Inspection Certificate of Quality）。即证明进出口商品品质，规格的证书。

（2）重量检验证书（Inspection Certificate of Weight）。即证明进出口商品重量的证书。

（3）数量检验证书（Inspection Certificate of Quantity）。即证明进出口商品数量的证书。

（4）兽医检验证书（Veterinary Inspection Certificate）。即证明动物产品在出口前已经过兽医检验，符合检疫要求的证书。

（5）卫生检验证书（Sanitary Inspection Certificate）。即证明食用动物产品、食品在出口前已经过卫生检验，可供食用的证书。

（6）消毒检验证书（Disinfection Inspection Certificate）。即证明动物产品在出口前已经过消毒处理，符合安全及卫生要求的证书。

（7）产地检验证书（Inspection Certificate of Origin）。即证明出口商品原生产地的证书，通常包括一般原产地证书，普惠制原产地证书，野生动物产地证书等。

（8）价值检验证书（Inspection Certificate of Value）。即证明出口商品价值的证书，通常用于证明发货人发票所载的商品价值正确、属实。

（9）验残检验证书（Inspection Certificate on Damaged Cargo）。即证明进口商品残损情况，估算残损贬值程度，判定致损原因的证书。

知识链接

《进出境商品目录》海关监管条件、检验检疫类别代码

（1）海关监管条件代码

A：表示对应商品须实施进境检验检疫；

B：表示对应商品须实施出境检验检疫；

D：表示对应商品海关与检验检疫联合监管

（2）检验检疫类别代码

M：表示对应商品须实施进口商品检验；

N：表示对应商品须实施出口商品检验；

P：表示对应商品须实施进境动植物、动植物产品检疫；

Q：表示对应商品须实施出境动植物、动植物产品检疫；

R：表示对应商品须实施进口食品卫生监督检验；

S：表示对应商品须实施出口食品卫生监督检验；

L：表示对应商品须实施民用商品入境验证

除一般商品外，还包括入境废物、进口旧机电产品；出口危险货物包装容器的性能检验和使用鉴定；进出境集装箱；进境、出境、过境的动植物、动植物产品及其他检疫物等。

三、出境货物报检单的填制

1. 填制要求

（1）出境货物报检单由国家出入境检验检疫机构统一印制，目前使用的出境货物报检单格式编号为［1-2（2000.1.1）］，如出境货物报检单 7-1 所示。

（2）出境报检以书面报检单和电子报检信息并存的形式进行，必须确保书面报检单和电子报检信息完全一致。

（3）报检单必须按照所申报的货物内容填写，填写内容必须与随附单据相符，填写必须完整、准确、真实，不得涂改，对无法填写的栏目或无此内容的栏目，统一填写"＊＊＊"。

（4）填制完毕的报检单必须加盖报检单位公章或已经向检验检疫机关备案的"报检专用章"，报检人应在签名栏手签，注意必须是本人手签，不得代签。

（5）填制完毕的报检单在办理报检手续前必须认真审核，检查是否有错填、漏填的栏目，所填写的内容是否与随附单据一致，防止因填单差错而延误办理报检手续。

（6）一批货物填写一份报检单。"一批货物"是指同一合同、同一类货物、同一运输工具、运往同一地点，特殊情况除外。

出境货物报检单 7-1

	中华人民共和国出入境检验检疫					
	出境货物报检单					

报检单位（加盖公章）：		(1)			*编号	
报检单位登记号：	(2)	联系人：	(3)	电话：	(4)	报检日期： (5) 年 月 日

发货人 (6)	（中文）	
	（外文）	
收货人 (7)	（中文）	
	（外文）	

货物名称（中/外文）	H.S. 编码	产地	数/重量	货物总值	包装种类及数量
(8)	(9)	(10)	(11)	(12)	(13)

运输工具名称号码	(14)	贸易方式	(15)	货物存放地点	(16)
合同号	(17)	信用证号	(18)	用途	(19)
发货日期	(20)	输往国家（地区）	(21)	许可证/审批号	(22)
起运地	(23)	到达口岸	(24)	生产单位注册号	(25)

集装箱规格、数量及号码	(26)

合同、信用证订立的检验检疫条款或特殊要求	标记及号码	随附单据（画"✓"或补填）(29)	
(27)	(28)	☑合同 ☑信用证 ☑发票 ☐换证凭单 ☑装箱单 ☐厂检单	☐包装性能结果单 ☐许可/审批文件 ☐ ☐

需要证单名称（画"✓"或补填）(30)				*检验检疫费 (32)	
☐品质证书	__正__副	☐植物检疫证书	__正__副	总金额 （人民币元）	
☐重量证书	__正__副	☐熏蒸/消毒证书	__正__副		
☑数量证书	__正__副	☑出境货物换证凭单	__正__副		
☐兽医卫生证书	__正__副	☐出境货物通关单	__正__副	计费人	
☐健康证书	__正__副	☐			
☐卫生证书	__正__副	☐		收费人	
☐动物卫生证书	__正__副	☐			

报检人郑重声明：(31) 1. 本人被授权报检。 2. 上列填写内容正确属实，货物无伪造或冒用他人的厂名、标志、认证标志，并承担货物质量责任。 签名：_____	领取证单 (33)
	日期
	签名

2. 填制规范

出境货物报检单的填报规范如下。

（1）报检单位：指向出入境检验检疫机构申报检验、检疫、鉴定业务的单位。报检单应加盖报检单位公章。

（2）报检单位登记号：指在出入境检验检疫机构登记的号码，由出入境检验检疫机构给予。

（3）联系人：填写报检员姓名。

（4）电话：填写报检员联系电话。

（5）报检日期：报检当天的日期。

（6）发货人：指合同中卖方名称或信用证中受益人名称。如需要出具英文证书的，填写中英文。

(7) 收货人：指合同中或信用证中买方名称。如需要出具英文证书的，填写中英文。

(8) 货物名称：按贸易合同或发票所列的货物名称，根据需要可填写型号、规格或牌号。货物名称不得填写笼统的商品类别，如"陶瓷""玩具"等。货物名称必须填写具体的类别名称，如"日用陶瓷""塑料玩具"。不够位置填写的，可用附页形式填报。

(9) H.S.编码：指货物对应的海关商品代码，填写8位数或10位数。

(10) 产地：指货物生产/加工的省（自治区、直辖市）以及地区（市）名称，如广东惠州等。

(11) 数/重量：填写报检货物的数/重量，重量一般填写净重。如填写毛重，或以毛重作净重则需注明。

(12) 货物总值：按合同或发票上所列的总值填写（注明币种）。如同一报检单报检多批货物，需列明每批货物的总值（注：如申报货物总值与国内、国际市场价格有较大差异，出入境检验检疫机构保留核价权力）。

(13) 包装种类及数量：指本批货物运输包装的种类及件数。

(14) 运输工具名称号码：填写货物实际装载的运输工具类别名称（如船、飞机、货柜车、火车等）及运输工具编号（船名、飞机航班号、车牌号码、火车车次）。报检时，未能确定运输工具编号的，可只填写运输工具类别。

(15) 贸易方式：按实际的贸易方式填写，如一般贸易、来料加工、进料加工、其他等。

(16) 货物存放的地点：指本批货物存放的地点。

(17) 合同号：指合同编号。

(18) 信用证号：指信用证编号。

(19) 用途：指本批出境货物用途，如种用、食用、奶用、观赏或演艺、伴侣、实验、药用、饲用、加工等。申报时在九种用途中选择一种，若有两种用途，需要分开申报。

(20) 发货日期：按本批货物信用证或合同上所列的出境日期填写。

(21) 输往国家（地区）：指合同中买方所在的国家或地区。

(22) 许可证/审批号：对实施许可证制度或者审批制度管理的货物，报检时填写许可证编号或审批单编号。

(23) 起运地：指装运本批货物离境的交通工具的启运口岸/地区城市名称，必须填写实际起运港口。

(24) 到达口岸：指装运本批货物的交通工具最终抵达目的地停靠的口岸名称。若采用国际多式联运，到达地点是内陆城市，则填写最终目的地。

(25) 生产单位注册号：指生产/加工本批货物的单位在检验检疫机构的注册登记编号。

(26) 集装箱规格、数量及号码：填写装载本批货物的集装箱规格（如40英尺、20英尺等）以及分别对应的数量和集装箱号码。若集装箱太多，可用附页形式填报。

(27) 合同、信用证订立的检验检疫条款或特殊要求：指贸易合同或信用证中贸易双方对本批货物特别约定而订立的质量、卫生等条款和报检单位对本批货物检验检疫的特殊要求。

(28) 标记及号码：按出境货物实际运输包装标记填写。如没有标记，填写 N/M。标记栏不够位置填写时，可用附页填写。

(29) 随附单据：按实际提供的单据，在对应的"□"打"√"。对报检单上未标出的，须自行填写提供的单据名称。

（30）需要证单名称：按需要出入境检验检疫机构出具的证单，在对应的"□"打
"√"，并对应注明所需证单的正副本的数量。对报检单上未标出的，如"通关单"等，须
自行填写所需证单的名称和数量。

（31）报检人郑重声明：必须有报检人的亲笔签名。

（32）检验检疫费：由出入境检验检疫机构计费人员核定费用后填写。

（33）领取证单：报检人在领取证单时填写领证日期及领证人姓名。

任务互动

出口货物报检在什么条件下可以撤销或者变更？

任务实施

单证员陈珊珊要协助报检员张建首先准备好随附单据，并填写出境货物报检单（见出
入境货物报检单7-2），向顺德出入境检验检疫局报检。

出境货物报检单 7-2

中华人民共和国出入境检验检疫					
出境货物报检单					
报检单位（加盖公章）：	广南机械进出口有限公司			* 编号	
报检单位登记号：4401004899	联系人：张建	电话：0086-20-37658122		报检日期：2016 年 10 月 10 日	
发货人（6）	（中文）	广南机械进出口有限公司			
	（外文）	GUANGNAN MACHINERY IMPORT AND EXPORT CO. LTD.			
收货人（7）	（中文）	* * *			
	（外文）	HAROON CO. W. L. L. FOR MARKETING ENGINEERING MATERIALS LTD.			
货物名称（中/外文）	H. S. 编码	产地	数/重量	货物总值	包装种类及数量
扳把式门拉手 LEVER HANDLE	8302410000	中国	6482 个	USD58600.60	324 纸箱
运输工具名称号码	WAN HAN 303/W049	贸易方式	一般贸易	货物存放地点	广东顺德
合同号	HF60809	信用证号	DER260635	用途	其他
发货日期	2016-10-13	输往国家（地区）	阿联酋	许可证/审批号	* * *
起运地	广州	到达口岸	迪拜	生产单位注册号	* * *
集装箱规格、数量及号码	1×20'/WHLU5165067（20）				
合同、信用证订立的检验检疫条款或特殊要求	标记及号码		随附单据（画"✓"或补填）		
* * *	N/M		☑合同 ☑信用证 ☑发票 □换证凭单 ☑装箱单 ☑厂检单	□包装性能结果单 □许可/审批文件 □ □	

续表

需要证单名称（画"✓"或补填）				*检验检疫费	
□品质证书	__正__副	□植物检疫证书	__正__副	总金额	
□重量证书	__正__副	□熏蒸/消毒证书	__正__副	（人民币元）	
□数量证书	__正__副	☑出境货物换证凭单	__正__副		
□兽医卫生证书	__正__副	□出境货物通关单	__正__副	计费人	
□健康证书	__正__副	□			
□卫生证书	__正__副	□		收费人	
□动物卫生证书	__正__副	□			
报检人郑重声明： 1. 本人被授权报检。 2. 上列填写内容正确属实，货物无伪造或冒用他人的厂名、标志、认证标志，并承担货物质量责任。 签名：张建				领取证单	
				日期	
				签名	

　　张建取得顺德检验检疫局签发的出境货物换证凭单后，向出境口岸黄埔检验检疫局换取出境货物通关单如下。

出境货物通关单 7-1

中华人民共和国出入境检验检疫
出境货物通关单

编号：

1. 发货人 　　　　广南机械进出口有限公司 GUANGNAN MACHINERY IMPORT AND EXPORT CO. LTD.			5. 标记及号码	
2. 收货人 　　　　*** HAROON CO. W. L. L. FOR MARKETING ENGINEERING MATE-RIALS LTD.			N/M	
3. 合同/信用证号 　HF60809/ DER260635		4. 输往国家或地区 　　阿联酋		
6. 运输工具名称及号码 　WAN HAN 303/W049		7. 发货日期 　　　20161013	8. 集装箱规格及数量 　　1×20' FCL	
9. 货物名称及规格 　　扳把式门拉手 　　LEVER HANDLE	10. H. S. 编码 8302410000	11. 申报总值 USD58600.60	12. 数/重量、包装数量及种类 　　6482 个 　　324 纸箱	
上述货物业经检验检疫，请海关予以放行。 本通关单有效期至　2016 年 12 月 03 日 　签字：张三　　　　　　　　　　　日期：2016 年 10 月 10 日			黄埔出入境检验检疫局章	
13. 备注				

小试身手

请根据下列合同及其他材料填制出境货物报检单。（出境货物报检单 7-3）

Sales Contract

Contract No.：SN0012　　　　　　　　DATE：JUNE 20，2015

Seller：Huizhou Haoyun Trading Co. Ltd.（惠州好运商贸有限公司）

Address：No. 118 Xihu road，Huizhou，China

Buyer：Meiling Trading Co. Ltd.（美菱商贸有限公司）

Address：201/3 Lardp Road，Bangkok，Thailand

Name of commodity：Preserved Egg（皮蛋）

Quantity：10000 pieces

Unit Price：CFR Bangkok USD 0. 20 Per piece

Amount：USD2000. 00（Say U. S. Dollars Two Thousand Only）

Shipment：From Huizhou China To Bangkok（曼谷），Thailand Not Later Than July 15，2015

Packing：In cartons of 50 pieces each，total 200 cartons

N. W. ：5kgs/ctn，total 1000kgs

G. W. ：6. 5kgs/ctn，total 1，300kgs

Measurement：0. 288 M^3 each，total 57. 60 M^3

Insurance：To be covered by seller

Payment：By irrevocable letter of Credit at Sight

Shipping Marks：TY

　　　　　　　　Bangkok

　　　　　　　　No. 1-200

补充交易资料

报检单位登记号：3087245354

发票号码：KT1503　　制作发票的日期：2015 年 1 月 28 日

船名：JIAOYANG88

装运港：惠州港

存放地点：惠州市大亚湾

集装箱：1 * 20 FCL CY/CY　集装箱号码：SCZU6712342

报检日期：2015 年 2 月 5 日

信用证号：ly0098

网上查询给定商品的 H. S. 编码：0407902000

并在惠州出入境检验检疫局报检

出境货物报检单 7-3

中华人民共和国出入境检验检疫出境货物报检单

报检单位（加盖公章）：　　　　　　　　　　　　　　　　　　　　　编号_____

报检单位登记号：　　　联系人：　　　　　　电话：　　　　　报检日期：

发货人	（中文）	
	（外文）	
收货人	（中文）	
	（外文）	

货物名称（中/外文）	H.S. 编码	产地	数/重量	货物总值	包装种类及数量

运输工具名称及号码		贸易方式		货物存放地点	
合同号		信用证号		用途	
发货日期		输往国家（地区）		许可证/审批号	
起运地		到达口岸		生产单位注册号	

集装箱规格、数量及号码

合同、信用证订立的检验检疫条款或特殊要求	标记及号码	随附单据（画"√"或补填）	
		□合同	□包装性能结果单
		□信用证	□许可/审批文件
		□发票	□
		□换证凭单	□
		□装箱单	
		□厂检单	

需要证单名称（画"√"或补填）				检验检疫费	
□品质证书	__正__副	□植物检疫证书	__正__副	总金额（人民币元）	
□重量证书	__正__副	□熏蒸/消毒证书	__正__副		
□数量证书	__正__副	□出境货物换证凭单	__正__副		
□兽医卫生证书	__正__副	□出境货物通关单	__正__副	计费人	
□健康证书	__正__副	□			
□卫生证书	__正__副	□			
□动物卫生证书	__正__副	□		收费人	

报检人郑重声明：	领取证单	
1. 本人被授权报检。		
2. 上列填写内容正确属实，货物无伪造或冒用他人的厂名、标志、认证标志，并承担货物质量责任。	日期	
签名：_____	签名	

任务二　填制出口货物报关单

任务要求

经检验合格，货物运抵黄埔海关监管区后，广南机械进出口公司单证员陈珊珊根据合同规定的装运日期的要求，协助公司的报关员张建向海关申报通关。该批货物拟定于2016

年 10 月 11 日向黄埔海关报关出境。

请以单证员陈珊珊的身份，协助报关员张建完成以下任务。

1. 根据报关要求整理所需要的单证。

2. 根据合同、信用证及具体交易情况填制出口货物报关单。

相关知识

一、出口货物报关的流程

我国的出口报关须经过出口货物的发货人或其代理人办理申报、配合查验、缴纳税费、签印放行四个环节。

1. 办理申报

出口货物的发货人在根据合同的规定，按时、按质、按量备齐出口货物后，即应当向运输公司办理租船订舱手续，准备向海关办理报关手续，或委托专业（代理）报关公司办理报关手续。

知识链接

我国进出口企业办理进出口通关业务时，除自行办理外，还可委托具备海关承认资质的报关行或货运代理公司办理，进出口收发货人签署海关制订的《代理报关委托书/委托报关协议》，以委托人的身份授权报关代理人代为办理报关手续。

（1）出口报关的时限和形式

在一般情况下，出口货物的发货人或其代理人应当在装货前 24 小时内向货物的出境地海关，采用电子数据报关单和纸质报关单形式申报。

（2）出口报关的随附单证

出口货物申报要准备的单证主要有基本单证和随附单据两大类。基本单证就是出口货物报关单，随附单据包括商业单据、货运单据、官方单据和备用单据等，见表7-1。

表 7-1　出口报关的随附单证

基本单证	随附单据			
	商业单据	货运单据	官方单据	备用单据
出口货物报关单	商业发票 装箱单 代理报关委托书 加工贸易登记手册	装箱单 出口汽车载货清单 航空货运单 快递单或邮局收据	出境货物通关单 出口许可证	合同 知识产权申报单 退运证明

2. 配合查验

查验是指海关接受报关单位的申报后以经审核的申报单位为依据，通过对出口货物进行实际的核查，以确定其报关单证申报的内容是否与实际进出口的货物相符的一种监管方式。

任务互动1

海关查验时收、发货人应承担哪些义务？

3. 缴纳税费

出口关税（export duties/tariff）是一国海关以出境货物和物品为课税对象所征收的关税。为鼓励出口，世界各国一般不征收出口税或仅对少数商品征收出口税。征收出口关税的主要目的是限制、调控某些商品的过激、无序出口，特别是防止本国一些重要自然资源和原材料的出口。

我国出口关税主要以从价税为计征标准。根据《中华人民共和国进出口关税条例》的规定，属于暂定税率的出口货物要适用暂定税率。计算公式如下

$$从价税的应征出口关税税额 = 出口货物完税价格 \times 出口关税税率$$
$$= \frac{FOB 价格}{1 + 出口关税税率} \times 出口关税税率$$

知识链接

某公司出口锌矿砂 100 公吨，每公吨售价 CFR 香港 HKD1500，运费为每公吨 CNY150。汇率：1 港币＝1.1 元人民币；出口税率为 30%。请计算该批货物出口关税额。

【解答】

CFR 金额＝1500×1.1×100＝165000（元）

运费＝150×100＝15000（元）

FOB 金额＝165000－15000＝150000（元）

出口关税＝$\frac{150000}{1+30\%} \times 30\%$＝34615.38（元）

4. 签印放行

（1）对于一般出口货物，在发货人或其代理人如实向海关申报，并如数缴纳应缴税款和有关规费后，海关在出口装货单上盖"海关放行章"，出口货物的发货人凭以装船起运出境。

（2）出口货物的退关：发货人应当在退关之日起 3 天内向海关申报退关货物，经海关核准后才能将货物运出海关监管场所。

（3）签发出口退税报关单：海关放行后，在浅黄色的出口退税专用报关单上加盖"验讫章"和已向税务机关备案的海关审核出口退税负责人的签章，退还报关单位。

二、出口货物报关单的填制

出口报关单（export declaration）是由海关总署规定统一格式（如出口货物报关单 7-1 所示）和填制规范，由进出口货物收发货人或其代理人填制并向海关提交的申报货物状况，经海关审核签发后生效的法律文书。报关单主要用于确认货物是否真正出口或者进口，直接决定了进出口活动的合法性。

出口货物报关单 7-1

出口货物报关单

预录入编号：(1)   海关编号：(2)

出口口岸 (3)	备案号 (4)	出口日期 (5)	申报日期 (6)
经营单位 (7)	运输方式 (8)	运输工具名称/航次号 (9)	提运单号 (10)
发货单位 (11)	贸易方式 (12)	征免性质 (13)	结汇方式 (14)
许可证号 (15)	运抵国（地区）(16)	指运港 (17)	境内货源地 (18)
批准文号 (19)	成交方式 (20)	运费 (21)	保费 (22)	杂费 (23)
合同协议号 (24)	件数 (25)	包装种类 (26)	毛重（千克）(27)	净重（千克）(28)
集装箱号 (29)	随附单据 (30)		生产厂家 (31)

标记唛码及备注 (32)

项号	商品编号	商品名称、规格型号	数量及单位	最终目的国（地区）	单价	总价	币制	征免
(33)	(34)	(35)	(36)	(37)	(38)	(39)	(40)	(41)

税费征收情况 (42)

录入员 (43) 录入单位 (44)	兹声明以上申报无讹并承担法律责任	海关审单批注及放行日期（签章）(47)
报关员		审单 审价
	申报单位（签章）(45)	征税 统计
单位地址		
邮编 电话	填制日期 (46)	查验 放行

报关单的填报必须真实，不得出现差错，更不能伪报、瞒报及虚报。出口货物报关单的填制规范见表 7-2。

表 7-2　出口货物报关单填制规范

序号	项目名称	填制规范
1	预录入编号	本栏目填报预录入报关单的编号，预录入编号规则由接受申报的海关决定
2	海关编号	本栏目填报海关接受申报时给予报关单的编号，一份报关单对应一个海关编号。报关单海关编号为 18 位，一般规律如下： 5302　　　2006　　0　　　　215514049 海关代码　　年份　　进出口标志　　报关单顺序编号
3	出口口岸	指货物实际进出我国关境口岸海关的名称，我国关境的口岸海关的名称及代码（四位码），具体可参考表 7-3
4	备案号	备案号是进出口企业在海关办理加工贸易合同或征、减、免税审批备案等手续时，海关给予的各种登记手册或其他者备案审批文件的编号。备案号长度为 12 位；一份报关单只允许填报一个备案号；无备案的，免填

序号	项目名称	填制规范
5	出口日期	出口日期由海关打印，指运载所申报货物的运输工具办结出境手续的日期。本栏目为8位数，顺序为年（4位）、月（2位）、日（2位）。如：2014.08.29
6	申报日期	指海关接受出口货物的发货人或其代理人申请办理货物出口手续的日期
7	经营单位	经营单位编码为10位数字，本栏目填报在海关注册登记的对外签订并执行进出口贸易合同的中国境内法人、其他组织或个人的名称及海关注册编码
8	运输方式	运输方式包括实际运输方式和海关规定的特殊运输方式，前者指货物实际进出境的运输方式，按进出境所使用的运输工具分类，主要涉及的是：江海运输、航空运输、铁路运输；后者指货物无实际进出境的运输方式，按货物在境内的流向分类，具体可参见表7-4
9	运输工具名称/航次号	本栏目填报载运物进出境的运输工具名称或编号。填报内容应与运输部门向海关申报的舱单（载货清单）所列相应内容一致
10	提运单号	本栏目填报进出口货物提单或运单的编号。此栏目填报的内容应与运输部门向海关申报的载货清单所列相应内容一致。一份报关单只允许填报一个提单或运单号，一票货物对应多个提单或运单时，应分单填报
11	发货单位	应填写发货单位的中文名称或其海关注册编号。自行进出口单位既是经营单位又是收发货单位，因此，该栏目填报其中文名称及海关编码
12	贸易方式	常用贸易方式：一般贸易、来料加工、进料对口、进料非对口、合资合作设备、三资进料加工、外资设备物品
13	征免性质	征免性质是指海关对进出口货物实施的征、减、免税管理的性质类别。征免性质共有28种，常见的有：一般征税、来料设备、来料加工、进料加工、中外合资、中外合作、外资企业，参见表7-8
14	结汇方式	出口填报结汇方式，具体方式可参见表7-5
15	许可证号	指商务部及其授权发证机关签发的进（出）口货物许可证的编号。该栏目只填写限制类进出口货物的进出口许可证号，自动进口许可证号不应填在这里
16	运抵国（地区）	起运国（地区）是指进口货物起始发运的国家（地区）。运抵国（地区）是指出口货物直接运抵的国家（地区）。主要国别（地区）代码可参见表7-6
17	指运港	出口货物运往境外的最终目的港；最终目的地不可预知的，可按尽可能预知的目的港填报
18	境内货源地	境内货源地是指出口货物在国内的生产地或原始发货地。出口货物产地难以确定的，填报最早发运该出口货物的单位所在地。本栏目按海关规定的《国内地区代码表》选择填报相应的国内地区名称及代码
19	批准文号	出口报关单中本栏目填报出口收汇核销单编号
20	成交方式	本栏目应根据进出口货物实际成交价格条款，按海关规定的《成交方式代码表》选择填报相应的成交方式代码。无实际进出境的报关单，进口填报CIF，出口填报FOB
21	运费	本栏目填报出口货物运至我国境内输出地点装载后的运输费用。运费可按运费单价、总价或运费率三种方式之一填报，注明运费标记（运费标记"1"表示运费率，"2"表示每吨货物的运费单价，"3"表示运费总价），并按海关规定的《货币代码表》选择填报相应的币种代码。运保费合并计算的，填报在本栏目，如50英镑的运费单价填报303/50/2，部分常用货币代码可参见表7-7
22	保费	保费用于成交价格中不含保险费的进口货物；用于成交价格中含有保险费的出口货物。与填报"运费"一栏的概念同理
23	杂费	杂费指成交价格以外、应计入完税价格或从完税价格中扣除的费用，如手续费、佣金等。本栏目填报成交价格以外的、按照我国进出口关税条例相关规定应计入完税价格或应从完税价格中扣除的费用

续表

序号	项目名称	填制规范
24	合同协议号	本栏目填报进出口货物合同（包括协议或订单）编号，如 AA-001
25	件数	本栏目填报有外包装的进出口货物的实际件数。特殊情况填报要求如下：（1）舱单件数为集装箱的，填报集装箱个数。（2）舱单件数为托盘的，填报托盘数。裸装，散装货物件数填"1"
26	包装种类	本栏目应根据进出口货物的实际外包装种类，按海关规定的《包装种类代码表》选择填报相应的包装种类代码
27	毛重（千克）	填报进出口货物及其包装材料的重量之和，计量单位为千克，不足 1 千克的填报为 1
28	净重（千克）	填报进出口货物的毛重减去外包装材料后的重量，计量单位为千克，不足 1 千克的填报为 1
29	集装箱号	本栏目填报装载进出口货物（包括拼箱货物）集装箱的箱体信息。一个集装箱填一条记录，非集装箱货物填报为"0"
30	随附单据	仅填报除进出口许可证以外的监管证件代码及编号，实行原产地证书联网管理，原产地证书编号填报在备案号栏内。所申报货物涉及多个监管证件的，一个监管证件代码和编号填报在本栏，其余监管证件代码和编号填报在"标记唛码及备注"栏中
31	生产厂家	出口货物本栏目填报其境内生产企业名称
32	标记唛码及备注	此栏目中唛码只需要填写内容而不需包括唛码中之图形，此栏目如果出现 N／M 就无须填写。如果有多个集装箱只需填写第一个集装箱号。受外商投资企业委托代理其进口投资设备、物品的进出口企业名称。申报时其他必须说明的事项填报在本栏目
33	项号	项号是指申报货物在报关单中的商品排列序号。一张纸质报关单最多打印 5 项商品，一项商品占据表体的一栏
34	商品编号	本栏目应填报按海关规定的商品分类编码规则确定的进出口货物的商品编号。《加工贸易手册》中商品编号与实际商品编号不符的，应按实际商品编号填报
35	商品名称、规格型号	本栏目分两行填报及打印，第一行打印进出口货物规范的中文商品名称，第二行打印规格型号，必要时可加注原文
36	数量及单位	数量及单位是指进出口商品的实际数量及计量单位
37	最终目的国（地区）	最终目的国（地区）是指已知的出口货物的最终实际消费使用或进一步加工制造国家（地区）
38	单价	本栏目填报同一项号下进出口货物实际成交的商品单位价格。无实际成交价格的，本栏目填报单位货值
39	总价	本栏目填报同一项号下进出口货物实际成交的商品总价格。无实际成交价格的，本栏目填报货值
40	币制	本栏目应按海关规定的《货币代码表》选择相应的货币名称及代码填报，如《货币代码表》中无实际成交币种，需将实际成交货币按申报日外汇折算率折算成《货币代码表》列明的货币填报
41	征免	本栏目应按照海关核发的《征免税证明》或有关政策规定，对报关单所列每项商品选择海关规定的《征减免税方式代码表》中相应的征减免税方式填报
42	税费征收情况	本栏目供海关批注进出口货物税费征收及减免情况

续表

序号	项目名称	填制规范
43	录入员	本栏目用于记录预录入操作人员的姓名
44	录入单位	本栏目用于记录预录入单位名称
45	申报单位	此栏由申报单位填写并盖章，包括单位名称、地址、邮编和电话号码四项内容
46	填制日期	本栏目填报申报单位填制报关单的日期。本栏目为8位数字，顺序为年（4位）、月（2位）、日（2位）
47	海关审单批注及放行日期（签章）	本栏目供海关作业时签注

知识链接

进出口报关单填报代码表（表7-3～表7-8）

表7-3　关区代码表（部分）

4905	长沙海关	5100	广州海关	5101	广州新风	5102	新风罗冲
5103	清远海关	5104	清远英德	5105	新风白云	5107	肇庆封开
5108	肇庆德庆	5109	新风窖心	5110	南海海关	5111	南海官窑
5151	顺德码头	5152	顺德食出	5153	顺德车场	5154	北窖车场
5155	顺德旅检	5156	顺德乐从	5157	顺德陈村	5158	顺德勒流

表7-4　运输方式代码表及说明

代码	名称	运输方式说明
0	非保税区	非保税区运入保税区和保税退区
1	监管仓库	境内存入保税仓库和出口监管仓库退库
2	水路运输	
3	铁路运输	
4	公路运输	
5	航空运输	
6	邮件运输	
7	保税区	保税区运往境内非保税区
8	保税仓库	保税仓库转内销
9	其他运输	人扛、驮畜、输水管道、输油管道、输电网等方式
W	物流中心	从中心外运入保税物流中心或从保税物流中心运往中心外
X	物流园区	从境内特殊监管区域之外运入园区内或从保税物流园区运往境内
Y	保税港区	保税港区（不包括直通港区）运往区外和区外运入保税港区
Z	出口加工区	出口加工区运往境内区外和区外运入出口加工区（区外企业填报）

表 7-5 结汇方式代码表

代码	结汇方式	英文缩写	英文全称
1*	信汇*	M/T*	Mail Transfer
2*	电汇*	T/T*	Telegraphic Transfer
3*	票汇*	D/D*	Remittance by Banker's Demand Draft
4*	付款交单*	D/P*	Documents against Payment
5*	承兑交单*	D/A*	Documents against Acceptance
6*	信用证*	L/C*	Letter of Credit
7	先出后结		
8	先结后出		
9	其他		

表 7-6 主要国别（地区）代码表（部分）

代码	中文名称	代码	中文名称
110*	中国香港*	121	中国澳门
116*	日本*	132	新加坡
142*	中国*	331	瑞士
305*	法国*	701	国（地）别不详的
344*	俄罗斯*	702	联合国及机构和国际组织
502*	美国*	999	中性包装原产国别

表 7-7 货币代码表（部分）

货币代码	货币符号	货币名称
110	HKD	港币
116	JPY	日本元
142	CNY	人民币
300	EUR	欧元
502	USD	美元

表 7-8 征免性质代码表（部分）

代码	简称	征免性质简要说明
101*	一般征税*	一般征税进出口货物
299*	其他法定*	其他法定减免税进出口货物
502*	来料加工*	来料加工装配和补偿贸易进口料件及出口成品
503*	进料加工*	进料加工贸易进口料件及出口成品
601*	中外合资*	中外合资经营企业自产的出口货物
602*	中外合作*	中外合作经营企业自产的出口货物
603*	外资企业*	外商独资企业自产的出口货物
789*	鼓励项目*	国家鼓励发展的内外资项目进口设备
799*	自有资金*	外商投资总额外利用自有资金进口设备、技术、配件

填报报关单时，数量及单位要求规范如下。（见表7-9）

表7-9 数量及单位填报要求

计量单位状态	填制要求		
	第一行	第二行	第三行
成交与法定一致	法定计量单位及数量	—	—
成交与法定一致，并有第二计量单位	法定第一计量单位及数量	法定第二计量单位及数量	—
成交与法定不一致	法定计量单位及数量	—	成交计量单位及数量
成交与法定不一致且有第二计量单位	法定第一计量单位及数量	法定第二计量单位及数量	成交计量单位及数量

填报报关单时，运费、保费和杂费填报规范如下。（见表7-10）

表7-10 运费、保费、杂费填写列表

项目	费率%（1）	单价（2）	总价（3）
运费	5%→5	货币符号／金额／2	货币符号／金额／3
保费	0.27%→0.27	—	货币符号／金额／3
应计入的杂费	1%→1	—	货币符号／金额／3
应扣除的杂费	1%→-1	—	货币符号／－金额／3

知识链接

在填制报关单时，还要区分开运抵国（地区）、指运港和最终目的国（地区），以实例进行说明（见表7-11）。

表7-11 运抵国（地区）、指运港、最终目的国（地区）举例

举例	运抵国	指运港	最终目的国
货物从上海港直接运抵纽约港	美国	纽约港	美国
货物从上海港起运，途中在新加坡中转，最终运抵纽约港	美国	纽约港	美国
货物从上海运往纽约途中，在新加坡中转，并在新加坡发生商业性交易	新加坡	纽约港	美国

任务实施

报关员张建深知准备申报的单证是整个报关工作能否顺利进行的关键，他需要填制报关单，还要把其他报关资料进行审核，达到单单一致的要求，并在货物出境前24小时报关。单证员陈珊珊协助报关员张建填制的出口货物报关单如下。

出口货物报关单 7-2

中华人民共和国海关出口货物报关单

预录入编号：　　　　　　申报现场：黄埔海关（5200）　　　　海关编号：520020140×××××××

出口口岸	（5200）黄埔海关	备案号		出口日期		申报日期 20161011
经营单位	（4401967226）广南机械进出口有限公司	运输方式 水路运输		运输工具名称 WAN HAN 303/W049		提运单号 HUPDXB06A0306
发货单位	（×××××××××）广南机械进出口有限公司	贸易方式（0110）一般贸易		征免性质（010）一般征税		结汇方式 信用证
许可证号		运抵国（地区）（138）阿联酋		指运港（138）迪拜		境内货源地（5150）顺德
批准文号		成交方式 CIF	运费 502/1200/3		保费 502/500/3	杂费
合同协议号	HF60809	件数 324	包装种类 纸箱		毛重（千克）8426.6	净重（千克）6482
集装箱号	WHLU5165067 / 20/	随附单据			生产厂家 广东顺德德欧金属制品厂	

标记唛码及备注
N/M
SEAL NO. WH04341085
原产地证号：160387253

项号	商品编号	商品名称、规格型号	数量及单位	最终目的国（地区）	单价	总价	币制	征免
1	8302410000	扳把式门拉手 家具用｜不锈钢制｜门把手 无牌｜991.006.86型	3000 千克 3000 个	阿联酋（138）	9.1000	27300.00	（502）美元	（照章征税）
2	8302410000	扳把式门拉手 家具用｜不锈钢制｜门把手 无牌｜991.006F.86型	460 千克 460 个	阿联酋（138）	8.3000	3818.00	（502）美元	（照章征税）
3	8302410000	扳把式门拉手 家具用｜不锈钢制｜门把手 无牌｜991.006H.86型	22 千克 22 个	阿联酋（138）	8.3000	182.60	（502）美元	（照章征税）
4	8302410000	扳把式门拉手 家具用｜不锈钢制｜门把手 无牌｜991.006.88型	3000 千克 3000 个	阿联酋（138）	9.1000	27300.00	（502）美元	（照章征税）

税费征收情况

录入员	录入单位	兹声明以上申报无讹并承担法律责任	海关审单批注及放行日期（签章）	
报关员	张建		审单	审价
		申报单位（签章）广南机械进出口有限公司	征税	统计
单位地址 广州市东风东路726号			查验	放行
邮编 510000 电话 139******** 填制日期 16.10.11				

125

小试身手

请根据以下资料信息填报出口货物报关单。

广州天马自行车公司（企业代码440191××××）出口货物一批，该货于2016年10月26日由该公司自理向广州新风窑心海关（关区代码5109）申报。经营单位与发货单位相同。生产厂家为星辉儿童专业厂。检验检疫出境货物通关单440300201016448，商品编码：9501.0000，法定计量单位：辆。

商业发票 7-1

	出口专用
国税	**广东省出口商品发票**	**For Export**
	Guangdong Province Export Goods Invoice	0000666880
		No. 0061809

购货单位：HAI TIAN（KOREA）LTD.
Purchaser：韩国
地址：　　　　　　电话：　　　　　　开票日期：2016年10月23日
Add：　　　　　　Tel：　　　　　　Issued date：Oct. 23，2016

合同号码 Contract No.	2004GBE2-88A	贸易方式 Trade Method	一般贸易	收汇方式 Foreign Exchange Collection Form	T/T
开户银行及账号 Bank where Account opened & A/C Number		发运港 Port of Departure	新风	转运港/ Port of Transshipment	
信用证号 L/C No.		运输工具 Means of Transportation	船舶	目的港 Port of Destination	仁川

标记唛头号码 Marks & Nos.	品名规格 Description and Specification of Goods	单位 Unit	数量 Quantity	销量单位 Unit Price	销售总额 Total Sales Amount
N/M	儿童三轮车 AA08	辆	730	18.50 FOB新风	13505.00
合计金额（币种：USD） Total Amount（Currency）		美元壹万叁仟伍佰零伍元整			13505.00
备注 Notes		44E818954			

填票：　　　　　　　　　　　业户名称（盖章）Seller（Seal）：
Filler：　　　　　　　　　　　地址：

装箱单 7-1

广州天马自行车公司
GUANGZHOU TIAN MA BICYCLE COMPANY
装　箱　单

To：
Messrs：HAITIAN （KOREA） LTD.
Vessel Voyage No. FEIDA/5368
（核销单号）：No. 44E818954

Dated：2016/10/23
B/L NO. GZXF010382
Shipping Mark：N/M

CASE No.	Commodity	Quantity		Gross Weight (kg)	Net Weight (kg)	Measurement
1-730	儿童三轮车 AA08	730 辆	730 箱	7154	6570	62×17×40cm
Total：1×20		730 辆	730 箱	7154	6570	30.78CBM

Packed in：纸箱
Containers NO. TEXU2326802 （20'） TAREWGT 2280kg

GUANGZHOU TAIAN MA BICYCLE COMPANY

合同 7-1

SALES CONFIRMATION

The Sellers：GUANGZHOU TIAN MA BICYCLE COMPANY
Address：_____
The Buyers：HAI TIAN （KOREA） LTD.
Address：_____

NO. 2016GBE2-88A
DATE：2016/09/23

The undersigned Sellers and Buyers have agreed to close the following transactions according to the terms and conditions stipulated below：

1. Description	2. Specification	3. Quantity	4. Unit Price	5. Amount
CHILDREN'S TRICYCLES 儿童三轮车	AA08	730 SETS	FOB XINFENG USD18.50	USD13505.00

Total Amount：US DOLLARS THIRTEEN THOUSAND FIVE HUNDRED AND FIVE ONLY.

With 5% more or less both in amount and quantity allowed at the seller's option.
6. Packing：IN CARTON.
7. Times of Shipment：BEFORE NOV.10, 2016.
8. Loading Port and Destination：ANY PORT, P.R. CHINA TO INCHON, KOREA.
9. Terms of Payment：By Irrevocable Letter of Credit to be available by 60 days draft to reach the sellers before NOV.9, 2016.
10. Shipping mark：N/M
11. Others：

THE SELLERS
天马自行车公司

THE BUYERS

出口货物报关单 7-3

出口货物报关单

出口口岸	备案号	出口日期	申报日期
经营单位	运输方式	运输工具名称	提运单号
发货单位	贸易方式	征免性质	结汇方式
许可证号	运抵国（地区）	指运港	境内货源地
批准文号	成交方式	运费	保费	杂费
合同协议号	件数	包装种类	毛重（千克）	净重（千克）
集装箱号	随附单据		生产厂家

标记唛码及备注

项号	商品编号	商品名称、规格型号	数量及单位	最终目的国（地区）	单价	总价	币制	征免

税费征收情况

录入员	录入单位	兹声明以上申报无讹并承担法律责任	海关审单批注及放行日期（签章）
报关员			审单　　　　审价
		申报单位（签章）	征税　　　　统计
单位地址			查验　　　　放行
邮编　　电话		填制日期	

项目八 >>> 填制装运单据

知识目标

1. 了解装运相关流程；
2. 熟悉海运提单和空运提单的作用和种类；
3. 掌握装运单据的填制规范。

技能目标

1. 能够读懂外贸合同和信用证中有关装运的条款；
2. 能够根据合同、信用证及有关业务资料填制（审核）海运提单；
3. 能够根据合同、信用证及有关业务资料填制（审核）航空运单；
4. 能够根据合同、信用证及有关业务资料填制装船通知和受益人证明书。

情境导入

2016 年 10 月 13 日，广南公司在办完托运、投保、报检和报关等手续后，开始货物装运。在配舱妥当后，船公司将海运提单传真给广南公司予以确认，单证员陈珊珊必须细致地审核海运提单，以确保提单符合信用证的规定。

请思考：

(1) 如何理解海运提单的性质和作用？

(2) 海运提单有哪些主要种类？

(3) 海运提单包括哪些主要栏目内容？如何填制？

任务一 填制海运提单

任务要求

能够完整准确地填制海运提单是单证员审核海运提单的前提。请以单证员陈珊珊的身份，完成以下任务。

1. 根据合同、信用证确定以下信息
(1) 托运人、收货人、通知人；
(2) 装运港、卸货港、转船、分批装运；
(3) 装运时间、运输工具名称、航次号；
(4) 标记唛头；
(5) 商品名称、件数、毛重、尺码；
(6) 运费支付方式。
2. 正确填制（审核）船公司开出的海运提单

相关知识

一、海运提单的含义

海运提单（bill of lading，B/L）是证明海上运输合同的货物由承运人接管或装船，以及承运人保证凭以交货的单据。在法律上它是物权证书，收货人在目的港提取货物时必须出示正本提单。

任务互动

正本提单通常签发几份？各份法律效力相同吗？

二、海运提单的性质和作用

1. 货物收据

海运提单是承运人签发给托运人的收据，确认承运人已收到提单所列货物并已装船，或者承运人已接管了货物，等待装船。

2. 运输契约证明

海运提单是托运人与承运人的运输契约证明。承运人之所以为托运人承运有关货物，是因为承运人和托运人之间存在一定的权利义务关系，双方权利义务关系以提单作为运输契约的凭证。

3. 物权凭证

海运提单是货物所有权的凭证。谁持有提单，谁就有权要求承运人交付货物，并且享有占有和处理货物的权利，提单代表了其所载明的货物。

三、海运提单的种类

1. 根据提单签发时货物是否已装船划分
(1) 已装船提单（shipped B/L，on board B/L）。已装船提单指已将货物装上船，注明装载货物的船舶名称和装船日期的提单。在信用证项下，银行只接受已装船提单。

（2）备运提单（received for shipment B/L）。备运提单指在货物在等待装船期间但还未装船时签发的提单，在信用证支付方式下，银行不接受备运提单。但当货物实际装船，提单上加注装运船名和装船日期并签字盖章后，备运提单即成为已装船提单。

2. 根据对货物外表状况有无不良批注划分

（1）清洁提单（clean B/L）。清洁提单是指货物装船时，表面状况良好，承运人在签发提单时未加任何货损、包装不良或其他有碍结汇批注的提单。

《中华人民共和国海商法》第七十六条规定："承运人或者代其签发提单的人未在提单上批注货物表面状况的，视为货物的表面状况良好。"

（2）不清洁提单（unclean B/L or foul B/L）。不清洁提单是指承运人收到货物之后，在提单上加注了货物外表状况不良或货物存在缺陷和包装破损的提单。在使用信用证支付方式时，银行一般不接受不清洁提单。

3. 根据提单收货人抬头划分（见表8-1）

（1）记名提单（straight B/L），又称收货人抬头提单，是指具体写明了收货人的名称的提单。由于这种提单只能由提单内指定的收货人提货，所以提单不能转让，在国际贸易中很少使用。

（2）不记名提单（open B/L），又称空白提单，是指收货人栏目留空的提单。不记名提单的转让不需任何背书手续，提单持有者凭提单提货，虽转让方便但风险较大，所以在国际贸易中很少使用。

（3）指示提单（order B/L），是指收货人栏内，只填写"凭指示"（to order）或"凭某人指示"（to order of...）字样的一种提单。这种提单通过背书方式可以流通或转让，所以，又称可转让提单。因此种提单转让方便且安全可靠，在国际贸易中使用广泛。

表 8-1　记名、不记名和指示提单比较

提单	收货人栏目	转让	背书	使用情况
记名提单	写具体收货人信息	×	×	流通不便，很少使用
不记名提单	① 空白 ② TO BEARER	√	×	风险大，很少使用
指示提单	① TO ORDER ② TO ORDER OF ×××	√	√	方便流通，风险小，广泛使用

4. 根据运输方式不同划分

（1）直达提单（direct B/L），又称直运提单，是指货物从装货港装船后，中途不经转船，直接运至目的港卸船交与收货人的提单。

（2）转船提单（transshipment B/L），是指货物从起运港装载的船舶不直接驶往目的港，需要在中途港口换装其他船舶转运至目的港卸货，承运人签发这种提单称为转船提单。

（3）联运提单（through B/L），是指海陆、海空、海河、海海等联运货物，由第一承运人收取全程运费后并负责代办下程运输手续在装运港签发的全程提单。

5. 根据海运提单内容的繁简划分

（1）全式提单（long form B/L），是指背面列有承运人与托运人的权利与义务条款的提单。

（2）略式提单（short form B/L），是指省略提单背面条款的提单。

6. 其他提单（见表 8-2）

表 8-2 其他提单

1	过期提单（stale B/L）	2	倒签提单（anti dated B/L）
3	预借提单（advanced B/L）	4	舱面提单（on deck B/L）
5	集装箱提单（container B/L）	6	租船提单（chart party B/L）
7	先期提单（stale B/L）	8	交换提单（switch B/L）
9	顺签提单（post-date B/L）	10	电子提单（electronic B/L）

四、海运提单的内容和缮制

提单是由各运输公司自行印制的，因此格式不一，但主要内容基本相同。

海运提单 8-1

SHIPPER (2)		B/L NO. (1)			
CONSIGNEE (3)					
NOTIFY PARTY (4)					
PRE-CARRIAGE BY (5)	PLACE OF RECEIPT (6)	*ORIGINAL* Bill of Lading			
OCEAN VESSEL, VOY. NO. (7)	PORT OF LOADING (8)				
PORT OF DISCHARGE (9)	PLACE OF DELIVERY (10)	FINAL DESTINATION FOR THE MERCHANT'S REFERENCE (11)			
SEAL NO. MARKS & NOS. (12)	NOS. & KINDS OF PKGS (13)	DESCRIPTION OF GOODS (14)	G. W. (15)		MEAS (16)
TOTAL NUMBER OF CONTAINERS OR PACKAGES（IN WORDS） (17)					
FREIGHT & CHARGES (18)	REVENUE TONS	RATE	PER	PREPAID	COLLECT
PREPAID AT	PAYABLE AT	PLACE AND DATE OF ISSUE (19)			
TOTAL PREPAID	NUMBER OF ORIGINAL B (S)/L (20)	SIGNED FOR THE CARRIER (21)			
DATE	LOADING ON BOARD THE VESSEL BY				

海运提单栏目内容及填制方法说明如下（见表8-3）。

表8-3　海运提单的栏目内容及填制方法

序号	栏目	填写规则
1	提单号 B/L No.	提单上必须注明承运人及其代理人规定的提单编号，以便核查，否则提单无效
2	托运人 shipper	本栏目填写出口人的名称和地址，一般为信用证的受益人、合同的卖方
3	收货人 consignee	① 记名抬头：直接填写收货人名称和地址，如"To ABC Co."
		② 不记名抬头：填"To Bearer"或空白
		③ 指示抬头：按 L/C 规定填写，如"To order""To order of ×××"
4	被通知人 notify party	按信用证规定填写，须注明被通知人的详细名称和地址，通常为进口方或其代理人
5	前段运输 pre-carriage by	如果货物需转运，填写第一程船名，如不需转运，空白此栏，驳船用"Lighter"
6	收货地 place of receipt	如果货物需要转运，填写收货的港口名称或地点，如不需转运，空白此栏
7	船名及航次 ocean vessel，voy. No.	填写实际载货船舶的名称和本次航行的航次，如货物转运，应填写第二程船名
8	装运港 port of loading	填写具体装运港名称，如货物需转运，填写"装运港/中转港"
9	卸货港 port of discharge	除 FOB 价格条件外，卸货港不能填写笼统的名称，列出具体的港口名称；如国际上有重名港口，应加注国别名称。在转船情况下可以在卸货港名称之后加注转船港名称，如："Rotterdam W/T at HongKong"；如货运目的港装运内陆某地，或利用邻国港口过境，须在目的港后加注："In Transit to"或"In Transit"，如"Kuwait in transit Saudi Arabia"
10	交货地 place of delivery	填写最终目的地名称，如货物的目的地就是目的港的话，该栏可以留白，也可以填写目的港名称
11	目的地 final destination for the merchant's reference	仅当该 B/L 被用作全程转运时才填此栏
12	箱号码、封号和唛头 container No. seal No. &marks & Nos.	填写唛头，没有唛头则填"N/M"；填写集装箱号码；铅封号是海关查验货物后作为封箱的铅制关封号，应如实注明
13	包装种类和数量 Nos. & kinds of pkgs	①按货物实际装运情况填写外包装的件数，如"100 BALES"，在栏目下面的空白处或大写栏内加注大写件数，如，"SAY ON HUNDRD BALES ONLY."
		②散装货可注明"IN BULK"字样，无须列明大写件数
		③裸装货应加件数，如 100 头牛"100 HEADS"，并列明大写件数
		④集装箱运输的货物，由托运人装的整箱货可只注集装箱数量，如"2 CONTAINERS"，只要海关对集装箱封箱，承运人对箱内的内容和数量不负责任，应加注"SHIPPER LOAD & COUNT"（托运人装货并计数）。如需注明集装箱箱内小件数量时，数量前用"SAID TO CONTAIN..."

序号	栏目	填写规则
		⑤托盘装运，此栏应填托盘数量，同时用括号加注货物的包装件数，如"2 PALLETS（30 CARTONS）"，提单内还应加注"SHIPPER LOAD & COUNT"
		⑥如有多种货物采用多种包装，则应分别列明各种货物的件数和包装种类并加列合计总件数。 例如：100 CARTONS 　　　50 BALES 　　　30 CASES 　　　180 PACKAGES SAY ONE HUNDRED AND EIGHTY PACKAGES ONLY.
14	货物名称 description of goods	按信用证和发票货名填写，如发票名称过多或过细，提单可打货物的总称，但不能和发票货名相矛盾。 除此之外，如果信用证有要求列示如 LC NO. /DATE 等也可在此栏列示
15	毛重 g. w.	以千克为单位填写装运货物的总毛重，该数据是船公司计算运费的根据之一
16	体积 meas	以立方米为单位填写货物的总尺码，该数据是船公司计算运费的根据之一
17	总件数 total number of containers or packages（in words）	由大写英文数字、包装单位和"ONLY"组成，如"SAY ONE HUNDRED CARTONS ONLY"
18	运费 freight & charges	除非有特别规定，本栏只填写运费的付费情况，如"FREIGHT PREPAID"或"FREIGHT COLLECT"，不填具体金额
19	出单地点和时间 place and date of issue	签单地点通常为装运地点，签发日期即为装运日期，每张提单必须有签发日期
20	正本提单的份数 number of original B（s）/L	收货人凭正本提单提货。正本提单的份数应按信用证的要求，在本栏目内用大写（如 TWO，THREE 等）注明。信用证规定"全套海运提单（FULL SET OF B/L）一般提供三份正本"
21	承运人签章 signed for the carrier	① 承运人签字 如：COSCO COMPANY 张三 AS THE CARRIER
		② 代理人签字 如：ABC LOGISTICS COMPANY MARK TWIN AS AGENT FOR THE CARRIER：COSCO COMPANY
		③ 船长签字 如：COSCO COMPANY JOHN DOE AS THE MASTER

续表

序号	栏目	填写规则
22	已装船批注	信用证要求提交"清洁已装船"提单时，如果提单上没有事先印好的"已装船"字样，制单时应加注"SHIPPED ON BOARD"和实际装船日期。实务中常采用盖"SHIPPER ON BOARD"印章并加注日期处理
23	特殊条款	提单特殊条款主要根据合同或信用证的要求，填写一些一般情况下不必填写的内容，如：指定船名；强调运费的支付；不显示发票金额、单价、价格等的条款；或强调显示信用证号码、合同号码等的条款

任务实施

陈珊珊找出信用证中的运输单据条款、附加条款及其他内容，并确定了以下信息。

DOCUMENTS REQUIRED 46 A：单据要求

FULL SET OF CLEAN SHIPPED ON BOARD OCEAN BILL OF LADING DRAMN OR ENDORSED TO THE ORDER OF HABIB BANK AG ZURICH, SHOWING BENEFICIARY AS SHIPPER, MARKED NOTIFY APPLICANT, BEARING OUR CREDIT NO. , SHOWING FREIGHT PREPAID NAMES, ADDRESS AND TELEPHONE NUMBERS OF SHIPPING AGENT AT DESTINATION MUST ALSO APPEAR ON BILL OF LADING.

全套正本已装船清洁海运提单凭 HABIB BANK AG ZURICH 的指示或背书，显示受益人为托运人，申请人为被通知方，提单显示本信用证号码，注明运费已付，显示目的地船公司代理的地址电话。

ADDITIONAL COND. 47A：附加条款

IF SHIPMENT IN CONTAINER, BILL OF LADING TO SHOW CONTAINER NUMBER AND SEAL NUMBER.

如果该批货物用集装箱装运，则海运提单显示集装箱号码和封号。

(1) 托运人、收货人、通知

SHIPPER：GUANGNAN MACHINERY IMPORT AND EXPORT CO. LTD.
        726 DONGFENG EAST ROAD, GUANGZHOU, CHINA

CONSIGNEE：TO ORDER OF HABIB BANK AG ZURICH

NOTIFY：HAROON CO. W. L. L. FOR MARKETING ENGINEERING MATERIALS LTD. , PO BOX6747, SHARJAH, U. A. E.

(2) 装运港：HUANGPU，CHINA　　　卸货港：DUBAI，U. A. E.

分批装运：不允许　　　　　　装船：允许

(3) 装运时间：OCT. 13，2016　　　船名航次：WAN HAN 303 V. W049

(4) 标记唛头：N/M

(5) 商品名称：LEVER HANDLE　　　件数：324CTNS

毛重：8426.60KGS　　　　　尺码：21.374CBM

(6) 运费支付方式：FREIGHT PREPAID

陈珊珊填制的海运提单如下。

135

海运提单 8-2

SHIPPER GUANGNAN MACHINERY IMPORT AND EXPORT CO. LTD. 726 DONGFENG EAST ROAD，GUANGZHOU，CHINA				B/L NO. HUPDXB06A0306	
CONSIGNEE TO THE OREDER OF HABIB BANK AG ZURICH					
NOTIFY PARTY HAROON CO. W. L. L. FOR MARKETING ENGINEERING MATERIALS LTD. PO BOX 6747，SHARJAH，U. A. E.				*ORIGINAL* Bill of Lading	
PR-CARRIAGE BY		PLACE OF RECEIPT			
OCEAN VESSEL VOY. NO. WAN HAN 303 V. W049		PORT OF LOADING HUANGPU，CHINA			
PORT OF DISCHARGE DUBAI，U. A. E.		PLACE OF DELIVERY		FINAL DESTINATION FOR THE MERCHANT'S REFERENCE	
SEAL NO. MARKS &. NOS. N/M 1×20'FCL CY/CY CONTAINER NO. WHLU5165067 SEALNO. WH04341085	NOS. &. KINDS OF PKGS 324 CARTONS		DESCRIPTION OF GOODS LEVER HANDLE L/CNO. DER260635 SHIPPED ON BOARD DATE：OCT. 13，2016	G. W. 8426. 60KGS	MEAS 21. 374CBM
TOTAL NUMBER OF CONTAINERS OR PACKAGES （IN WORDS） SAY THREE HUNDRED AND TWENTY FOUR CARTONS ONLY					

FREIGHT &. CHARGES FREIGHT PREPAID	REVENUE TONS	RATE	PER	PREPAID	COLLECT
PREPAID AT	PAYABLE AT	PLACE AND DATE OF ISSUE HUANGPU，CHINA OCT. 13，2016			
TOTAL PREPAID	NUMBER OF ORIGINAL B (S)/L THREE （3）	SIGNED FOR THE CARRIER			
DATE OCT. 13，2016	LOADING ON BOARD THE VES- SEL BY WAN HAN 303 V. W049				

小试身手

根据以下信用证条款和其他资料缮制海运提单。

请根据下列资料填制海运提单。

信用证条款信息

Issuing Bank：	METITA BANK LTD. FIN-00020 METITA，FINLAND
Term of Doc. Credit：	IRREVOCABLE
Date of Issue：	160505
Expiry：	DATE 160716 PLACE CHINA
Applicant：	FFK CORP. AKEKSANTERINK AUTO P. O. BOX 9，FINLAND
Beneficiary：	GUANGDONGRONGHUA TRADE CO.，LTD.
	168 DEZHENG SOUTH ROAD, GUANGZHOU, CHINA
Amount：	CURRENCY USD AMOUNT 38400.00
Pos. /Neg. Tol.（%）：	5/5
Available with/by：	ANY BANK IN ADVISING COUNTRY BY NEGOTIATION
Partial Shipments：	NOT ALLOWED
Transshipment：	ALLOWED
Loading in Charge：	GUANGZHOU
For Transport to：	HELSINKI
Shipment Period：	AT THE LATEST JULY 16，2016
Description of Goods：	9600 PCS OF WOMEN'S SWEATERS UNIT PRICE：USD4.00/PC，CFR HELSINKI PACKING：12PCS/CTN
Documents Required：	FULL SET OF CLEAN ON BOARD MARINE BILLS OF LADING, MADE OUT TO ORDER OF METITA BANK LTD.，FINLAND，MARKED "FREIGHT PREPAID" AND NOTIFY APPLICANT

补充交易资料

提单号码：KTT144567

货物总毛重：6500KGS

货物总尺码：25CBMS

船名：MAKIS V. 002

唛头：FFK

HELSINKI

NO. 1-800

集装箱号码：SIHU365487-2（20'）SEAL NO. 123456 CY/CY

提单签发日期：2016 年 7 月 10 日

提单签发地点：广州

承运人：ABC SHIPPING CO.

提单签发人：张三

货物由托运人负责装箱和计数

海运提单 8-3

SHIPPER		B/L NO.	
CONSIGNEE			
NOTIFY PARTY		*ORIGINAL* Bill of Lading	
PRE-CARRIAGE BY	PLACE OF RECEIPT		
OCEAN VESSEL VOY. NO.	PORT OF LOADING		
PORT OF DISCHARGE	PLACE OF DELIVERY	FINAL DESTINATION FOR THE MER-CHANT'S REFERENCE	

SEAL NO. MARKS & NOS.	NOS. & KINDS OF PKGS	DESCRIPTION OF GOODS	G. W.	MEAS

TOTAL NUMBER OF CONTAINERS OR PACKAGES (IN WORDS)

FREIGHT & CHARGES	REVENUE TONS	RATE	PER	PREPAID	COLLECT

PREPAID AT	PAYABLE AT	PLACE AND DATE OF ISSUE	
TOTAL PREPAID	NUMBER OF ORIGINAL B (S)/L	SIGNED FOR THE CARRIER	
DATE	LOADING ON BOARD THE VESSEL BY		

任务二　填制空运提单

任务要求

假设广南公司与 Haroon 公司该笔扳把式门拉手交易（见合同 2-1）的货物改由航空运输，广南公司委托中国国际航空公司托运，信用证（见信用证 2-1）其他内容不变，信用证中的运输单据要求更改如下。

DOCS REQUIRED 46 A：

　　+ CLEAN AIR WAYBILL FOR GOODS AIRFREIGHTED TO HAROON CO. W. L. L. FOR MARKETING ENGINEERING MATERIALS LTD, MARKED FREIGHT PREPAID AND EVIDENCING THAT ORIGINAL INVOICE AND PACKING LIST ACOOMPANY THE GOODS, NOTIFY APPLICANT.

请以单证员陈珊珊的身份，完成以下任务：

1. 对照信用证，确定以下信息：

(1) 托运人、收货人名称和地址

(2) 启运机场 IATA 代码和目的地机场代码

(3) 启运时间、航次号

(4) 运费支付方式

(5) 货物名称、数量、重量

(6) 该票货物适用的运价等级

(7) 航空公司费率、其他费用、总运价

2. 完成空运提单的填制（审核）

相关知识

一、空运提单的含义和作用

空运提单是航空运输公司及代理人签发的，表示已收妥货物并接受托运的货物收据，是承托双方的运输合同。空运提单不是物权凭证，故不能转让。

空运提单作用主要表现在以下几个方面。

1. 运输合同

空运提单是发货人与航空承运人之间运输合同，在双方共同签署后产生效力，并在货物到达目的地交付给运单上所记载的收货人后失效。

2. 货物收据

在托运人将货物托运后，承运人或其代理人将其中一份交给托运人，作为已收妥货物的证明。

3. 核收运费的账单

空运提单记载着属于收货人负担的费用和应支付给代理人的费用，因此可作为运费账单和发票。

4. 报关单证

空运提单是货物办理海关查验放行的基本单证。

5. 保险证明

如果承运人承办保险或发货人要求承运人代办保险，空运提单也可用来作为保险证书。

6. 承运人内部业务的依据

空运提单的正本一式三份，其中一份交托运人，是承运人或其代理人接收货物的依据；第二份由承运人留存，作为记账凭证；最后一份随货同行，用于记载有关该票货物发送、转运、交付的事项，承运人会据此对货物的运输做出相应安排（见图 8-1）。

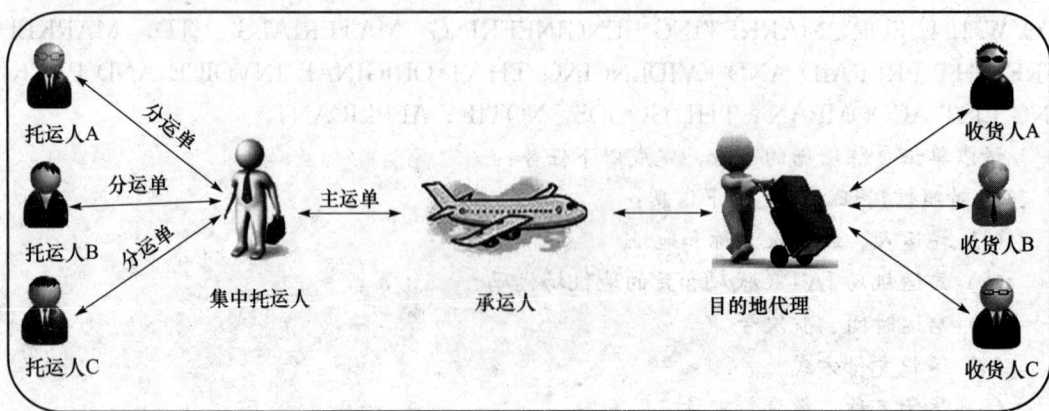

图 8-1　空运提单关系人示意图

二、空运提单的种类

1. 航空主运单

凡由航空运输公司签发的，以托运人名义填写的空运提单就称为主运单。它是航空运输公司据以办理货物运输和交付的依据，是航空公司和托运人订立的运输合同。

2. 航空分运单

集中托运人在办理集中托运业务时签发的空运提单被称作分运单。

三、空运提单的缮制

空运提单格式和内容如空运提单 8-1 所示。

空运提单 8-1

999		(1)		999—㊾	
Shipper's Name and Address (2)		Shipper's Account Number (3)		NOT NEGOTIABLE 中国民航　　　CAAC AIR WAYBILL AIR CONSIGNMENT NOTE ISSUED BY：THE CIVIL AVIATION ADMINISTRATION OF CHINA BEIJING CHINA	
				Copies 1，2 and 3 of this Air Waybill are originals and have the same validity.	
Consignee's Name and Address (4)		Consignee's Account Number (5)		It is agreed that the goods described herein are accepted for carriage in apparent good order and condition（except as noted）and SUBJECT TO THE CONDITIONS OF CONTRACT ON THE REVERSE HEREOF. ALL GOODS MAY BE CARRIED BY AND OTHER MEANS INCLUDING ROAD OR ANY OTHER CARRIER UNLESS SPECIFIC CONTRARY INSTRUCTIONS ARE GIVEN HEREON BY THE SHIPPER. THE SHIPPER'S ATTENTION IS DRAWN TO THE NOTICE CONCERNING CARRIER'S LIMITATION OF LIABILITY. Shipper may increase such limitation of liability by declaring a higher value for carriage and paying a supplemental charge if required.	

Issuing Carrier's Agent Name and City (6)			Accounting Information (18)
Agent's IATA Code (7)	Account No. (8)		
Airport of Departure（Addr. of First Carrier）and Requested Routing (9)			

To (10)	By First Carrier Routing and Destination (11)	To (12)	By (13)	To (14)	by (15)	Currency (19)	CHGS Code (20)	WT/VAL (21)		Other (22)		Declared Value for Carriage (23)	Declared Value for Customs (24)
								PPD	COLL	PPD	COLL		

Airport of Destination (16)	Flight/Date (17)		Amount of Insurance (25)	INSURANCE-If Carrier offers insurance，and such insurance is requested in accordance with the conditions thereof，indicate amount to be insured in figures in box marked "Amount of Insurance."

Handling Information (26)

(27)（For USA only）These commodities，technology or software were expected from the United Stated in accordance with the Export Administration Regulations Division contrary to USA law prohibited

No. of Pieces RCP	Gross Weight	Kg lb	Rate Class	Commodity Item No.	Chargeable Weight	Rate/Charge	Total	Nature and Quantity of Goods（incl. Dimensions or Volume）
(28)	(29)	(30)	(31)	(32)	(33)	(34)	(35)	(36)

Prepaid Weight (37)	Charge COLLECT	Other Charges (49)
Valuation Charge (38)		
Tax (39)		
Total other Charges Due Agent (40)		Shipper certifies that the particulars on the face hereof are correct and that insofar as any part of the consignment contains dangerous goods，such part is properly described by name and is in proper condition for carriage by air according to the applicable Dangerous Goods Regulations.
Total other Charges Due Carrier (41)		(50)
		....
		Signature of Shipper or his Agent
		....
Total Prepaid (42)	Total Collect (43)	
Currency Conversion Rates (44)	CC Charges in Dest. Currency (45)	Executed on（date）(51)　　at（place）(52)　　Signature of Issuing Carrier or its Agent (53)
For Carrier's Use only at Destination (46)	Charges at Destination (47)	Total Collect Charges (48)　　　　999— (54)

空运提单栏目内容及填制方法说明如表 8-4 所示。

表 8-4 空运提单栏目内容及填制方法

序号	栏目	填写规则
1	航空公司数字代号	填写航空公司的数字代号，如我国的国际航空公司的代码是 999
	始发站机场	填写始发站机场的 IATA 三字代号
	货运单序号及检验号	前七位数表示货运单序号，最后一位是检验号
2	托运人名称和地址 shipper's Name and Address	填写托运人的姓名、地址、所在国家及联络方法 ①托运人可以是货主，也可是货运代理人。如采用的是集中托运，则通常托运人是货运代理人；如采用的是直接托运，托运人是货主 ②当托运的是危险货物时，必须由货主直接托运，因而托运人填写的是货主，航空公司不接受货运代理人的托运 ③在信用证结汇方式下，托运人一般填受益人；在托收方式下，一般填合同中买方相应的信息
3	托运人账号 shipper's Account Number	只在必要时填写，以便承运人在收货人拒付运费时向托运人索偿
4	收货人名称和地址 consignee's name and address	应填写收货人姓名、地址、所在国家及联络方法 ①与海运提单不同，空运提单必须是记名抬头，不得填写"To order"或"To order of shipper"字样，因为空运提单不可转让 ②收货人可以是实际收货人，也可是货运代理人。集中托运时收货人通常是货运代理人，直接托运时为实际收货人 ③承运人一般不接受一票货物有两个及以上的收货人。若在实际业务中有，则在该栏内填写第一收货人，同时在通知栏内填写第二收货人
5	收货人账号 consignee's account number	只在必要时填写
6	填开货运单的代理人名称和所在城市 issuing carrier's agent name and city	该份运单由航空公司代理人 ABC Co.（Shanghai）填开，则直接将 ABC Co.（Shanghai）填在该栏即可
7	代理人的 IATA 代号 agent's IATA code	填写航空公司代理人 IATA 代号，具体为代理人代码/城市代码，如：ABC/SHA
8	代理人账号 account No.	只在必要时填写
9	始发站机场及所要求的航线 airport of departure (addr. of first carrier) and requested routing	填写始发站机场的英文全称和所要求的运输路线。实务中一般仅填写起航机场的名称或所在城市的全称。具体填写如下： ①当始发站机场全称不清楚时，只填始发站所在城市名称 ②相同城市的不同国家，需填国家名称 ③同一城市的不同机场，需填机场名称 注意：与前面所有的单据填写一样，当 L/C 上要求"Any Chinese Airport"时，不能照填，必须写具体的机场，如"Shanghai Airport"，或写其代码"PVG"
10	至 to	填写目的站机场或第一个转运点的 IATA 三字代号
11	第一承运人 by first carrier	填写第一个承运人的名称或 IATA 三字代号

序号	栏目	填写规则
12	至 to	填写目的站机场或第二个转运点的 IATA 三字代号
13	经 by	填写第二个承运人的名称或 IATA 两字代号
14	至 to	填写目的站机场或第三个转运点的 IATA 三字代号
15	经 by	填写第三个承运人的名称或 IATA 三字代号
16	目的站 airport of destination	该栏填最后目的站机场的名称或三字代码，具体说来： ① 机场的三字代码按 IATA 规范标准填报，如上海浦东国际机场填为"PVG" ② 机场名称不明确时，可填城市名称，当城市名称有重名时，应加上国名。如加拿大的悉尼，填写为"SYD，CA"，当是澳大利亚的悉尼时，则填写为"SYD，AU"
17	航班/日期 flight/date	填写飞机航班号及实际起飞日期
18	财务说明 accounting information	该栏填写运费缴付方式及其他财务说明事项，具体包括： ① 运费支付方式：Freight Prepaid 或 Freight Collet ② 付款方式：现金（Cash）、支票（Check）或旅费证（MCO）（用该证付款时，要填 MCO 号码、旅客客票号码、航班及日期）等 ③ 货物飞离后运费更改，将更改通知单号（CCA NO.）填在本栏内
19	货币 currency	填入货币代码，如 USD、HKD 等
20	收费代号 CHGS code	本栏一般不需填写，仅供电子传送货运单信息时用
21	运费/声明价值费 WT/VAL	此时可以有两种情况：预付（PPD）或到付（COLL）。如预付在 PPD 中填入"×"，否则填在 COLL 中。需要注意的是，航空货物运输中运费与声明价值费支付的方式必须一致，不能分别支付
22	其他费用 other	也有预付和到付两种支付方式
23	运输声明价值 declared value for carriage	此栏填写托运人向承运人办理货物声明价值的金额。在此栏填入发货人要求的用于运输的声明价值。当托运人不办理货物声明价值时，此栏必须打上"NVD"（No Value Declaration）
24	海关声明价值 declared value for customs	托运人向海关申报的货物价值，当托运人不办理此项声明，则填入"NCV（No Customs Valuation）"，表明没有声明价值
25	保险金额 amount of insurance	只有在航空公司提供代保险业务而客户也有此需要时才填写。中国民航不代理国际货物运输保险，则该栏须打上"×××"或"NIL（nothing）"
26	操作信息 handling information	一般填入承运人对货物处理的有关注意事项，具体填写如下： ① 当有 2 个收货人时，第二通知人相应信息填写在该栏 ② 货运单有随附文件的如"Attached Files Including Commercial Invoice、Packing List"，则显示文件的名称 ③ 货物上的标志、号码、包装方法等 ④ 如是危险品，有两种情况： 需要附托运人危险品申报单时，本栏一般打上"Dangerous Goods as per Attached Shipper's Declaration" 不需要附托运人危险品申报单时，本栏则打上"Shipper's Declaration not required" ⑤ 货物所需的特殊处理，如未完税交付"DDU" ⑥ 其他事项

续表

序号	栏目	填写规则
27	for USA only...	此栏目不需填写
28	货物件数和运价组成点 No. of pieces RCP	填入货物总包装件数。如 10 包即填"10"，RCP 则是当需要组成比例运价或分段相加运价时，在此栏填入运价组成点机场的 IATA 代码
29	毛重 gross weigh	填入货物总毛重，以千克为单位时可保留小数后一位
30	重量单位 kg/lb	可选择千克（kg）或磅（lb）。以千克为单位时代号为"K"，以磅为单位时其代号为"L"
31	运价等级 rate class	依航空公司的资料，按实际填写运价等级的代号： ① 最低运费（M），即货物的起运运价 ② 基础运价（N），即民航总局统一规定各航段货物基础运价，基础运价为 45 千克以下普通货物运价 ③ 重量分界点运价（Q），即 45 千克以上普通货物运价 ④ 指定商品运价（C），即对于一些批量大、季节性强、单位价值低的货物，航空公司可申请建立指定商品运价 ⑤ 折扣运价（R），即对少数货物，可按"N"运价给予一定百分比的折扣 ⑥ 加价运价（S），即急件、生物制品、珍贵植物和植物制品、活体动物、骨灰、灵柩、鲜活易腐物品、贵重物品、枪械、弹药、押运货物等特种货物实行等级货物运价，按照基础运价 N 加一定百分比 ⑦ 集装货物运价，即以集装箱、集装板作为一个运输单元运输货物可申请建立集装货物运价
32	品名编号 commodity item No.	使用指定商品运价时，此栏填制指定商品品名代号
33	计费重量 chargeable weight	填入托运货物的实际毛重，若属于"M"运价等级或以尺码计费，则不填
34	运价/费率 rate charge	填入该货物适用的运价
35	运费总额 total	填写计收运费的总额，即计费重量与适用运价的乘积
36	货物的品名、数量，含尺码或体积 nature and quantity of goods (incl. dimensions or volume)	填写合同或信用证中规定的货物名称、数量及尺码时应注意： ① 当托运物中含有危险货物时，应分别填写，并把危险货物列在第一项 ② 当托运货物为活动物时，应依照 IATA 活动物运输规定填写 ③ 对于集合货物，填写"Consolidation as Per Attached List" ④ 货物的体积，表示为"长×宽×高"，如"DIMS：50×30×20" ⑤ 当合同或信用证要求标明原产地国时，可在此栏标出货物的原产地国
37	计费重量 weight charge	在对应的"预付"或"到付"栏内填入重量计算的运费额，其运费额与上述"运费总额"中的金额一致
38	声明价值附加费 valuation charge	如托运人对托运货物声明价值，则在对应的"预付"或"到付"栏内填入声明价值附加费金额，公式为： 声明价值附加费金额＝（声明价值—实际毛重×最高赔偿额）×0.5%

续表

序号	栏目	填写规则
39	税款 tax	在对应的"预付"或"到付"栏内填入适当的税款
40	由代理人收取的其他费用 total other charges due agent	在对应的"预付"或"到付"栏内填入由代理人收取的其他费用，通常填"AS ARRANGED"
41	由承运人收取的其他费用 total other charges due carrier	在对应的"预付"或"到付"栏内填入由承运人收取的其他费用，通常填"AS ARRANGED"
42	预付费用总额 total prepaid	通常填"AS ARRANGED"
43	到付费用总额 total collect	通常填"AS ARRANGED"
44	货币兑换比例 currency conversion rates	填写目的站国家货币代号及兑换比率
45	用目的站国家货币付费 CC charges in dest. currency	填写目的站国家货币到付的费用总额
46	仅供承运人在目的站使用 for carrier's use only at destination	此栏一般不填
47	在目的站的费用 charges at destination	填写最后承运人在目的站发生的费用金额包括利息等
48	到付费用总额 total collect charges	填写到付费用总额
49	其他费用 other charges	指除运费和声明价值附加费以外的其他费用。根据 IATA 规则各项费用分别用三个英文字母表示。其中前两个字母是某项费用的代码，如运单费就表示为 AW（Air Waybill Fee）。第三个字母是 C 或 A，分别表示费用应支付给承运人（Carrier）或货运代理人（Agent）
50	托运人或其代理人签字 signature of shipper or his agent	签名后以示保证所托运的货物并非危险品
51	运单签发日期 executed on（date）	签单以后正本航空运单方能生效。本栏所表示的日期为签发日期，也就是本批货物的装运日期。如果信用证规定运单必须注明实际起飞日期，则以该所注的实际起飞日期作为装运日期。本栏的日期不得晚于信用证规定的装运日期。以代理人身份签章时，如同提单一样，需在签章处加注"As Agents"；承运人签章则加注"As Carrier"
52	运单签发地点 at（place）	
53	承运人或其代理人签字 signature of issuing carrier or its agent	
54	空运提单号 air waybill No.	此栏目标注清楚是主运单的运单号或是分运单的运单号

知识链接

表 8-5　航空运价等级

代码	运价英文名称	运价中文名称
M	minimum	起码运费
N	normal	45 千克以下货物适用的普通货物运价
Q	quantity	45 千克以上货物适用的普通货物运价
C	specific commodity rates	特种运价
S	surcharge	高于普通货物运价的等级货物运价
R	reduced	低于普通货物运价的等级货物运价
U	unit load device basic rate	集装化设备基本运费
E	unit load device additional rate	集装化设备附加运费
X	unit load device additional information	集装化设备附加说明
Y	unit load device discount	集装化设备折扣

任务实施

陈珊珊阅读理解信用证有关运输单据条款及其他内容，确定了以下信息：

（1）托运人、收货人名称和地址

Shipper：GUANGNAN MACHINERY IMPORT AND EXPORT CO. LTD. 726 DONGFENG ROAD EAST，GUANGZHOU，CHINA

Consignee：HAROON CO. W. L. L. FOR MARKETING ENGINEERING MATERIALS LTD.，PO BOX 6747，SHARJAH，U. A. E.

（2）启运机场 IATA 代码和目的地机场代码

广州白云机场代码 CAN；迪拜机场代码 DXB

（3）启运时间、航次号

OCT. 13，2016　　航次号由航空公司提供：FX0910

（4）运费支付方式

FREIGHT PREPAID

（5）货物名称、数量、重量

LEVER HANDLE　　324CTNS　　8426.60KGS

（6）该票货物适用的运价等级

45KG 以上普通货物　　Q

（7）航空公司费率、其他费用、总运价

按航空公司公布的费率 CNY20.61，运费为 CNY173672.23，加上其他费用 AWC（运单费）：CNY50.00，总运费为 CNY173722.23。

陈珊珊填制的空运提单如下。

空运提单 8-2

999	CAN	5678	999—CAN45678	

Shipper's Name and Address	Shipper's Account Number	NOT NEGOTIABLE 中国民航　　　　　CAAC AIR WAYBILL AIR CONSIGNMENT NOTE ISSUED BY: THE CIVIL AVIATION ADMINISTRATION OF CHINA BEIJING CHINA
GUANGNAN MACHINERY IMPORT AND EXPORT CO. LTD. 726 DONGFENG ROAD EAST，GUANGZHOU，CHINA		Copies 1，2 and 3 of this Air Waybill are originals and have the same validity.

Consignee's Name and Address	Consignee's Account Number	It is agreed that the goods described herein are accepted for carriage in apparent good order and condition（except as noted）and SUBJECT TO THE CONDITIONS OF CONTRACT ON THE REVERSE HEREOF. ALL GOODS MAY BE CARRIED BY AND OTHER MEANS INCLUDING ROAD OR ANY OTHER CARRIER UNLESS SPECIFIC CONTRARY INSTRUCTIONS ARE GIVEN HEREON BY THE SHIPPER. THE SHIPPER'S ATTENTION IS DRAWN TO THE NOTICE CONCERNING CARRIER'S LIMITATION OF LIABILITY. Shipper may increase such limitation of liability by declaring a higher value for carriage and paying a supplemental charge if required.
HAROON CO. W. L. L. FOR MARKETING ENGINEERING MATERIALS LTD. ， PO BOX6747，SHARJAH，U. A. E.		

Issuing Carrier's Agent Name and City		Accounting Information
Agent's IATA Code	Account No.	
Airport of Departure（Addr. of First Carrier）and Requested Routing CAN		FREIGHT PREPAID

To DXB	By First Carrier Routing and Destination FX0910	to	by	to	by	Currency CNY	CHGS Code	WT/VAL PPD X	COLL	Other PPD X	COLL	Declared Value for Carriage NVD	Declared Value for Customs

Airport of Destination	Flight/Date	Amount of Insurance	INSURANCE-If Carrier offers insurance，and such insurance is requested in accordance with the conditions thereof，indicate amount to be insured in figures in box marked "Amount of Insurance".
DXB	FX0910　OCT. 13, 2016	×××	

Handing Information

（For USA only）These commodities，technology or software were expected from the United Stated in accordance with the Export Administration Regulations Division contrary to USA law prohibited

No. of Pieces RCP	Gross Weight	Kg lb	Rate Class Commodity Item No.	Chargeable Weight	Rate Charge	Total	Nature and Quantity of Goods （incl. Dimensions or Volume）
324 CTNS	8426. 60	K Q		8426. 60	20. 61	173672. 23	LEVER HANDLE DIMS：21. 374CBM

Prepaid Weight Charge	Collect	Other Charges
173672. 23		
Valuation Charge		AWC：50. 00
Tax		
Total other Charges Due Agent		Shipper certifies that the particulars on the face hereof are correct and that insofar as any part of the consignment contains dangerous goods，such part is properly described by name and is in proper condition for carriage by air according to the applicable Dangerous Goods Regulations.
Total other Charges Due Carrier		
50. 00		
		.... Signature of Shipper or his Agent
Total Prepaid	Total Collect	
173722. 23		13/OCT. /2016　　　GUANGZHOU　　　CACC
Currency Conversion Rates	CC Charges in Dest. Currency	.... Executed on（date）at（place）Signature of Issuing Carrier or its Agent
For Carrier's Use only at Destination	Charges at Destination	Total Collect Charges　　　　999—CAN45678

小试身手

2016 年 4 月 7 日，德仕贸易公司（DESUN TRADING CO.，LTD.）的货物从南京起运，航班为 FX0910，请根据信用证条款制作空运提单。

信用证条款信息

APPLICANT	*50：	NEO GENERAL TRADING CO.
		P. O. BOX 99552，RIYADH 22766，KSA
		TEL：00966-1-4659220 FAX：00966-1-4659213
BENEFICIARY	*59：	DESUN TRADING CO.，LTD.
		HUARONG MANSION RM2901 NO.85 GUAN-JIAQIAO，NANJING
		210005，CHINA
		TEL：0086-25-4715004 FAX：0086-25-4711363
GOODS DESCRIPT. 45A：		ABOUT 1700 CARTONS CANNED MUSRHOOM PIECES & STEMS
		24 TINS × 425 GRAMS NET WEIGHT（D.W. 固状物 227 GRAMS）AT USD7.80 PER CARTON. ROSE BRAND.
DOCS REQUIRED 46A：		＋FULL SET AIR WAYBILL EVIDENCING NEO GENERAL TRADING CO.，MARKED FREIGHT PREPAID.

补充交易资料

商品毛重：19074.44KGS

体积：36.85CBM

Rate Class 运价分类代号：M

Rate/Charge 费率：20.61

Other Charge 其他费用：AWC（运单费）50.00

空运提单 8-3

129 ｜ -4237 8011

Shipper's Name and Address	Shipper's Account Number	NOT Negotiable **Air Waybill** Issued by
		Copies 1，2 and 3 of this Air Waybill are originals and have the same validity
Consignee's Name and Address	Consignee's Account Number	It is agreed that the goods described herein are accepted for carriage in apparent good order And condition（except as noted）and SUBJECT TO THE CONDITIONS OF CONTRACT ON THE REVERSE HEREOF.ALL GOODS MAY BE CARRIED BY ANY OTHER MEANS INCLUDING ROAD OR ANY OTHER CARRIER UNLESS SPECIFIC CONTRARY INSTRUCTIONS ARE GIVEN HEREON BY THE SHIPPER,AND SHIPER AGREES THAT THE SHIPMENT MAYBE CARRIED VIA INTERMEDIATE STOPPING PLACES WHICH THE CARRI ER DEEMS APPOPRIATE. THE SHIPPER'S ATTENTION IS DRAWN TO THE NOTICE CONCERNING CARRIER'S LIMITATION OF LIABILITY. Shipper may increase such limitation of liability by declaring a higher value for carriage and paying a supplemental charge if required
Issuing Carrier's Agent Name and City		Accounting Information
Agent's IATA Code	Account No.	

Airport of Departure（Addr. of First Carrier）and Requested Routing — Reference Number — Optional Shipping Information

To	By First Carrier	Routing and destination	To	By	To	By	Curr-ency	CHGS Code	WT/VAL PPD COLL	Other PPD COLL	Declared Value for Carriage No Value declared for carriage	Declared Value for Customs

Airport of Destination — Requested Flight/Date — Amount of Insurance — INSURANCE-If Carrier offers insurance，and such insurance is requested in accordance with the conditi-on thereof，indicate amount to be insured in figures in box marked "Amount of Insurance"

Handling information

（For USA USE only）These commodities ,technology or software were expected from the United Stated in accordance with the Export Administration Regulations Division contrary to USA law prohibited　　SCI

No. of Pieces RCP	Gross Weight	Kg lb	Rate Class Commodity Item No.	Chargeable Weight	Rate/Charge	Total	Nature and Quantity of Goods（incl. Dimensions or Volume）

Prepaid	Weight Charge	Collect	Other Charges
	Valuation Charge		
	Tax		
	Total other Charges Due Agent		Shipper certifies that the particulars on the face hereof are correct and that insofar as any part of the consignment contains dangerous goods，such part is properly described by name and is in proper condition for carriage by air according to the applicable Dangerous Goods Regulations
	Total Dther Charges Due Carrier		
			Signature of Shipper or his Agent
Total Prepaid	Total Collect		
Currency Conversion Rates	CC Charges in Dest Currency		
For Carrier's Use only at Destination	Charges at Destination	Total Collect Charges	Executed on（date）　　at（place）　　Signature of Issuing Carrier or its Agent 129-4237 8011

ORIGINAL 3（FOR SHIPPER）

任务三 缮制附属单据——装船通知和受益人证明

任务要求

根据合同（见合同2-1）和信用证（见信用证2-1）的规定，单证员陈珊珊在确认海运提单后，需要及时缮制装运通知，以便买方尽早安排接货事宜。同时，还需要开具受益人证明书，以证明自己作为受益人已按信用证的要求办理相关事宜。

请以单证员陈珊珊的身份，完成装运通知和受益人证明书的缮制。

相关知识

一、装船通知

（一）装船通知的含义和作用

装船通知（shipping advice 或 advice of shipment），也称装运通知，主要指的是出口方在货物装船后发给进口方的包括货物详细装运情况的通知。其目的在于让进口方做好付款、接货和进口报关的准备；在 FOB、FCA 或 CFR、CPT 成交条件下，装船通知是进口方办理进口货物保险的凭证。

装船通知应按合同或信用证规定的时间发出，通知的方式通常用传真、电子邮件或邮寄通知对方，该通知副本（copy of telex/ax）常作为向银行交单议付的单据之一。

（二）装船通知的缮制

装船通知由出口方根据信用证或合同自行拟制，无固定格式，但基本栏目大致相同。一般包括收件人名称地址、发票号、合同号、信用证号、货名、数量、金额、毛重、尺码、装运港、目的港、船名航次、开航日期、提单号码等内容，其主要栏目及缮制方法说明如表8-6。

表8-6 装船通知栏目内容及缮制方法

序号	栏目	填写规则
1	出单人 issuer 装船通知制作人名称和地址	一般情况下为出口公司，标出中文和英文名称
2	参考号 REF. No.	一般为商业发票号码
3	抬头人名称和地址 to messrs	①填写保险公司名称和地址
		②填写开证人名称和地址
		③填写信用证规定的代理人的名称和地址
4	单据名称 Advice of shipment	通常用"shipping advice"或"advice of shipment"表示
5	商品名称 name of commodity	填写商品总称
6	数量 quantity	填写商品的包装总数量
7	发票总金额 invoice value	填写发票总金额

序号	栏目	填写规则
8	船名 name of carrying steamer	当需要转船时，必须填写第一程和第二程的船名
9	开航日期 date of shipment	填写装船日期
10	唛头 shipping marks	填写唛头
11	信用证号码 credit No.	填写信用证号码
12	装运港 port of loading	按海运提单的装运港栏目填写
13	卸货港 port of discharge	按海运提单的卸货港栏目填写
14	出口公司名称及签章	制作此份装船通知的出口公司盖章签字

二、受益人证明书

（一）受益人证明书的含义和作用

受益人证明书（beneficiary's certificate）是一种由受益人自己出具的证明，以便证明自己履行了信用证规定的任务或证明自己按信用证的要求办理相关业务，如所交货物的品质、证明运输包装的处理、证明按要求寄单等事项。

（二）受益人证明书的常见种类

（1）寄单证明（beneficiary's certificate for despatch of documents）。寄单证明是最常见的一种，通常是受益人根据规定，在货物装运前后一定时期内，邮寄、传真或快递给规定的收受人全套或部分副本单据，并将证明随其他单据交银行议付。

（2）寄样证明（beneficiary's certificate for despatch of shipment sample）。

（3）包装和标签证明（packing declaration）。

（4）其他证明。

各种类型的证明内容均会在信用证的条款中详细规定。

（三）受益人证明书的缮制

受益人证明由出口方根据信用证的规定自行拟制，一般无固定格式，内容多种多样，以英文制作，通常签发一份，主要应包括以下内容。

（1）受益人中英文全称和地址。

（2）单据名称。此栏按信用证规定填写，一般标明"BENEFICIARY'S CERTIFI-CATE"。

（3）出证日期。

（4）发票号码。

（5）信用证号码。

（6）抬头人（To）。此栏通常填写"TO：WHOM IT MAY CONCERN"，意为"致有关当事人"。

（7）证明内容。按照信用证规定的内容填写。

（8）签章。此栏填写受益人全称，并由经办人签章。

（四）受益人证明书缮制注意事项

（1）单据名称应合适恰当，按信用证要求列明。

（2）证明文件通常以"THIS IS TO CERTIFY"（或 DECLARE，STATE，EVIDENCE 等）或"WE HEREBY CERTIFY"等开始。

（3）一般的行文规则是以所提证明要求为准直接照搬照抄，但有时也应做必要的修改。例如信用证规定"BENEFICIARY'S CERTIFICATE EVIDENCING THAT TWO COPIES OF NON-NEGOTIABLE B/L WILL BE DESPATCHED TO APPLICANT WITHIN TWO DAYS AFTER SHIPMENT"，在具体制作单据时应将要求里的"WILL BE DESPATCHED"改为"HAVE BEEN DESPATCHED"；再比如对"BENEFICIARY'S CERTIFICATE STATING THAT CERTIFICATE OF MANUFACTURING PROCESS AND OF INGREDIENTS ISSUED BY ABC CO SHOULD BE SENT TO SUMITOMO CORP"的要求，"SHOULD BE SENT"最好改为"HAD/HAS BEEN SENT"。

任务实施

陈珊珊需要理解信用证中的以下附属单据条款，并按照要求制作装船通知和受益人证明。

DOCUMENTS REQUIRED 46 A：

ALL SHIPMENT UNDER THIS CREDIT MUST BE ADVISED BY BENEFICIARY WITHIN 5 WORKING DAYS FROM SHIPMENT DATE DIRECTLY BY FAX OR POST OR COURIER TO APPLICANT. A COPY OF EACH OF ABOVE ADVICES TO ACCOMPANY THE ORIGINAL SET OF DOCUMENTS.

受益人必须在装运后五个工作日内，直接传真或邮寄或快递通知开证申请人有关装运事项，交单应随附该副本通知。

BENEFICIARY'S CERTIFICATION，CERTIFING THAT ONE SET OF NON NEGOTIABLE DOCUMENT MUST BE SENT TO THE APPLICANT ON FAX. NO. 9716 5331819 IMMEDIATELY AFTER SHIPMENT.

受益人证明书，必须证明已在完成装运后立即将一套副本单据传真给了开证申请人。陈珊珊缮制的装运通知如下。

广南机械进出口有限公司
GUANGNAN MACHINERY IMPORT AND EXPORT CO. LTD.
726 DONGFENG EAST ROAD, GUANGZHOU, CHINA
SHIPPING ADVICE

TO: HAROON CO. W. L. L. FOR MARKETING	ISSUE DATE:	OCT. 13, 2016
ENGINEERING MATERIALS LTD.	INVOICE NO. :	A12-234-8256
PO BOX 6747, SHARJAH, U. A. E.	L/C NO. :	DER260635
	S/C NO. :	HF60809

Dear Sirs,

　　WE HEREBY INFORM YOU THAT THE GOODS UNDER THE ABOVE MENTIONED CREDIT HAVE BEEN SHIPPED. THE DETAILS OF THE SHIPMENT ARE STATED BELOW.

DESCRIPTION OF GOODS:	LEVER HANDLE
NUMBER OF PKGS:	324CTNS
TOTAL G. W. :	8426.60KGS
OCEAN VESSEL:	WAN HAN 303 V. W049
DATE OF DEPARTURE:	OCT. 13, 2016
B/L NO. :	HUPDXB06A0306
PORT OF LOADING:	HUANGPU, CHINA
PORT OF DESTINATION:	DUBAI, U. A. E.
SHIPPING MARKS:	N/M

GUANGNAN MACHINERY IMPORT AND EXPORT CO. LTD.

李伟华

陈珊珊缮制的受益人证明如下。

广南机械进出口有限公司
GUANGNAN MACHINERY IMPORT AND EXPORT CO. LTD.
726 DONGFENG EAST ROAD, GUANGZHOU, CHINA
BENEFICIARY'S CERTIFICATE

TO WHOM IT MAY CONCERN:	DATE:	OCT. 13, 2016
HAROON CO. W. L. L. FOR MARKETING	L/C NO. :	DER260635
ENGINEERING MATERIALS LTD.	S/C NO. :	HF60809
PO BOX 6747, SHARJAH, U. A. E.	INVOICE NO. :	A12-234-8256

　　WE HEREBY CERTIFY THAT ONE SET OF NON NEGOTIABLE DOCUMENT HAS BEEN SENT TO THE APPLICANT ON FAX. NO. 9716 5331819 IMMEDIATELY AFTER SHIPMENT.

GUANGNAN MACHINERY IMPORT AND EXPORT CO. LTD.

李伟华

小试身手

根据有关资料制作装船通知和受益人证明书：

信用证条款信息

Date of Issue： 161020

Form of Documentary Credit： IRREVOCABLE

Documentary Credit Number： MK247N003

Expiry： Date 161115 Place IN BENEFICIARY'S COUNTRY

Applicant： MOK TRADING CO．，LTD.

167 NAMCHEON-2 DONG, SUYOUNG-KU PUSAN, KOREA

Beneficiary： SHENZHEN ATRS & CRAFTS IMP. & EXP. CORP.

929 WANXIA ROAD SHENZHEN，CHINA

Partial Shipments： ALLOWED

Transshipment： ALLOWED

Port of Loading： SHENZHEN，CHINA

Port of Discharge： PUSAN，KOREA

Latest Date of Ship： 161105

Description of Goods： CHINA ORIGIN

ARTIFICIAL FLOWERS

CR-0036 2800 DOZ@ USD 3．00/DOZ

CR-0098 3700 DOZ@ USD 6．00/DOZ

AS PER S/C NO. KS09877 DATE OCT. 7 2016 CFR PUSAN

+SHIPMENT ADVICE IN FULL DETAILS INCLUDING

Documents Required

+SHIPPING MARKS, VESSEL NAME, B/L NO.，VALUE AND QUANTITY OF GOODS MUST BE SENT ON THE DATE OF SHIPMENT TO APPLICANT.

+BENEFICIARY'S CERTIFICATE CERTIFYING THAT COMMERCIAL IN-VOICE, PACKING LIST AND ORIGINAL EXPORT LICENCE HAVE BEEN DESPATCHED BY COURIER DIRECTLY TO APPLICANT.

补充交易资料

INV. NO.： 29MK336

B/L NO.： DSA92-1103

B/L DATE： OCT. 28，2016

PACKING： CR-0036 140DOZ/CTN G. W.： 23KGS/CTN N. W.： 20KGS/CTN

CR-0098 100DOZ/CTN G. W.： 20KGS/CTN N. W.： 18KGS/CTN

MEASUREMENT： (40×40×50) CM/CTN

SHIPPING MARKS： N/M

DATE OF ADVICE： OCT. 28，2016

NAME OF STEAMER： KAI V. 929

项目九

交单结汇

知识目标

1. 熟悉汇票的主要内容；
2. 掌握汇票填写的要求和基本技巧；
3. 掌握审核单据的方法；
4. 熟悉出口业务交单结汇流程。

技能目标

1. 能够读懂信用证中的汇票条款；
2. 能够根据信用证要求准确地缮制汇票；
3. 能够独立完成审单和交单结汇工作。

情境导入

广南公司和 Haroon 公司的出口交易中（见合同 2-1、信用证 2-1），广南公司在完成审证、备货、托运、投保、报关报检、装运等相关工作后，信用证要求缮制的单证已基本完成，单证员陈珊珊要准备填制最后一份单据——汇票。此后，她审核并整理全套单证，交到银行申请议付。

请思考：

(1) 汇票基本内容包括哪些？

(2) 汇票的金额和付款人分别如何填写？

(3) 审单时，应该如何审核？以信用证为准还是以合同为准？

任务一 缮制汇票

任务要求

单证员陈珊珊在取得海运提单后，根据合同和信用证的规定，准备填制汇票，以完成交单议付所需要的整套单证的最后一份单据。

请以单证员陈珊珊的身份，完成以下任务。

1. 找出信用证中关于汇票填制的相关要求和信息；
2. 完成汇票的缮制。

相关知识

一、汇票的含义和当事人

《中华人民共和国票据法》第十九条规定："汇票是由出票人签发的，委托付款人在见票时或者在指定日期无条件支付确定的金额给收款人或者持票人的票据。"

汇票（bill of exchange/draft）是国际贸易结算中使用最多的一种票据。其使用程序包括出票（issuance）、提示（presentation）、承兑（acceptance）、付款（payment）、背书（endorsement）、拒付（dishonor）及追索（resource）。

> **任务互动1**
>
> 你能简单描述一下汇票的使用流程吗？

汇票的当事人主要有以下三种。

（1）出票人（drawer）：出票人即签发汇票的当事人，在进出口业务中，出票人通常是出口方。

（2）付款人（payer）：付款人也叫"受票人"（drawee），在进出口业务中，付款人通常是进口方或其指定银行。在信用证项下，如果信用证没有指定付款人，根据《UCP600》的规定，开证行即为付款人，也就是汇票的受票人。

（3）收款人（payee）：收款人也叫"受款人"，即汇票规定的可受领金额的人，也称为汇票的抬头人。在进出口业务中，若信用证没有特别指定，收款人通常是出票人本人即出口方或其指定的银行。

> **任务互动2**
>
> 信用证项下，汇票的付款人必定是开证行吗？

知识链接

汇票的使用方式

汇票的使用方式有"顺汇法"和"逆汇法"两种。顺汇法是指进口方向其当地银行购买银行汇票，寄给出口方，出口方凭以向汇票上指定的银行取款。逆汇法是指出口方开具汇票，要求付款人根据指示付款。

在信用证和托收业务中使用的汇票大部分为逆汇法。

二、汇票的种类

1. 按出票人不同，汇票可分为商业汇票和银行汇票

（1）商业汇票（commercial bill）：出票人为商业企业的汇票。

（2）银行汇票（banker's bill）：出票人为银行的汇票。

2. 按付款时间不同，汇票可分为即期汇票和远期汇票

（1）即期汇票（sight bill）：规定付款人见票后立即付款的汇票。

（2）远期汇票（time bill）：规定付款人于将来的一定时间内付款的汇票。

3. 按出票时是否附有运输单据，汇票可分为光票和跟单汇票

（1）光票（clean bill）：即出具的汇票不附带发票、装运单据、物权凭证或其他类似单据，也不带有任何为了取得付款而随附于汇票的单据。

（2）跟单汇票（documentary bill）：跟单汇票一般包括一份或一份以上的汇票，并随附在付款或承兑时应交出的各类单证（主要包括发票、提单、装箱单、保险单等）。

4. 按付款人不同，汇票可分为商业承兑汇票和银行承兑汇票

（1）商业承兑汇票（commercial acceptance bill）：商业承兑汇票是指商业企业出票，以另一商业企业为付款人，且经此付款人承兑后的远期汇票。

（2）银行承兑汇票（banker's acceptance bill）：银行承兑汇票是指商业企业出票，以银行为付款人，且经此银行承兑的远期汇票。

知识链接

中国主要商业银行的英文名称

中国银行	Bank of China
中国建设银行	China Construction Bank
中国工商银行	Industrial and Commercial Bank of China
中国农业银行	Agricultural Bank of China
交通银行	Bank of Communications

任务互动3

"中国人民银行"是我国的商业银行吗？

三、国际常用汇票样式

目前，国际常用的汇票样式主要有两种：一种是全英文格式，如汇票9-1所示；另一种是中英文格式，如汇票9-2所示。

汇票 9-1

Draft No. 00002

Exchange for US$60,530.50　　　　　　Taipei June 27, 2001

At ....※※※※※............................... sight of this

First of Exchange (Second being unpaid) Pay to the Order of
THE SHANGHAI COMMERCIAL & SAVINGS BANK, LTD.

The Sum of U.S. Dollars Sixty Thousand Five Hundred and
Thirty & 50/100 Only .... Value received

Drawn under Letter of Credit No 20010512001 dated May 01, 2001 issued

by Bank of America

To The Chemical Bank
New York　　　　　　　　　　Torus Systems, Inc.

　　　　　　　　　　　　　　　　　　Authorized Signature

汇票 9-2

F14

凭
Drawn under ....

信用证　　　　　　　第　　　　号
L/C 　　　　　　　　*No.* ....

日期　　　　　　年　　月　　日
dated ....

按　息　　　　　　　　　　　　付　款
Payable with interest @ .... % *per annum*

号码　　　　　汇票金额　　　　中国.广州　　　年　月　日
No. .... *Exchange for* .... *Guangzhou, China* .... 20 ....

见票　　　　　　　　　　　　　　　日后（本汇票之副本未付）付
At .... *sight of this* FIRST *of Exchange*（*Second of exchange*

being unpaid）*pay to the order of* .... 或其指定人

金　额
the sum of ....

此致
To ....

....

汇票的"付一不付二"原则

汇票属于金融单据，它可以代替货币进行流通或转让。因此，汇票是一种很重要的有价证券。汇票在没有特殊规定时出具一式两份，在醒目的位置印有"1""2"字样，表示第一张和第二张。根据票据法的规定，两张汇票具有同等效力，但付款人"付一不付二"（second of exchange being unpaid）、"付二不付一"（first of exchange being unpaid），银行在寄送单据时，一般要将两张汇票分开寄送给国外银行，先到先付，后到无效。

四、汇票的内容及缮制

下面根据汇票 9-2，讲解汇票的基本内容和缮制要求。

1. 出票根据

出票根据（drawn under）是汇票不可缺少的重要内容之一。根据汇票使用情况，分为以下两种。

（1）信用证项下：出票根据一般要具备三项，即开证行名称、信用证号码和开证日期。

（2）托收项下：出票根据一般应包括发运货物的名称、数量、合同号码等，并加注"for collection"。

2. 年息

按息付款（payable with interest @...％ per annum）栏由结汇银行填写，用以清算企业与银行间的利息费用。

3. 号码

本栏填写汇票号码（No.）。在实际业务中汇票号码一般与发票号码一致，所以应填写商业发票的号码，也可以留空不填。汇票号码与发票号码的一致是为了证明单据之间的关系。

4. 汇票金额

汇票金额（exchange for）栏填写汇票的小写金额，一般要求使用货币缩写和用阿拉伯数字表示的金额。

除非信用证另有规定，汇票金额应该与发票金额完全一致，不超过信用证规定的最高金额，否则就是单证不符，造成拒付。

任务互动4

来证中规定"...this L/C is available by your sight drafts for full CIF value, deducting 5％ commission at the time of payment...", 请问，汇票金额应该如何填写？

5. 出票地点和日期

（1）出票地点（place）：信用证项下是议付地点，托收项下是出票人向托收行办理托收手续的地点。

（2）出票日期（date）：一般以议付日期作为出票日期，托收方式的出票日期以托收行寄单日期为准。因此，我国使用的汇票中出票日期大多留空白由银行填写。

6. 付款期限

这一栏按照信用证或合同的规定填写，不得空白。付款期限一般分为两大类，即期付款和远期付款。

（1）即期付款在汇票付款期限栏"at...sight"中填写"AT SIGHT""＊＊＊"或"—"等连接符，表示见票即付。

（2）远期付款常见的有以下四种。

① 以见票日期为起算日："见票××天付款"，在"at...sight"中填写"at××days after sight"；

② 以出票日期为起算日："出票××天付款"，在"at...sight"中填写"at××days after date"，同时把汇票上印有的"Sight"划掉；

③ 以装船日期为起算日："提单日后××天付款"，在"at...sight"中填写"at××days after B/L date"，同时把汇票上印有的"Sight"划掉；

④ 以发票日期为起算日："发票日后××天付款"，在"at...sight"中填写"at××days from invoice date"，同时把汇票上印有的"Sight"划掉。

托收项下汇票付款期限，如是 D/P 即期，就填写"D/P at sight"；D/P 远期 30 天，就填写"D/P at 30 days sight"；D/A 远期 30 天，就填写"D/A at 30 days sight"。

7. 受款人

受款人（pay to...）是出票人所指定的接受票款的当事人，是汇票的抬头人。在国际票据市场上，汇票的这一栏通常有如下三种写法。

（1）限制性抬头：即指定受款人，如"仅付给××"，此栏填写"pay to ××only"；"限付给××，不许转让"，此栏填写"pay to×× not transferable"。

（2）记名式抬头：也叫指示性抬头，常填写为"付给××或其指定人"，此栏填写"pay to the order of ××"，或"pay ×× or order"，这类汇票经抬头人背书后可以自由转让。这类汇票也是目前使用最普遍的一种汇票。

（3）持票人抬头：即在受款人栏目中填写"pay to bearer"。这种抬头的汇票无须抬头人背书即可转让。

知识链接

谁是汇票的受款人

目前在我国进出口业务中，无论是信用证支付还是托收支付，汇票一般均以议付行或托收行为受款人。

8. 大写金额

汇票的大写金额（the sum of...）必须与小写金额一致。大写金额由两部分构成，一是货币名称，二是货币金额。填写时要注意顶格，不留任何空隙，并在金额后面加上"ONLY."，以防汇票签发后被篡改。

9. 付款人

信用证项下，一般信用证会指定汇票的付款人。如果信用证没有指定付款人，按照惯例，一般做成开证行为付款人。在信用证中，汇票的付款人是在"drawee"或"drawn on"一词后面所列明的当事人。当信用证要求为"drawn on us"时，"us"应理解为开证行。

托收项下，付款人应为合同中的进口商或买方。

10. 出票人

出票人即签发汇票的人，在进出口业务中，通常是卖方（信用证的受益人）。根据我国票据法规定，汇票出票人一栏要有企业全称，并由经办人签名。无出票人签名盖章的汇票将被视作无效汇票。

任务实施

单证员陈珊珊要完成信用证业务项下的汇票填制，需要进行以下步骤的工作。

（1）核实实际出口货物的数量和价值，可参考前面项目填写的发票。

（2）查看信用证中关于汇票填写的相关规定（即汇票条款），包括"AVAILABLE WITH/BY""DRAFTS AT…""DRAWEE"等相关规定，确定汇票的付款时间、付款人、受款人等信息。

（3）找出信用证的开证行、信用证号码和开证日期等相关信息，填写汇票。

陈姗姗填制的汇票如下。

汇票 9-3

F14	
凭 *Drawn under* HABIB BANK AG ZURICH, DUBAI	
信用证　　　　　　第　　　号 *L/C*　　　*No.* DER26063	**1**
日期　　　　　年　月　日 *dated* AUG. 17, 2016	

按　息 *Payable with interest @* _____ *% per annum*

号码　　　　　　汇票金额　　　　　　　中国．广州　　　　　　年 月 日
No. A12-234-8256 *Exchange for* _____ USD58600.60 *Guangzhou. China* _____ 20 ____

见票　　　　　　　　　　　　　　　　　　　　　日后（本汇票之副本未付）付
At _____ ＊＊＊＊＊＊ *sight of this* FIRST *of Exchange* (*Second of exchange being unpaid*) *pay to the order of* _____ BANK OF CHINA GUANGDONG BRANCH, GUANGZHOU _____ 或其指定人

金　额 *the sum of* SAY US DOLLARS FIFTY-EIGHT THOUSAND SIX HUNDRED CENTS SIXTY ONLY.

此致 *To* HABIB BANK AG ZURICH, DUBAI

_____

GUANGNAN MACHINERY IMPORT AND EXPORT CO. LTD.

李伟华

小试身手

1. 根据下列信用证和有关资料填制汇票

信用证 9-1

OWN ADDRESS：SBININBBAFXD		STATE BANK OF INDIA KOLKATA（CALCUTTA）(FOREIGN DEPARTMENT)
INPUT MESSAGE TYPE：700		ISSUE OF A DOCUMENTARY CREDIT
SENT TO ：PCBCCNB JAGDH		CHINA CONSTRUCTION BANK (FORMERLY PEOPLE'S CONSTRUC-TION BANK OF HUIZHOU) (HUIZHOU SUBBRANCH)

FORM OF DOCUMENTARY CREDIT	40A：	IRREVOCABLE
DOCUMENTARY CREDIT NUMBER	20：	0480505IM0000141
DATE OF ISSUE	31C：	160324
DATE AND PLACE OF EXPIRY	31D：	160514 NEGOTIATING BANK
APPLICANT	50：	MARS INTERNATIONAL LTD.，45，JADUNATH DEY ROAD，7TH FLR，KOLKATA-70002
BENEFICAIRY	59：	ABC ELECTRONIC INTERNATIONAL LTD.，7/F.，BLDG C SIZH-OU PLAZA，NO.21，HUANCHENG WEST ROAD，HUIZHOU，GUANGDONG，CHINA.
CURRENCY CODE，AMOUNT	32B：	USD2582000
AVAILABLE WITH … BY …	41D：	CHINA CONSTRUCTION BANK，HUIZHOU BRANCH BY NEGOTIATION
DRAFT AT...	42C：	90 DAYS FROM SIGHT
DRAWEE	42D：	STATE BANK OF INDIA OVERSEAS BRANCH SAMRIDDHI BHAVAN，1 STRAND ROAD
PARTIAL SHIPMENTS	43P：	ALLOWED
TRANSSHIPMENT	43T：	ALLOWED
LOADING ON BOARD/DISPATCH/TAKING IN CHARGE AT/FROM…		
	44A：	ANY CHINA PORT
FOR TRANSPORTATION TO…	44B：	ANY INDIAN PORT
LATEST DATE OF SHIPMENT	44C：	160510
DESCRIPTION OF GOODS AND/OR SERVICES		
	45A：	

SUBWOOFER AND SPEAKER AS PER PROFORMA INVOICE NO. HJ090305
DT. 17. 03. 2016 ON CIF BASIS. INCOTERMS：CIF CONTRACT DETAILS：
PROFORMA INVOICE NO. HJ090305 DT. 17. 03. 2016

（以下省略）

补充交易资料

Invoice No.：SHE01/7203　　　Invoice Date：APR. 28，2016

Description of goods：

SUBWOOFER AND SPEAKER

8501B（2.1）	2500SETS @ USD 3.2 PER SET
7600C（2.1）	1200SETS @ USD 3.6 PER SET
7600B（4.1）	1000SETS @ USD 13.5 PER SET

Packing：4SETS/CTN　Shipping Marks：MARS/HJ090305/NOS. 1-1175

汇票 9-4

F14

凭
Drawn under ....

信用证　　　第　　　号
L/C　　　　No. ....

日期　　　　年　月　日
dated ....

按　息　　　　　　　　　　　　　　　　　　　　　付　　款
Payable with interest @ .... % per annum

号码　　　　　　汇票金额　　　　　　　　中国·广州　　　　年 月 日
No. ....　Exchange for .... Guangzhou. China　　20

日后（本汇票之副本未付）付

见票
At .... sight of this FIRST of Exchange（Second of exchange being unpaid）pay to
the order of ....或其指定人

金额
the sum of ....

此致
To ....

2．根据下列合同和有关资料填制汇票

合同 9-1

SALES CONTRACT

Contact No.：GW2016X06

Date：APRIL 2, 2016

Signed at：NINGBO

Sellers：GREAT WALL TRADING CO. , LTD.　　　Fax：0574-25763368

Address：RM201，HUASHENG BUILDING, NINGBO, P. R. CHINA.

Buyers：F. T. C. CORP.　　　　　　　　Fax：_____

Address：AKEDSANTERNIK AUTOP. O. BOX 9，FINLAND

This Sales Contract is made by and between the Sellers and the Buyers, Whereby the sellers agree to sell and the buyers agree to buy the under-mentioned goods according to the items and conditions stipulated below:

(1) 品名及规格 Commodity & Specification	(2) 数量 Quantity	(3) 单位 Unit	(4) 单价 Unit Price	(5) 金额 Amount
HALOGEN FITTING W500 10% More or less in arnonat and quesity affowed	9600 PCS	PC	CIF HELSINKI USD3.80 PC	USD36480.00
		Total Amount		USD36480.00
TOTAL VALUE (大写金额):	SAY US DOLLARS THIRTY-SIX THOUSAND FOUR HUNDRED AND EIGHTY ONLY.			

(6) Packing: <u>4 PCS in a CARTON.</u>

(7) Shipment: From <u>NINGBO</u> to <u>HELSINKI</u>

(8) Shipping Marks: <u>N/M</u>

(9) Time of Shipments: before May 31, 2016, allowing transshipment and partial shipment.

(10) Time of Payment: By D/P AT SIGHT against shipping documents accompanied by 3 folds invoice and original insurance policy.

(11) Insurance: To be effected by <u>SELLERS</u> for <u>110</u>% of full invoice vahe covering <u>F.P.A</u> up to <u>HELSINKI</u>

(12) Arbitration: All dispute arising form the execution of or in connection with this contract shall be settled amicable by negotiation. In case of settlement can be reached through negotiation the case shall them be submitted to China International Economic & Trade Arbitration Commission In Shenzhen (or in Beijing) for arbitration in act with ites sure of procedures. The arbitral award is Final and binding upon both parties for setting the Dispute. The fee, for arbitration shall be borne by the losing parting unless otherwise awarded.

The Seller <u>GREAT WALL TRADING CO., LTD.</u>   The Buyer <u>F.T.C. CORP</u>

马丁   ALICE

补充交易资料

Invoice No.: GW14X06-1   Invoice Date: MAY 13, 2016

Collecting Bank: BANK OF CHINA, NINGBO BRANCH.

汇票 9-5

BILL OF EXCHANGE

No.: ....   Date: ....

Exchange for ....

At .... *days after sight of this* FIRST *of Exchange (Second of exchange being unpaid)*

Pay to the Order of ....

The sum of ....

Drawn under ....

To ....

任务二　审单与交单结汇

任务要求

单证员陈珊珊在完成汇票的缮制后，集齐之前已经缮制好的全套单证进行审核，审核无误后，即到银行办理交单结汇。

在交单议付前，请以单证员陈珊珊的身份完成以下任务。

1. 审核信用证项下全套单证；
2. 了解交单结汇的流程和要求，提交单证至有关银行办理交单结汇。

相关知识

当出口企业将货物装运后，需要将合同或信用证所规定的单证以及汇票向银行交单结汇。为了提高按时结汇收汇的效率，出口企业需要了解单证的审核过程，并在提交单证前对单证进行初次审核，及时发现问题并修改或重制单证，以保证货款的及时收回。

一、审核单证

（一）审单过程

1. 托收项下的审单过程

跟单托收下，出口方通过银行将货运单据转寄给进口公司，但托收银行与代收银行均不审核单证，只审核"来单委托书"并依照"来单委托书"清点单证份数是否与委托书上所列相符。托收方式下审单是进口方的义务和责任，且进口方的审核是终局性的。因此，出口方在交单委托前，必须对所提交的单证进行严格审核，避免出错。

2. 信用证项下的审单过程

信用证项下审单包括银行审单和进口方审单两个环节。

（1）银行审单

开证行接到国外议付行寄来的单证，首先根据信用证条款全面、逐项地审核单证之间、单单之间是否相符，并根据议付行的寄单索偿通知书，核对单证的种类、份数，以及汇票、发票与索偿通知书所列金额是否正确。银行对信用证上未规定的单据不予审核。

（2）进口方审单

信用证项下的全天单证经开证行审核后送交开证申请人，再经开证申请人审核认可后，银行即对外付款或承兑，并将全部单证交给开证申请人，开证申请人可以凭以提货。

不管是在托收方式下还是信用证方式下，出口方提交的单证都需经过多重审核才能予以付款或承兑。为了提高收汇结汇效率，及时回笼资金，出口方必须了解审单过程，严谨制单、严格审单，谨慎对待所提交的单证，做到无错、无漏、无缺和准备完整、有效的单据，避免因为单证填制错误而带来的经济损失。

（二）信用证项下主要单据审核的重点

1. 发票的审核要点

① 发票落款与信用证的受益人名称一致。

② 除非信用证另有规定，发票抬头人应为信用证的开证申请人。

③ 货物描述必须与信用证的商品描述相符，且不使用统称。

④ 发票中的唛头、商品数量、价格等信息必须与信用证一致，且与其他单据一致。

⑤ 发票金额不得超过信用证金额。

⑥ 提交的发票正本和副本份数正确。

⑦ 信用证要求出具的信息必须完整准确地显示在发票上。

2. 汇票的审核要点

① 汇票金额不得超过信用证允许的金额，且大写、小写金额及货币名称必须一致。

② 付款期限应符合信用证规定。

③ 汇票的付款人（受票人）符合信用证规定。

④ 出票人落款与信用证受益人名称必须一致。

⑤ 如果受款人为指示性抬头，出票人是否已对汇票背书。

⑥ 汇票的出票日期应在信用证有效期内。

3. 海运提单的审核要点

① 提单正本和副本份数符合信用证规定。

② 提单是清洁已装船提单。如果是收妥备运提单，提单正文的"已装船批注"必须在信用证允许的最迟装运日之前。

③ 运费缴付方式正确，相关杂费缴付方式正确。

④ 提单注明信用证规定的装运港和卸货港。

⑤ 提单收货人符合信用证规定，如为指示性提单，背书应符合信用证规定。

⑥ 提单上的货物描述与发票上的描述不相抵触。

⑦ 提单正面注明承运人名称，应有船公司签字。

⑧ 提单在信用证规定的时间内交付。

4. 保险单据的审核要点

① 保险单据名称与信用证规定相符。

② 保险单据的被保险人名称与信用证规定相符。如果信用证未规定，通常以出口方名义投保，然后再做成空白背书。

③ 保险单据由保险公司、保险商或其代理人签发，且签发日期或保险责任的生效日期最迟应在已装船或已发运或接受监管之日。

④ 保险金额、货币必须符合信用证规定。

⑤ 对保险货物的描述必须与发票上的货物描述相符。

⑥ 明确表示已按信用证规定的险别投保。

⑦ 提交签发的正本保险单据。

二、交单结汇

交单是指出口方在规定时间内向银行提交信用证或托收项下的全套单证，这些单证由银行根据不同的要求，向国外银行寄单、索汇。

实际业务中的交单方式有两种。一种是两次交单或称预审交单，在运输单据签发前，先将其他已备妥的单据交银行预审，发现问题及时更正，待货物装运后收到运输单据，可以当天议付并对外寄单。另一种是一次交单，即在全套单证收齐后一次性送交银行，银行审单后若发现不符点需要退单修改，容易造成逾期而影响安全收汇。信用证项下的交单日期既不能超过信用证的有效期，又不能超过运输单据签发日期后21天。

结汇是指出口公司依照我国外汇管理制度的规定，将所得的外汇按照牌价卖给银行。结汇在不同的支付方式下，其程序有所差异。

（一）信用证项下的议付结汇

在信用证结算业务中，议付（negotiation）又被称作"买单"或"押汇"，指议付行在审核并确认受益人提交的单据符合信用证条款规定后，按信用证条款买入受益人的汇票和单据，按照汇票票面金额扣除从议付日到估计收到票款之日的利息，将净数按议付日人民币汇率折算成人民币后付给信用证的受益人。

知识链接

汇票的议付

即期付款时，受益人开立以开证行为付款人、以议付行为受款人（或以受益人为受款人且由受益人背书给议付行）的即期汇票，到信用证允许的银行交单议付，议付行审单无误后立即付款，然后将汇票和单据寄开证行索偿。

远期付款时，受益人开立远期汇票，到信用证允许的银行交单议付，议付行审单无误后，将汇票、单据寄交开证行承兑；开证行承兑后，寄出"承兑通知书"给议付行或将汇票退给议付行在进口地的代理行保存，等汇票到期时提示开证行付款，款项收妥后汇交出口方。如果出口方要求将银行承兑汇票贴现，则议付行在进口地的代理行可将开证行的承兑汇票送贴现公司办理贴现，出口方负担贴现利息。

如果议付行未买入单据，只是审单和递送单据，则不构成议付。

（二）托收项下的结汇

在跟单托收方式下，出口方按合同规定装货后办理托收手续时要填写托收委托书（collect order），开立汇票连同货运单据交托收行，委托其代收货款。托收行向国外代收行发出托收指示，连同汇票、货运单据寄交代收行委托代收；进口方向代收行付款或承兑票据后，根据托收指示代收行向进口方交付单据；代收行向托收行通知承兑或付款后托收行即向出口方付款。

（三）不符点单据的处理

在出口业务中，由于种种原因造成单据存在不符点，而受益人又因时间条件的限制，无法在规定期限内更正，则有下列处理办法。

（1）凭保议付

受益人出具保证书承认单据瑕疵，声明如开证行拒付，由受益人偿付议付行所垫付款项和费用，同时电请开证申请人授权开证行付款。

（2）表提

议付行把不符点开列在寄单函上，征求开证行意见，由开证行接洽开证申请人是否同意付款。如开证申请人同意付款，通知议付行即行议付；如开证申请人拒绝付款，开证行退单，议付行同样退单给受益人。

（3）电提

议付行暂不向开证行寄单，而是用电传通知开证行单据不符点。如开证行同意付款，再议付并寄单；若开证行不同意，受益人可及早收回单据，设法改正。

（4）有证托收

单据有严重不符点或信用证有效期已过，已无法利用信用证收款，只能委托银行在开证行寄单函中注明"信用证项下单据作托收处理"，这种做法称为"有证托收"。由于申请人已因单据不符而不同意接受，故有证托收往往同样遭到拒付，是一种不得已为之的办法。

任务实施

陈珊珊需要集齐前面各项目中填制的所有单据，根据信用证要求，审核汇票、发票、装箱单、原产地证、海运提单、保险单、装船通知和受益人证明等全套单证的准确性、完整性和一致性。全套结汇单证必须做到"单证一致""单货一致""单同（合同）一致"和"单单一致"。

小试身手

1. 在一笔出口业务中，国外开来的信用证规定交货期是不晚于 2016 年 7 月 23 日，信用证的有效期是 2016 年 8 月 13 日。请你判断下列出口单据中的签发日期是否正确。如果不正确，应该如何改正？

单据名称	签发日期
商业发票	2016 年 7 月 24 日
装箱单	2016 年 7 月 25 日
商业汇票	2016 年 7 月 21 日
原产地证明书	2016 年 7 月 30 日
出口商检证书	2016 年 7 月 30 日
出口货物保险单	2016 年 8 月 1 日
直达海运提单	2016 年 7 月 24 日
出口货物报关单	2016 年 7 月 23 日
装船通知	2016 年 7 月 27 日

2. 审核下列结汇单据。

信用证 9-2

OWN ADDRESS	: SBININBBAFXD	STATE BANK OF INDIA KOLKATA (CALCUTTA) (FOREIGN DEPARTMENT)
INPUT MESSAGE TYPE	: 700	ISSUE OF A DOCUMENTARY CREDIT
SENT TO	: PCBCCNB JAGDH	CHINA CONSTRUCTION BANK FORMERLY PEOPLE'S CONSTRUCTION

BANK OF HUIZHOU

(HUIZHOU SUBBRANCH)

FORM OF DOCUMENTARY CREDIT	40A:	IRREVOCABLE
DOCUMENTARY CREDIT NUMBER	20:	0480505IM0000141
DATE OF ISSUE	31C:	160324
DATE AND PLACE OF EXPIRY	31D:	160514 NEGOTIATING BANK
APPLICANT	50:	MARS INTERNATIONAL LTD. 45, JADUNATH DEY ROAD, 7TH FLR, KOLKATA-70002
BENEFICAIRY	59:	ABC ELECTRONIC INTERNATIONAL LTD., 7/F., BLDG C SIZHOU PLAZA, NO. 21, HUANCHENG WEST ROAD, HUIZHOU, GUANGDONG, CHINA.
+CURRENCY CODE, AMOUNT	32B:	USD2582000
+AVAILABLE WITH... BY...	41D:	CHINA CONSTRUCTION BANK, HUIZHOU BRANCH BY NEGOTIATION
+DRAFT AT...	42C:	90 DAYS FROM SIGHT
+DRAWEE	42D:	STATE BANK OF INDIA OVERSEAS BRANCH SAMRIDDHI BHAVAN, 1 STRAND ROAD
+PARTIAL SHIPMENTS	43P:	ALLOWED
+TRANSSHIPMENT	43T:	ALLOWED
LOADING ON BOARD/DISPATCH/TAKING IN CHARGE AT/FROM...	44A:	ANY CHINA PORT
FOR TRANSPORTATION TO...	44B:	ANY INDIAN PORT
+LATEST DATE OF SHIPMENT	44C:	160510

DESCRIPTION OF GOODS AND/OR SERVICES

45A:

+ SUBWOOFER AND SPEAKER AS PER PROFORMA INVOICE NO. HJ090305 DT. 17. 03. 2016 ON CIF BASIS. INCOTERMS: CIF CONTRACT DETAILS: PROFORMA INVOICE NO. HJ090305 DT. 17. 03. 2016

DOCUMENTS REQUIRED   46A:

+COMPLETE SET OF CLEAN ON BOARD BILLS OF LADING MADE OUT TO ORDER AND BLANK ENDORSED. BILLS OF LADING MUST SHOW FREIGHT PAID AND THE NAME OF ISSUING BANK. THE BILLS OF LADING MUST ALSO INDICATE THE NAME AND ADDRESS OF THE APPLICANT AS NOTIFY PARTY.

+ SIGNED ORIGINAL INVOICE IN SIX FOLDS, CERTIFYING THAT GOODS SHI-PPED ON-BOARD ARE OF CHINESE ORIGIN.

+OCEAN MARINE INSURANCE POLICY ISSUED TO APPLICANT，COVERING ALL RISKS OF PICC INCLUING WAREHOUSE TO WAREHOUSE CLAUSE FOR 110% INVOICE VALUE.

+CERTIFICATE OF ORIGIN GSP "FORM A" ISSUED BY COMPETENT AUTHORITY IN TWO FOLDS.

+PACKING LIST IN SIX COPIES.

+BENEFICIARY'S CERTIFICATE TO THE EFFECT THAT ONE SET OF NON-NEGOTIABLE COPY OF SHIPPING DOCUMENTS INCLUDING PHOTOCOPY OF THE BILLS OF LADING HAVE BEEN SENT TO BUYER'S ADDRESS WITHIN 48 HOURS AFTER SHIPMENT.

ADDITIONAL CONDITIONS   47A：

+ ALL DOCUMENTS MUST BE MARKED WITH IEC CODE 0288031814，L/C NO. AND L/C DATE.

+DISCREPANT DOCUMENTS TO BE ACCEPTED BY DEDUCTING USD 80.00 FROM DRAWINGS.

+L/C IS RESTRICTED FOR NEGOTIATION WITH CHINA CONSTRUCTION BANK，HUIZHOU BRANCH.

+ALL CHARGES AND STAMP DUTIES OUTSIDE INDIA ARE TO BE BORNE BY THE BENEFICIARY.

CHARGES   71B：

ALL YOUR BANKING CHARGES ARE FOR THE BENEFICIARY'S ACCOUNT

PERIOD FOR PRESENTATION 48：15 DAYS AFTER SHIPMENT DATE

CONFIRMATION INSTRUCTIONS 49：WITHOUT

补充交易信息

Invoice No.：SHE01/7203	Invoice Date：APR. 28，2016
Form A No.：GD184142	Form A Date：MAY 2，2016
B/L No.：SJNX394	B/L Date：MAY 5，2016
Insurance policy：KJ95720	Insurance Date：May 2，2016

Description of goods：

SUBWOOFER AND SPEAKER

8501B（2.1）   2500SETS @ USD3.2 PER SET

7600C（2.1）   1200SETS @ USD3.6 PER SET

7600B（4.1）   1000SETS @ USD13.5 PER SET

Packing：4SETS/CTN   SHIPPING MARKS：MARS/HJ090305/NOS. 1-1175

N.W.：25KGS/CTN   G.W.：28KGS/CTN   Measurement：（40×50×50）CM/CTN

装运港：SEKOU，CHINA   目的港：KOLKATA，INDIA

集装箱：NSAJ29450/451135   NSAJ16546/654613   2＊40'HQ   CY-CY

船名航次：MASHU V.425   装船日期：2016年5月7日

承运人：HAPEG-LLOYD   承运签发人：KASEM CUB

BILL OF LADING

Shipper ABC ELECTRONIC INTERNA TIONAL LTD. 7/F BLDG C SIZHOU PLAZA，NO. 21， HUANCHENG WEST ROAD HUIZHOU. GUANGDONG，CHINA.	B/L No. SJNX394

Consignee MARS INTRRNATIONAL LTD. 45. JADUNATH DEY ROAD. 7TH FLR. KOLKATA 70002	**Combined Transport BILL OF LADING** RECEIVED in apparent good order and condition except as otherwise noted the total number of containers or other packages or units enumerated below for transportation from the place of receipt to the place of delivery subject to the terms and conditions hereof. One of the Bills of Lading must be surrendered duly endorsed to the Carrier by or on behalf of the Holder of the Bill of Lading，the rights and liabilities arising in accordance with the terms and conditions hereof shall，without prejudice to any rule of common law or statue rendering them binding on the Merchant，become binding in all respects the contract evidenced hereby had been made between them. IN WITNESS whereof the number of original Bills of Lading stated under have been signed. All of this tenor and date，one of which being accomplished，the other(s) to be void.

Notify MARS INTERNATIONAL LTD. 45. JADUNATH DEY BOAD. 7TH FLR KOLKATA 70002	For delivery of goods please apply to

Pre-carriage by	Place of Receipt	
Ocean Vessel Voy. No. MASHU V. 425	Port of Loading SEKOU CHINA	

Port of Discharge KOLKATA，INDIA	Place of Delivery	Final Destination for the Merchant's Reference Only

Container，Seal No. & Marks & Nos.	No. of Package & Description of Goods		Gross Weight (kg)	Measurement (m³)
MARS HJ090305 NOS. 1-1175 NSAJ29450/451135 NSAJ16546/654613 2 * 40′HQ CY-CY	1175 CTN SUBWOOFERAND SPEAKER FRE IGHT PAID ISSUING BANK：STATE BANK OF INDIA，KOLKATA (CALCUTTA)， (FOREIGN DEPARTMENT)		32900. 00	117. 50
FREIGHT & CHARGES	Revenue Tons.	Rate Per	Prepaid	Collect
Prepaid at	Payable at		Place and Date of Issue SEKOU，MAY 5，2016	
Total Prepaid	No. of Original B (s) /L THREE (3)		Stamp & Signature HAPEG-LLOYD AS CARRIER	

商业发票 9-1

ABC ELECTRONIC INTERNATIONAL LTD. ,
7/F. , BLDG C SIZHOU PLAZA, NO. 21, HUANCHENG ROAD WEST, HUIZHOU, GUANGDONG, CHINA.
COMMERCIAL INVOICE

TO： MARS INTERNATIONAL LTD. , 45，JADUNATH DEY ROAD, 7TH FLR, KOLKATA-70002		INVOICE NO：SHE01/7203 INVOICE DATE：APR. 28，2016 L/C NO.：0480505IM0000141 L/C DATE：MARCH 24，2016		
TRANSPORTDETAILS： FROM SEKOU, CHINA TO KOLKATA, INDLA		TERM OF PAYMENT：BYL/C		
MARKS & NOS.	DESCRIPTION OF GOODS	QUANTITY	UNIT PRICE	AMOUNT
MARS HJ090305 NOS. 1-1175	SUBWOOFER AND SPEAKER #8501B (2. 1) #7600C (2. 1) #7600B (4. 1)	 2500SETS 1200SETS 1000SETS	 USD3. 20/SET USD3. 60/SET USD13. 50/SET	 USD8000. 00 USD4320. 00 USD13500.00
TOTAL：		4700SETS		USD25820.00

TOTAL VALUE：SAY US DOLLARS TWENTY-FIVE THOUSAND EIGHT HUNDRED AND TWENTY ONLY.

ABC ELEC TRONIC INTERNATION ALLTD. ,
(签名)

保险单 9-1

发票号码：　　　　　　　　　　　　　　　　　　　　　　　　　保险单号次：

Invoice No. SHE01/7203　　　　　　　　　　　　　　　　　Policy No. KJ95720

海 洋 货 物 运 输 保 险 单
MARINE CARGO TRANSPORTATION INSURANCE POLICY

被保险人：

Insured：_____ ABC ELECTRONIC INTERNATIONAL LTD,（空白背书）_____

中保财产保险有限公司（以下简称本公司）根据被保险人的要求，及其所缴付约定的保险费，按照本保险单承担险别和背面所载条款与下列特别条款承保下列货物运输保险，特签发本保险单。

This policy of Insurance witnesses that The People's Insurance (Property) Company of China, Ltd. (hereinafter called "The Company"), at the request of the Insured and in consideration of the agreed premium paid by the Insured, undertakes to insure the under-mentioned goods in transportation subject to the conditions of this Policy as per the Clauses printed overleaf and other special clauses attached hereon.

保险货物项目 Descriptions of Goods	包装 单位 数量 Packing Unit Quantity	保险金额 Amount Insured
SUBWOOFER AND SPEAKER	1175 cartons	USD28402. 00

承保险别　　　　　　　　　　　　　　　　　　　　　货物标记

Conditions　　　　　　　　　　　　　　　　　　　　Marks & Nos.

COVERING ALL RISKS OF PICC INCLUING WAREHOUSE TO WAREHOUSE CLAUSE

MARS

HJ090305

NOS. 1-1175

总保险金额：

Total Amount Insured：US DOLLARS TWENTY-EIGHT THOUSAND FOUR HU NORED AND TWO ONLY.

保费　　　　　　装载运输工具　　　　　　　　开航日期

Premium　AS ARRANGED　Per conveyance S. S.　MASHU V. 425　Slg. on or abt.　MAY 7, 2016

起运港　　　　　　　　　　　　　　目的港

From　　SEKOU, CHINA　　　to　　KOUKATA, INDIA

所保货物，如发生本保险单项下可能引起索赔的损失或损坏，应立即通知本公司下述代理人查勘。如有索赔，应向本公司提交保险单正本（本保险单共有 2 份正本）及有关文件。如一份正本已用于索赔，其余正本则自动失效。

In the event of loss or damage which may result in a claim under this Policy, immediate notice must be given to the Company's Agent as mentioned hereunder. Claims, if any, one of the Original Policy which has been issued in 2 Original (s) together with the relevant documents shall be surrendered to the Company. If one of the Original Policy has been accomplished, the others to be void.

赔款偿付地点

Claim payable at　　　KOLKATA, INDIA

日期

Date:　　May 2, 2016　　在　　SEKOU, CHINA

地址

Address:　　　　　　　　　　　

普惠制原产地证书　9-1

ORIGINAL

1. Goods consigned from (Exporter's business name, address, country) ABC ELECTRONIC INTERNATIONAL LTD., 7/F., BLDG C SIZHOU PLAZA, NO. 21, HUANCHENG WEST ROAD, HUIZHOU, GUANGDONG, CHINA.	Reference No. GD184142 GENERALIZED SYSTEM OF PREFERENCES CERTIFICATE OF ORIGIN (Combined declaration and certificate) FORMA is sued in THE PEOPLE'S REPUBLIC OF CHINA (COUNTRY) See Notes overleaf				
2. Goods consigned to (Consignee's name, address, country) MARS INTERNATIONAL LTD., 45, JADUNATH DEY ROAD, 7THFLR, KOLKATA-70002					
3. Means of transport and route (as far as known) FROM SEKOU, CHINA TO KOLKATA, INDIA BY VESSEL	4. For official use				
5. Item number	6. Marks and numbers of packages	7. Number and kind of packages; description of goods	8. Origin criterion (see notes overleaf)	9. Gross weight or other quantity	10. Number and date of invoices
1	MARS HJ090305 NOS. 1-117	ONE THOUSAND ONE HONDRED AND SEVENTY-FIVE	"P"	117. 50M^3	SHE01/7203, APR. 28, 2016
11. Certification It is hereby certified on the basis of control carried out, that the declaration by the exporter is correct	12. Declaration by the exporter The undersigned hereby declares that the above details and statements are correct; that all the goods were produced in ------CHINA------ (country) and that they comply with the origin requirements specified for those goods in the Generalized System of Preferences for goods exported to ------INDIA------ (importing country)				
SEKOU, MAY 2, 2016 Place and date, signature aad stamp of authorized signatory	SEKOU, MAY 2, 2016 Place and date, signature and stamp of certifying signatory				

ABC ELECTRONIC INTERNATIONAL LTD. ,

7/F. , BLDG C SIZHOU PLAZA, NO. 21, HUANCHENG WEST ROAD,

HUIZHOU, GUANGDONG, CHINA

PACKING LIST

Exporter:

  ABC ELECTRONIC INTERNATIONAL LTD. ,

  7/F. , BLDG C SIZHOU PLAZA, NO. 21, HUANCHENG

  WEST ROAD, HUIZHOU, GUANGDONG, CHINA.

INVOICE DATE: SHE01/7203

INVOICE NO. : APR. 28, 2016

B/L NO: SJNX394

L/C NO. : 0480505IM0000141

L/C DATE: 160324

Transport Details:

  FROM SEKOU, CHINA TO KOLKATA, INDIA

MARKS & NOS.	QUANTITY	DESCRIPTION OF GOODS	NET WEIGHT	GROSS WEIGHT	MEASUREMENT
MARS	1175CTNS	SUBWOOFER AND	29375. 00 KGS	32900. 00 KGS	117. 50 CBM
HJ090305		SPEAKER			
NOS. 1-1175					
	1175CTNS		29375. 00 KGS	32900. 00 KGS	117. 50 CBM

TOTAL QUANTITY: 1175CTNS

TOTAL: ONE THOUSAND ONE HONDRED AND SEVENTY-FIVE CARTONS

ABC ELECTRONIC INTERNATIONAL LTD.

（签名）

ABC ELECTRONIC INTERNATIONAL LTD. ,

7/F. , BLDG C SIZHOU PLAZA, NO. 21: HUANCHENG WEST ROAD,

HUIZHOU, GUANGDONG, CHINA.

BENEFICIARY'S CERTIFICATE

  WE HEREBY CERTIFY THAT ONE SET OF NON-NEGOTIABLE COPY OF SHIPPING DOCUMENTS IN-CLUDING PHOTO COPY OF THE BILLS OF LADING HAVE BEEN SENT TO BUYER'S ADDRESS WITHIN 48 HOURS AFTER SHIPMENT.

ABC ELECTRONIC INTERNATIONAL LTD. ,

签名

BILL OF EXCHANGE

No. ....　　　　　　　　　　*Date*：.............................

Exchange for USD25820.00

At ＊＊＊ *sight of this* FIRST *of Exchange*（*Second of exchange being unpaid*）

Pay to the Order of CHINA CONSTRUCTION BANK，HUIZHOU BRANCH

The sum of US DOLLARS TWENTY-FIVE THOUSAND EIGHT HUNDERED

AND TWENTY ONLY.

Drawn under L/C NO. 0480505IM0000141 DATED 160324 ISSUED BY STATE

BANK OF INDIA KOLKATA（CALCUTTA），（FOREIGN DEPARTMENT）

To MARS INTERNATIONAL LTD.

45，JADUNATH DEY ROAD，7TH FLR.

KOLKATA-70002

ABC ELECTRONIC

INTERNATIONAL LTD.

（签名）

项目十

缮制整套出口结汇单据

知识目标

1. 了解不同支付方式（电汇、托收以及信用证）下出口制单的差别；
2. 掌握不同出口结汇单据的制单要点；
3. 熟悉整套出口结汇单据的制单流程。

技能目标

1. 能够读懂合同、信用证中不同支付方式（电汇、托收以及信用证）下的制单要求；
2. 能够缮制不同支付方式（电汇、托收以及信用证）下的整套出口单据；
3. 能够对"单同、单证、单单"的内容进行审核。

情境导入

广州优美进出口贸易有限公司，成立于 1994 年，总部设在中国广东省广州市。公司主营业务为自产自营和联产联营的各种箱包、服装、家具用品和日化用品等，产品出口到欧美、中东及东南亚等国家和市场。公司经营进出口业务多年，有着广泛的外销渠道和众多的国外客户，年出口商品数量巨大。

赵明明是该公司的一名单证员，每天需要处理大量的不同客户、不同支付方式项下的出口单据，以保证货物顺利出运和顺利完成结汇工作。

请思考：

（1）进出口业务中主要支付方式有哪几种？

（2）信用证、托收、电汇三种不同支付方式下，出口公司缮制出口收汇单据的依据是什么？

（3）如何快速、准确地完成不同支付方式下整套出口收汇单据的缮制？

任务一　信用证方式下出口结汇制单

任务要求

2016 年 7 月，广州优美进出口贸易有限公司向英国 LA 商贸公司（LA COMMER-CIALS CO. LTD.）出口一批帆布袋（CANVAS BAGS），双方协商以 CIF LONDON 术语成交，即期信用证方式付款。

请以单证员赵明明的身份，根据信用证及补充资料准确缮制整套出口结汇单据。

一、相关业务资料

合同 10-1

广州优美进出口贸易有限公司

GUANGZHOU YOUMEI IMPORT & EXPORT TRADING CO. LTD.

5th FLOOR，FORTUNE PLAZA，

ZHONGSHAN ROAD，GUANGZHOU，CHINA

TEL：0086-20-12345678　　FAX：0086-20-87654321

售货确认书

SALES CONFIRMATION

NO.：2016BC089

DATE：July 16th，2016

买方

BUYER：LA COMMERCIALS CO. LTD.

　　　20/22 RIVERDALE STREET，LONDON，UK

　　TEL：44-020-31429918　　FAX：44-020-31429919

卖方

SELLER：GUANGZHOU YOUMEI IMPORT & EXPORT TRADING CO. LTD.

　　　5th FLOOR，FORTUNE PLAZA，ZHONGSHAN ROAD，GUANGZHOU，CHINA

　　TEL：0086-20-12345678　　FAX：0086-20-87654321

兹经买卖双方同意按下列条款成交：

The undersigned Seller and Buyer have agreed to close the following transactions according to the terms and conditions stipulated below.

货号 Art No.	品名及规格 Commodity & Specification	数量 Quantity	单价 Unit Price	金额 Amount
BC001	CANVAS BAG COLOR：BLACK SIZE：20＊12＊3	1200 PCS	CIF LONDON USD12.00/PC	USD14400.00

续表

货号 Art No.	品名及规格 Commodity & Specification	数量 Quantity	单价 Unit Price	金额 Amount
BC002	CANVAS COLOR：GREY SIZE：20 * 15 * 2.5	800PCS	USD15.00/PC	USD12000.00
BC003	CANVAS BAG COLOR：GREEN SIZE：18 * 12 * 3	2200PCS	USD18.00/PC	USD39600.00
Total		4200PCS		USD66000.00
Total Amount：SAY US DOLLARS SIXTY-SIX THOUSAND ONLY.				

1. 数量总值允许有 5% 的增减，由卖方决定

With 5% more or less both in quantity and amount allowed at the seller's option.

2. 包装

Packing：Each pc packed in a poly-bag and 10 poly-bags packed in a carton.

3. 装运期

Time of shipment：Not later than September 10th，2016

4. 装运口岸和目的港

Port of loading & Port of destination：FROM SHENZHEN, CHINA TO LONDON, UK

5. 唛头

Marks & Nos.：As per seller's option

6. 装运条款

Terms of shipment：Partial shipment is prohibited and transshipment is allowed.

7. 保险

Insurance：To be effected by the Seller for 110% of the invoice value covering WPA.

8. 付款条件

Terms of Payment：Payment to be made by irrevocable L/C available by draft at sight，to reach the Seller 30 days before time of shipment，and remain valid in China until the 21 day after the date of shipment.

9. 备注

Remarks：

卖方	买方
THE SELLER	THE BUYER
GUANGZHOU YOUMEI	LA COMMERCIALS CO. LTD.
IMPORT & EXPORT	
TRADING CO. LTD.	
陈林轩	GUNNER

信用证 10-1

ISSUE OF A DOCUMENTARY CREDIT

APPLICATION HEADER INPUT/OUTPUT：0   MSG TYPE：700

INPUT TIME：1525   INPUT DATE：160728

SENDER LT：STANDARD CHARTERED

     LONDON，UK

INPUT SESSION：7395   ISN：268477 OUTPUT

     DATE：160728

OUTPUT TIME：1730   PRIORITY：N

SEQUENCE OF TOTAL	27：	1/2
FORM OF DOC CREDIT	40A：	IRREVOCABLE
DOC CREDIT NUM	20：	LCLA23582
DATE OF ISSUE	31C：	160728
DATE/PLACE EXP	31D：	DATE 141120 PLACE CHINA
APPLICANT	50：	LA COMMERCIALS CO. LTD. 20/22 RIVERDALE STREET，LONON，UK TEL 31429918 OR FAX 31429919
BENEFICIARY	59：	GUANGZHOU YOUMEI IMPORT & EXPORT TRADING CO. LTD. 5th FLOOR, FORTUNE PLAZA, ZHONGSHAN ROAD, GUANGZHOU, CHINA
AMOUNT	32B：	CURRENCY USD AMOUNT：66000.00
POS/NEG TOL（%）	39A：	5/5
AVAIL WITH BY	41D：	ANY BANK IN CHINA BY NEGOTIATION
DRAFTS AT	42C：	AT SIGHT
DRAWEE	42A：	STANDARD CHARTERED INTERNATIONAL DEPARTMENT NO 17 NEW BOND STREET, LONDON，UK
PARTIAL SHIPMENTS	43P：	PROHIBITED
TRANSSHIPMENT	43T：	ALLOWED
LOADING ON BOARD	44A：	ANY CHINESE PORT
TRANSPORT TO	44B：	LONDON，UK

LATEST DATE OF SHIPMENT

44C： 160910

GOODS DESCRIPTION 45A： CANVAS BAGS

BC001 1200PCS USD12.00/PC USD14400.00

BC002 800PCS USD15.00/PC USD12000.00

BC003 2200PCS USD18.00/PC USD39600.00

TRADE TERM：CIF LONDON

AS PER SALES CONFIRMATION NO 2016BC089 DATED JULY 16，2016

DOCUMENTS REQUIRED 46A：

1. SIGNED COMMERCIAL INVOICES, ORIGINAL PLUS 3 COPIES IN THE NAME OF BENEFICIARY INDICATING THAT GOODS ARE AS PER SALES CONFIRMATION NO 2016BC089 DATED JULY 16，2016, CERTIFYING GOODS TO BE OF CHINESE ORIGIN

2. 3 PACKING LIST/ WEIGHT LIST

3. CERTIFICATE OF ORIGIN ISSUED BY CCPIT IN 1 ORIGIN AND 2 COPIES

4. FULL SET CLEAN ON BOARD BILL OF LADING IN 3 ORIGINS MADE OUT TO THE ORDER OF SHIPPER BLANK ENDORSED AND MARKED FREIGHT PREPAID NOTIFYING THE APPLICANT，BEARING THE CREDIT NO, THE APPLICANT'S NAME AND ADDRESS.

5. FULL SET OF MARINE INSURANCE POLICY/CERTIFICATE IN 2 ORIGINALS PLUS 2 NON-NEGOTIABLE COPIES FOR 110% OF THE INVOICE VALUE，SHOWING CLAIMS PAYABLE IN UK, IN CURRENCY OF THE L/C, BLANK ENDORSED，COVERING WPA.

6. CERTIFICATE OF QUANTITY/WEIGHT IN 3 ORIGINALS ISSUED BY THE BENEFICIARY INDICATING THE ACTUAL SURVEYED QUANTITY/WEIGHT OF SHIPPED GOODS.

7. BENEFICIARY'S CERTIFICATE CERTIFYING THAT ONE SET OF NON-NEGOTIABLE DOCUMENTS HAVE BEEN DISPATCHED TO THE APPLICANT BY COURIER.

8. ALL SHIPMENT UNDER THIS CREDIT MUST BE ADVISED BY THE BENEFICIARY WITHIN 3 DAYS FROM THE DATE OF SHIPMENT DIRECTLY BY AIRMAIL.

ADDITIONAL COND 47A：

1. THIRD PARTY DOCUMENTS ARE NOT ACCEPTABLE

2. DOCUMENTS ISSUED OR DATED PRIOR TO THIS CREDIT ISSUANCE DATE NOT ACCEPTABLE

3. ALL DOCUMENTS MUST BE MADE IN ENGLISH

4. DOCUMENTS MUST INDICATE OUR CREDIT NUMBER

5. DOCUMENTS NEGOTIATED WITH OR SUBJECT TO ACCEPTANCE OF ANY DISCREPANCY WILL ATTRACT A HANDLING FEE OF USD 65

DETIALS OF CHARGES 71B:

ALL BANK COMMISSIONS AND CHARGES OUTSIDE UK, PLUS ADVISING AND REIMBURSING COMMISSIONS, ARE FOR THE ACCOUNT OF BENEFICIARY

CONFIRMATION 49: WITHOUT

PRESENTATION PERIOD 48:

DOCUMENTS TO BE PRESENTED WITHIN 15 DAYS AFTER THE DATE OF SHIPMENT INDICATED ON TRANSPORT DOCUMENT (S) BUT WITHIN THE VALIDITY OF THE CREDIT

INSTRUCTIONS 78:

1. WE HEREBY UNDERTAKE THAT DOCUMENTS IN COMPLIANCE WITH L/C TERMS WILL BE HONORED UPON PRESENTATION AND PAID AT MATURITY AT THIS OFFICE

2. ALL DOCUMENTS MUST BE FORWARDED DIRECTLY TO US IN ONE LOT BY COURIER SERVICE

3. THIS DOCUMENTARY CREDIT ISSED IS SUBJECT TO UCP600

ADVISE THROUGH 57A: BKCHCNBJ500

*BANK OF CHINA, GUANGDONG BRANCH

*GUANGZHOU

TRAILER MAC: 234EP565

CHK: 85D6CEFB2836

补充交易资料

商业发票号: BC98-756-21 发票日期: AUG. 26, 2016

提单号: ECU00768562 提单日期: AUG. 28, 2016

船名航次: SHUNFENG V. 003S

装运港: SHENZHEN, CHINA 出口口岸: 深圳蛇口海关 (5300)

集装箱号: SZWY7890912 集装箱封箱号: WY10202275

原材料情况: 完全中国自产, 不含任何进口成分

保险单单号: NP965482

原产地证号: 985621477

H. S. CODE: 4209. 1290

货物装箱情况: 10PCS/CTN 毛重: 18KGS/CTN 净重: 16KGS/CTN

纸箱尺码: 85 * 35 * 48cm

保险勘察代理人: AITKEN SPENCE INSURANCE (PIE) LTD. VAUS

HALLSTREET 2, SKILANK A P. O. BOX 5315, LONDON, UK

二、空白样单

广州优美进出口贸易有限公司

GUANGZHOU YOUMEI IMPORT & EXPORT TRADING CO. LTD.

5th FLOOR，FORYUNE PLAZA,

ZHONGSHAN ROAD，GUANGZHOU，CHINA

TEL：0086-20-12345678　　FAX：0086-20-87654321

COMMERCIAL INVOICE

TO:

DATE：

INVOICE NO. ：

Marks& Numbers	Article No.	Description of Goods	Quantity	Unit Price	Amount

For and on behalf of

GUANGZHOU YOUMEI IMPORT & EXPORT TRADING CO. LTD.

（Signature）

广州优美进出口贸易有限公司

GUANGZHOU YOUMEI IMPORT & EXPORT TRADING CO. LTD.

5th FLOOR，FORYUNE PLAZA,

ZHONGSHAN ROAD，GUANGZHOU，CHINA

TEL：0086-20-12345678　　FAX：0086-20-87654321

Packing List

TO:

Number：

Date：

Total G. W. ：

Total N. W. ：

C/NOS.	NO. & Kinds of Pkgs	Description of Goods	Quantity	G. W.	N. W.	Meas.

For and on behalf of

GUANGZHOU YOUMEI IMPORT & EXPORT TRADING CO. LTD.

（Signature）

一般原产地证书 10-1

1. Exporter	Certificate No. ： CERTIFICATE OF ORIGIN OF THE PEOPLE'S REPUBLIC OF CHINA		
2. Consignee			
3. Means of transport and route	5. For certifying authority use only		
4. Country/region of destination			

6. Marks and numbers	7. Number and kind of Packages; description of goods	8. H. S. Code	9. Quantity	10. Number and date of invoices

11. Declaration by the exporter
    The undersigned hereby declares that the above details and statements are correct；that all the goods were produced in China and that they comply with the Rules of Origin of the People's Republic of China.
	12. Certification
	    It is hereby certified that the declaration by the exporter is correct.

Place and date，signature and stamp of authorized signatory	Place and date，signature and stamp of certifying authority

海运提单 10-1

1. Shipper（Insert Name，Address and Phone Number）		B/L No.	
2. Consignee（Insert Name，Address and Phone Number）		ORIGINAL port-to-port or Combined Transport BILL OF LADING	
3. Notify Party（Insert Name，Address and phone Number）（It is agreed that no responsibility shall attach the Carrier or hisagents for failure to notify）		RECEIVED in external apparent good order and condition except as otherwise noted. The total number of packages or unites stuffed in the container.	
4. Combined Transport * Pre-carriage by	5. Combined Transport * Place of Receipt	The description of the goods and the weight shown in this Bill of Lading are furnished by the Mercharts，and which the Carrier has no reasonable means of checking and is not a part of this Bill of Lading contract. The Carrier has issued the number of Bills of Lading stated below，all of this tenor and date. One of the original Bills of Lading must be surrendered and endorsed or signed against the delivery of the shipment and where upon any other original Bills of Lading shall be void. The Merchants agree to be bound by the terms and conditions of this Bill of Lading as if each had personally signed this Bill of Lading. See clause 4 on the back if this Bill of Lading（Terms continued on the back Hereof，please read carefully）. * Applicable Only When Document Used as a Combined Transport Bill of lading.	
6. Ocean Vessel Voy. No.	7. Port of Loading		
8. Port of Discharge	9. Combined Transport * Place of Delivery		
Marks & Nos. Container/Seal No.	No. of Containers or Packages	Description of Goods（If Dangerous Goods，See Clause 29）	Gross Weight（kg）	Measurement（m³）
		Description of Contents for Shipper's Use Only（Not part of This B/L Contract）		

10. Total Number of containers and/or packages（in words）
Subject to clause 7 Limitation

11. Freight & Charges Declared Value Charge	Revenue Tons	Rate	Per	Prepaid	Collect
Ex Rate：	Prepaid at	Payable at		Place and date of issue	
	Total Prepaid	No. of Original B(s)/L		Signed for the Carrier, COSCO CONTAINER LINES	

LADEN ON BOARD THE VESSEL
DATE   BY

保险单 10-1

保 险 单
Insurance Policy

发票号次   保险单号次
INVOICE NO.   POLICY NO.

中国人民保险公司（以下简称本公司）根据_____（以下简称被保险人）的要求，由被保险人向本公司缴付约定的保险费，按照本保险单承保险别和背面所载条款与下列特殊条款承保下述货物运输保险，特立本保险单。

THIS POLICY OF INSURANCE WITNESSES THAT THE PEOPLE'S INSURANCE COMPANY OF CHINA（HEREINAFTER CALLED "THE COMPANY"）, AT THE REQUEST OF _____（HEREINAFTER CALLED THE "INSURED"）AND IN CONSIDERATION OF THE AGREED PREMIUM PAYING TO THE COMPANY BY THE INSURED, UNDERTAKES TO INSURE THE UNDERMENTIONED GOODS IN TRANSPORTATION SUBJECT TO THE CONDITIONS OF THIS POLICY AS PER THE CLAUSES PRINTED OVERLEAF AND OTHER SPECIAL CLAUSES ATTACHED HEREON.

标记 MARKS & NOS.	包装及数量 QUANTITY	保险货物项目 DESCRIPTION OF GOODS	保险金额 AMOUNT INSURED

总保险金额：
TOTAL AMOUNT INSURED: _____

保费   费率   装载运输工具
PREMIUM _____ RATE _____ PER CONVEYANCE S. S. _____

开航日期   自   至
SLG. ON OR ABT. _____ FROM _____ TO _____

承保险别
CONDITIONS

所保货物，如发生保险单项下可能引起索赔的损失或损坏，应立即通知本公司下述代理人查勘。如有索赔，应向本公司提交保险单正本（本保险单共有　份正本）及有关文件。如一份正本已用于索赔，其余正本自动失效。

In the event of loss or damage which may result in a claim under this Policy. Immediate notice must be given to the Company's Agent as mentioned hereunder. Claims，if any，one of the Original Policies which has been issued in Originals together with the relevant documents shall be surrendered to the Company. If one of the Original Policy has been accomplished the others to be void.

中国人民保险公司广东分公司
THE PEOPLE'S INSURANCE CO. OF CHINA
GUANGDONG BRANCE

赔款偿付地点
CLAIM PAYABLE AT _____

DATE _____

汇票 10-1

凭

Drawn under ....

信用证　　　　　　　第　　　号

L/C　No. ....

日期　　　　　　　　年　月　日

dated ....

按　息　　　　　　　　　　　付　款

Payable with interest @ ....% *per annum*

号码　　　　　　汇票金额　　　　　　　中国广州　　　　　　年　月　日

No. ....　*Exchange for* ....　*Guangzhou，China* ....　20 ....

见票　　　　　　　　日后（本汇票之副本未付）付

At .... *sight of this* FIRST *of Exchange*（*Second of exchange*

being unpaid）pay to the order of ....或其指定人

金额

the sum of ....

....

此致

To ....

....

....

任务实施

根据上述的合同、信用证及其他业务资料填制相关单据，单据内容必须符合信用证条款的要求。

赵明明填制的整套出口结汇单据如下。

商业发票 10-2

广州优美进出口贸易有限公司
GUANGZHOU YOUMEI IMPORT & EXPORT TRADING CO. LTD.
5th FLOOR, FORTUNE PLAZA,
ZHONGSHAN ROAD, GUANGZHOU, CHINA
TEL：0086-20-12345678 FAX：0086-20-87654321
COMMERCIAL INVOICE

TO：LA COMMERCIALS CO. LTD.

20/22 RIVERDALE STREET, LONDON, UK   DATE：AUG. 26, 2016

TEL：44-020-31429918 FAX：44-020-31429919   INVOICE NO.：BC98-756-21

Mark& Numbers	Article No.	Description of Goods	Quantity (PCS)	Unit Price	Amount
LA COMMERCIALS 2016BC089 LONDON C/T NO 1-420	BC001	CANVAS BAG COLOR：BLACK SIZE：20 * 12 * 3	1200	CIF LONDON USD12.00/PC	USD14400.00
	BC002	CANVAS BAG COLOR：GREY SIZE：20 * 15 * 2.5	800	USD12.00/PC	USD12000.00
	BC003	CANVAS BAG COLOR：GREEN SIZE：18 * 12 * 3	2200	USD18.00/PC	USD39600.00
	TOTAL		4200		USD66000.00

SAY US DOLLARS SIXTY-SIX THOUSAND ONLY.
WE HEREBY CERTIFY THAI GOODS ARE AS PER SALES CONFIRMATION NO. 2016BC089 DATED JULY 16, 2016
WE HEREBY CERTIFY THAT GOODS ARE OF CHINESE ORIGIN.
L/C NO：LCLA23582

For and on behalf of
GUANGZHOU YOUMEI IMPORT & EXPORT TRADING CO. LTD.
陈林轩
(Signature)

缮制要点提示：

信用证对于商业发票的要求有以下几点：

（1）手签商业发票，一份正本，三份副本；

（2）出票人为信用证的受益人；

（3）发票中须标注货物与2016年7月16号签订的第2016BC089号销售确认书内容一致；

（4）发票中必须注明货物是中国原产；

（5）商业发票中必须注明信用证号码。

装箱单 10-2

广州优美进出口贸易有限公司
GUANGZHOU YOUMEI IMPORT & EXPORT TRADING CO. LTD.
5th FLOOR，FORTUNE PLAZA，
ZHONGSHAN ROAD，GUANGZHOU，CHINA
TEL：0086-20-12345678　FAX：0086-20-87654321
Packing List

TO：LA COMMERCIALS CO. LTD.
　20/22 RIVERDALE STREET，LONDON，UK
　TEL：44-020-31429918　FAX：44-020-31429919

Number：BC98-756-21
Date：AUG. 26，2016
Total G. W.：7560KGS
Total N. W.：6720KGS

C/NOS.	NO. & Kinds of Pkgs	Description of Goods	Quantity	G. W. (KGS)	N. W. (KGS)	Meas. (CBM)
		CANCAS BAG				
1-120		BC001 COLOR：BLACK SIZE：20 * 12 * 3	1200PCS	18/2160	16/1920	17.136
121-200	420 (FOUR HUNORED AND TWENTY) CARTONS ONLY.	BC002 COLOR：GREY SIZE：20 * 15 * 2.5	800PCS	18/1440	16/1280	11.424
201-420		BC003 COLOR：GREEN SIZE：18 * 12 * 3	2200PCS	18/3960	16/3500	31.416
		TOTAL	4200PCS	7560KGS	6700KGS	59.976CBM

SAY TOTAL FOUR HUNDRED AND TWENTY CARTONS ONLY.
TOTAL GROSS WEIGHT：7560KGS
TOTAL NET WEIGHT：6700KGS
TOTAL MEASUREMENT：59.976CBM
L/C NO.：LCLA23582
MARKS & NOS.：LA COMMERCIALS
　　　　　　　2016BC089
　　　　　　　LONDON
　　　　　　　C/T NO 1-420

For and on behalf of
GUANGZHOU YOUMEI IMPORT & EXPORT TRADING CO. LTD.
陈林轩
(Signature)

缮制要点提示：
　　信用证对于装箱单的要求有以下两点：
　　(1) 装箱单一式三份；
　　(2) 注明信用证号码。

一般原产地证书 10-2

1. Exporter GUANGZHOU YOUMEI IMPORT & EXPORT TRADING CO. LTD. 5th FLOOR, FORTUNE PLAZA, ZHONGSHAN ROAD, GUANGZHOU, CHINA	Certificate No.： 985621477 CERTIFICATE OF ORIGIN OF THE PEOPLE'S REPUBLIC OF CHINA
2. Consignee LA COMMERCIALS CO. LTD. 20/22 RIVERDALE STREET, LONDON, UK	
3. Means of transport and route FROM SHENZHEN, CHINA TO LONDON, UK BY SEA	5. For certifying authority use only
4. Country/region of destination UK	

6. Marks and Numbers LA COMMERCIALS 2016 BC089 LONDON C/T NO 1-420	7. Number and kind of Packages；description of goods 420 （FOUR HUNDRED AND TWENTY） CARTONS OF CANVAS BAGS L/C NO：LCLA23582 ***********************	8. H. S. Code 4209. 1290	9. Quantity 4200PCS	10. Number and date of invoices bc98-756-21 AUG. 26，2016 **************

11. Declaration by the exporter 　The undersigned hereby declares that the aboves details and statements are correct；that all the goods were produced in China and that they comply with the Rules of Origin of the People's Republic of China. 　SHENZHEN, CHINA　AUG. 27，2016 Place and date, signature and stamp of authorized signatory	12. Certification It is hereby certified that the declaration by the exporter is correct. （此处盖贸促会章） 　SHENZHEN, CHINA　AUG. 28，2016 Place and date, signature and stamp of certifying authority

缮制要点提示：
　信用证对于原产地证的要求有以下两点：
　（1）一份正本，两份副本；
　（2）注明信用证号码。

海运提单 10-2

1. Shipper（Insert Name，Address and phone Number） GUANGZHOU YOUMEI IMPORT & EXPORT TRADING CO. LTD. 5th FLOOR，FORTUNE PLAZA，ZHONGSHAN ROAD GUANGZHOU，CHINA TEL：0086-20-12345678，FAX：0086-20-87654321	B/L No. ECU00768562
2. Consignee（Insert Name，Address and Phone Number） TO THE ORDER OF SHIPPER	ORIGINAL port-to-port or Combined Transport BILL OF LADING RECEIVED in external apparent good order and condition except as otherwise noted. The total number of packages or unites stuffed in the container.
3. Notify Party（Insert Name，Address and phone Number） LA COMMERCIALS CO. LTD. 20/22 RIVERDALE STREET，LONDON，UK TEL：44-020-31429981，　FAX：44-020-31429919 （It is disagreed that no responsibility shall attach the Carrier or agenta for failure to notify）	The description of the goods and the weight shown in this Bill of Lading are furnished by the Mercharts，and which the Carrier has no reasonable means of checking and is not a part of this Bill of Lading contract. The Carrier has issued the number of Bills of Lading stated below，all of this tenor and date. One of the original Bills of Lading must be surrendered and endorsed or signed against the delivery of the shipment and whereupon any other original Bills of Lading shall be void. The Merchants agree to be bound by the terms and conditions of this Bill of Lading as if each had personally signed this Bill of Lading. See clause 4 on the back of this Bill of Lading（Terms continued on the back Hereof，please read carefully）. * Applicable Only When Document Used as a Combined Transport Bill of Lading.

4. Combined Transport * Pre-carriage by	5. Combined Transport * Place of Receipt	
6. Ocean Vessel Voy. No. SHUNFENGV003S	7. Port of Loading SHENZHEN	
8. Port of Discharge LONDON	9. Combined Transport * Place of Delivery	

Marks & Nos. Container/Seal No. LA COMMERCIALS 2016BC089 LONDON C/T No.：1-420 Container No.： SWY7890912 Seal No.：WY10202275	No. of Containers or Packages 420（FOUR HUNDRED AND TWENTY）CARTONS OF CANVAS BAGS WE HEREBY CERTIFY THAY WE HAVE NOTIFIED THE APPLICANT ALREADY.	Description of Goods（If Dangerous Goods，See Clause 29） CANVAS BAGS APPLICANT'S NAME & ADD：LA COMMERCIALS CO. LTD.，20/22 RIVERDALE STREET，LONDON，UK	Gross Weight（kg） 7650KGS ON BOARD AUG. 28，2016	Measurement（m³） 59. 976CBM FREIGHT. PREPAID CREDIT NO.： LCLA23582
		Description of Contents for Shipper's Use Only（Not part of This B/L Contract）		

10. Total Number of containers and/or packages（in words）
Subject to clause 7 Limitation　SAY TOTAL PACKED IN FOUR HUNRED AND TWENTY CARTONS ONLY.

11. Freight & Charges Declared Value Charge	Revenue Tons	Rate	Per	Prepaid P. P	Collect
Ex Rate：	Prepaid at SHENZHEN	Payable at		Place and date of issue SHENZHEN AUG. 28，2016	
	Total Prepaid	No. of Original B（s）/L THREE		signed for the Carrier， COSCO CONTAINER LINES	

LADEN ON BOARD THE VESSEL
DATE　　　　　　　BY
本信用证需要在背面进行空白背书：

GUANGZHOU YOUMEI IMPORT & EXPORT TRADING CO. LTD.
AUG. 28，2016

缮制要点提示：

信用证对海运提单的要求是：

（1）全套清洁已装船提单，3 份正本；

（2）收货人填：TO THE ORDER OF SHIPPER；

（3）空白背书；

（4）海运提单要标注"运费已付"；

（5）海运提单上要注明"已经通知信用证开证申请人"；

（6）海运提单上要注明信用证号、开证申请人名称和地址。

保险单 10-2

保 险 单
Insurance Policy

发票号次　　　　　　　　　　　　　　　　　　　　保险单号次

INVOICE NO.　BC98-756-21　　　　　　　　　　　POLICY NO.　NP965482

中国人民保险公司（以下简称本公司）根据＿＿＿＿＿＿＿（以下简称被保险人）的要求，由被保险人向本公司缴付约定的保险费，按照本保险单承保险别与背面所载条款与下列特殊条款承保下述货物运输保险，特立本保险单。

THIS POLICY OF INSURANCE WITNESSES THAT THE PEOPLE'S INSURANCE COMPANY OF CHINA (HEREINAFTER CALLED " THE COMPANY"), AT THE REQUEST OF ＿＿GUANGZHOU YOUMEI IMPORT&EXPORT TRADING CO. LTD.＿ (HEREINAFTER CALLED THE "INSURED") AND IN CONSIDERATION OF THE AGREED PREMIUM PAYING TO THE COMPANY BY THE INSURED, UNDERTAKES TO INSURE THE UNDERMENTIONED GOODS IN TRANSPORTATION SUBJECT TO THE CONDITIONS OF THIS POLICY AS PER THE CLAUSES PRINTED OVERLEAF AND OTHER SPECIAL CLAUSES ATTACHED HEREON.

标记 MARKS & NOS.	包装及数量 QUANTITY	保险货物项目 DESCRIPTION OF GOODS	保险金额 AMOUNT INSURED
LA COMMERCIALS 2016BC089 LONDON C/T NO. 1-420	420 CARTONS	CANVAS BAGS L/C NO.：LCLA23582	USD72600.00

总保险金额：

TOTAL AMOUNT INSURED:＿SAY USD SEVENTY-TWO THOUSAND SIX HONDRED ONLY

保费　　　　　　　　费率　　　　　　　　装载运输工具

PREMIUM＿AS ARRANGED＿RATE＿AS ARRANGED＿PER CONVEYANCE S. S＿SHUNFENG V003S

开航日期　　　　　　　　　　　自　　　　　　　　　　至

SLG ON OR ABT.＿AUG. 28, 2016＿FROM＿SHENZHEN, CHINA＿TO＿LONDON, UK

承保险别：FOR 110% OF THE FULL INVOICE VALUE COVERING W. P. A AS PER OCEAN MARINE CONDITIONS　CLAUSES OF PICC DATED JAN 1st, 1981.

所保货物，如发生保险单项下可能引起索赔的损失或损坏，应立即通知本公司下述代理人查勘。如有索赔，应向本公司提交保险单正本（本保险单共有　份正本）及有关文件。如一份正本已用于索赔，其余正本自动失效。

In the event of loss or damage which may result in a claim under this Policy. Immediate notice must be given to the Company's Agent as mentioned hereunder. Claims, if any. One of the Original Policies which has been issued in Originals together with the relevant documents shall be surrendered to the Company. If one of the Original Policy has been accomplished the others to be void.

AITKEN SPENCE INSURANCE (PIE) LTD. VAUS

HALLSTREET 2, SKILANK A P. O. BOX 5315, LONDON, UK

中国人民保险公司广东分公司
THE PEOPLE'S INSURANCE CO. OF CHINA
GUANGDONG BRANCH

赔款偿付地点

CLAIM PAYABLE AT＿LONDON IN USD

DATE＿AUG. 28, 2016

本保险单需要在背面进行空白背书：

GUANGZHOU YOUMEI IMPORT & EXPORT TRADING CO. LTD.

AUG. 28, 2016

汇票 10-2

凭
Drawn under   STANDARD CHARTERED

信用证   第   号
L/C No.   LCLA23582

日期   年 月 日
dated   JULY 28, 2016

按 息   付 款
Payable with interest @   **   *% per annum*

号码   汇票金额   中国广州   年 月 日
No.   BC98-756-21   *Exchange for*   USD66000.00   *Guangzhou, China*   JULY 28   20 16

见票   日后（本汇票之副本未付）付
At   ******   *sight of this* FIRST *of Exchange（Second of exchange being unpaid）*
pay to the order of   BANK OF CHINA   或其指定人

金额
the sum of SAY US DOLLARS SIXTY-SIX THOUSAND ONLY

此致
To   STANDARD CHARTERED
     INTERNATIONAL DEPARTMENT
     NO 17 NEW BOND STREET, LONDON, UK

               GUANGZHOU YOUMEI IMPORT & EXPORT TRADING CO. LTD.

               陈林轩

1

要点提示：

     信用证虽然没有列明需要提交汇票，但是信用证支付方式下一定会有一份汇票的填制。因为信用证是即期信用证，因此汇票也应该是即期汇票。信用证项下汇票的受票人为开证行，汇票的出票人为信用证受益人，汇票的受款人为议付行。

缮制要点提示：

     信用证对保险单的要求是：

     （1）全套海运保险单，2份正本，2份副本（不可议付）；

     （2）保险金额为发票金额的110%；

     （3）保险单要注明用"信用证所使用的货币并在UK（英国）偿付"；

     （4）空白背书；

     （5）承包水渍险；

     （6）标注信用证号码。

数量/重量证明 10-1

广州优美进出口贸易有限公司

GUANGZHOU YOUMEI IMPORT & EXPORT TRADING CO. LTD.

5th FLOOR，FORTUNE PLAZA，

ZHONGSHAN ROAD，GUANGZHOU，CHINA

TEL：0086-20-12345678　　FAX：0086-20-87654321

INVOICE NO.：BC98-756-21

CERTIFICATE OF QUATITY/WEIGHT

DATE：AUG. 29，2016

TO WHOM IT MAY CONCERN,

　　WE HEREBY CERTIFY THAT THE ACTUAL SURVEYED QUANTITY/WEIGHT OF SHIPPED GOODS IS EXAC-TUALLY THE SAME WITH THE QUALITY/ WEIGHT STIPULATED IN SALES CONFIRMATION NO. 2014BC089 DATED JULY 16，2016.

SURVEYED QUANTITY：4，200 PCS IN 420 CARTONS, 10 PCS IN A CARTON.

SURVEYED WEIGHT：TOTAL GROSS WEIGHT：7560KGS，18KGS/CARTON

　　　　　　　　 TOTAL NET WEIGHT：6720KGS，16KGS/CARTON

L/C NO：LCLA23582

广州优美进出口贸易有限公司

GUANGZHOU YOUMEI IMPORT & EXPORT TRADING CO. LTD.

陈林轩

缮制要点提示：

　　信用证中对于数量/重量证明的要求：由信用证受益人出具的数量/重量证明，3 份正本；证明发送的货物实际检查的数量/重量。

受益人证明 10-1

广州优美进出口贸易有限公司

GUANGZHOU YOUMEI IMPORT & EXPORT TRADING CO. LTD.

5th FLOOR，FORTUNE PLAZA，

ZHONGSHAN ROAD，GUANGZHOU，CHINA

TEL：0086-20-12345678　　FAX：0086-20-87654321

INVOICE NO：BC98-756-21

CERTIFICATE

DATE：AUG. 29，2016

TO WHOM IT MAY CONCERN,

　　WE HEREBY CERTIFY THAT ONE SET OF NON-NEGOTIABLE DOCUMENTS HAVE BEEN DISPATCHED TO THE APPLICANT BY COURIER ON AUG. 29，2016.

　　L/C NO：LCLA23582

广州优美进出口贸易有限公司

GUANGZHOU YOUMEI IMPORT & EXPORT TRADING CO. LTD.

陈林轩

缮制要点提示：

　　信用证对于受益人证明的要求：由信用证受益人出具一份证明，证明一整套的不可议付单据已经通过速递寄送给信用证开证申请人。

广州优美进出口贸易有限公司

GUANGZHOU YOUMEI IMPORT & EXPORT TRADING CO. LTD.

5th FLOOR，FORTUNE PLAZA，

ZHONGSHAN ROAD，GUANGZHOU，CHINA

TEL：0086-20-12345678　　FAX：0086-20-87654321

INVOICE NO：BC98-756-21

CERTIFICATE

DATE：AUG. 29，2016

TO WHOM IT MAY CONCERN,

　　WE HEREBY CERTIFY THAT A NOTICE OF ALL SHIPMENT UNDER CREDIT NO：LCLA23582 HAS BEEN ADVISED BY THE BENEFICIARY TO THE APPLICANT WITHIN 3 DAYS FROM THE DATE OF SHIPMENT, AUG 28，2016，DIRECTLY BY AIRMAIL.

L/C NO：LCLA23582

广州优美进出口贸易有限公司

GUANGZHOU YOUMEI IMPORT & EXPORT TRADING CO. LTD.

陈林轩

缮制要点提示：

　　信用证中对于受益人发货证明的要求：信用证受益人必须证明在海运提单注明的发货期三天内，信用证受益人已经通过航空邮件通知开证申请人信用证项下的货物已发送。

任务二　托收方式下出口结汇制单

任务要求

　　广州优美进出口贸易有限公司 2016 年 2 月 14 日与埃及 LILYBELL GARMENTS 公司达成一笔服装出口交易，FOB SHENZHEN 贸易条件，即期付款交单方式付款。

　　请以单证员赵明明的身份，根据合同和补充资料，完成该笔托收项下全套出口单据的缮制。

一、相关业务资料

广州优美进出口贸易有限公司

GUANGZHOU YOUMEI IMPORT & EXPORT TRADING CO. LTD.

5th FLOOR，FORTUNE PLAZA，ZHONGSHAN ROAD，GUANGZHOU，CHINA

售货确认书

SALES CONFIRMATION

S/C NO：2014XY-45

DATE：Feb. 14，2016

买方：

BUYER：LILYBELL GARMENTS

ADDRESS：P. O BOX 1234 SUEZ, EGYPT

兹经买卖双方同意按下列条款成交：

The undersigned Seller and Buyer have agreed to close the following transactions according to the terms and conditions stipulated below.

货号 Art No.	品名及规格 Commodity & Specification	数量 Quantity	单价 Unit Price	全额 Amount
A789 B678 C567	100% COTTON MAN'S SHIRTS COLOR：BLACK WHITE BLUE	1500PCS 1400PCS 3600PCS	FOB SHENZHEN USD15. 00/PC USD15. 00/PC USD16. 00/PC	USD22500. 00 USD21000. 00 USD57600. 00
Total		6500PCS		USD101100. 00
Total Amount：SAY US DOLLARS ONE HUNDRED AND ONE THOUSAND AND ONE HUNDRED ONLY.				

1. 数量总值允许有5%的增减，由卖方决定

With 5% more or less both in amount and quantity allowed at the seller's option.

2. 包装

Packing：50 PCS packed in a carton.

3. 装运期

Time of shipment：On or before the end of May 12，2016.

4. 装运口岸和目的地

Loading port & Destination：From SHENZHEN，CHINA to SUEZ，EYGPT

5. 保险由买方决定

Insurance：BY BUYER

6. 付款条款

Terms of payment：by D/P Sight

7. 装运标记

Shipping Mark：YONGSHENG

　　　　　　　　C/T NO：1-130

　　　　　　　　MADE IN CHINA

8. 备注

Remarks：

卖方　　　　　　　　　　　　　　　　　买方
THE SELLERS　　　　　　　　　　　　　THE BUYERS
GUANGZHOU YOUMEI IMPORT &　　　　LILYBELL GARMENTS
EXPORT TRADING CO. LTD.　　　　　　 JUDY
　　　　陈林轩

补充交易资料

发票号码：YS201416　　　　日期：May 12，2016

货物明细单

货号	数量	毛重	净重	尺码
A789	30CTNS，1500PCS	34KGS	32KGS	50CM＊40CM＊40CM
B678	28CTNS，1400PCS	34KGS	32KGS	50CM＊40CM＊40CM
C567	72CTNS，3600PCS	34KGS	32KGS	50CM＊40CM＊40CM

提运单号：TWTAH12345　　　　　　日期：May 22，2016

运输工具名称：YUAN HANG V.128

允许转船，不允许分批装运

原产地证书号：8765321094

商品编码（H. S. CODE）：6205. 2000

总件数：130 CARTONS

SHIPMENT FROM SHENZHEN，CHINA TO SUEZ，EGYPT

代收行：THE AICHI BANK，LTD.

　　　　NO. 234 MANSHIA SQUARE

　　　　P. O BOX 645 SUEZ，EGYPT

托收行：BANK OF CHINA，DONGGUAN BRANCH

出口口岸：深圳蛇口海关

批准文号：987654654

集装箱号：SZYJ22558899

二、空白样单

商业发票 10-3

广州优美进出口贸易有限公司

GUANGZHOU YOUMEI IMPORT & EXPORT TRADING CO. LTD.

5th FLOOR，FORTUNE PLAZA，ZHONGSHAN ROAD，GUANGZHOU，CHINA

COMMERCIAL INVOICE

TO：　　　　　　　　　　　　　　　　　　　　　　　　DATE：

　　　　　　　　　　　　　　　　　　　　　　　　　　INVOICE NO. ：

Marks& Numbers	Name of Commodity and Specification	Quantity	Unit Price	Amount

For and on behalf of

(Signature)

装箱单 10-3

广州优美进出口贸易有限公司
GUANGZHOU YOUMEI IMPORT & EXPORT TRADING CO. LTD.
5th FLOOR, FORTUNE PLAZA, ZHONGSHAN ROAD, GUANGZHOU, CHINA
Packing List

To:

Number:

Date:

Total G. W. :

Total N. W. :

C/NOS.	No. & Kinds of Pkgs	Description of Goods	Quantity	G. W. (KG)	N. W. (KG)	Meas. (M³)

For and on behalf of

(Signature)

一般原产地证书 10-3

1. Exporter	Certificate No. :
2. Consignee	CERTIFICATE OF ORIGIN OF THE PEOPLE'S REPUBLIC OF CHINA
3. Means of transport and route	5. For certifying authority use only
4. Country/region of destination	

6. Marks and Numbers	7. Number and kind of Packages; description of goods	8. H. S. Code	9. Quantity	10. Number and date of invoices

11. Declaration by the exporter	12. Certification
The undersigned hereby declares that the above details and statements are correct; that all the goods were produced in China and that they comply with the Rules of Origin of the People's Republic of China.	It is hereby certified that the declaration by the exporter is correct.
--------------------------------------- Place and date, signature and stamp of authorized signatory	--------------------------------------- Place and date, signature and stamp of certifying authority

海运提单 10-3

1. Shipper（Insert Name, Address and Phone Number）		B/L No.
2. Consignee（Insert Name, Address and Phone Number）		ORIGINAL port-to-port or Combined Transport BILL OF LADING
3. Notify Party（Insert Name, Address and Phone Number）（It is agreed that no responsibility shall attach the Carrier or hisagents for failure to notify）		RECEIVED in external apparent good order and condition except as otherwise noted. The total number of packages or unites stuffed in the container. The description of the goods and the weight shown in this Bill of Lading are furnished by the Mercharts, and which the Carrier has no reasonable means of checking and is not a part of this Bill of Lading contract. The Carrier has issued the number of Bills of Lading stated below, all of this tenor and date. One of the original Bills of Lading must be surrendered and endorsed or signed against the delivery of the shipment and whereupon any other original Bills of Lading shall be void. The Merchants agree to be bound by the terms and conditions of this Bill of Lading as if each had personally signed this Bill of Lading. See clause 4 on the back of this Bill of Lading（Terms continued on the back Hereof, please read carefully）. ＊Applicable Only When Document Used as a Combined Transport Bill of lading.
4. Combined Transport＊ Pre-carriage by	5. Combined Transport＊ Place of Receipt	
6. Ocean Vessel Voy. No.	7. Port of Loading	
8. Port of Discharge	9. Combined Transport＊ Place of Delivery	

Marks & Nos. Container/Seal No.	No. of Containers or Packages	Description of Goods（If Dangerous Goods, See Clause 29）	Gross Weight（kg）	Measurement（m³）
		Description of Contents for Shipper's Use Only（Not part of This B/L Contract）		

10. Total Number of containers and/or packages（in words）
Subject to clause 7 Limitation

11. Freight & Charges Declared Value Charge	Revenue Tons	Rate	Per	Prepaid	Collect
Ex Rate:	Prepaid at	Payable at		Place and date of issue	
	Total Prepaid	No. of Original B(s)/L		signed for the Carrier, COSCO CONTAINER LINES	

LADEN ON BOARD THE VESSEL
DATE　　　　　　BY

汇票 10-3

凭
Drawn under ....

信用证 　　　　　　第　　号
L/C No. ....

日期　　　　　　年　月　日
Dated ....

按　息　　　　　　付　款
Payable with interest @ .... *% per annum*

| 号码
No. | 汇票金额
Exchange for .... | 中国广州
Guangzhou，China .... | 年　月　日
20 .... |

见票 　　　　　　日后（本汇票之副本未付）付
At .... *sight of this* FIRST *of Exchange（Second of exchange*
being unpaid）pay to the order of .... 或其指定人

金额
the sum of ....

....

此致
To ....

....

报关单 10-1

中华人民共和国海关出口货物报关单

预录入编号：　　　　　　　　　　　　　　　海关编号：

出口口岸		备案号		出口日期		申报日期	
经营单位		运输方式	运输工具名称		提运单号		
发货单位		贸易方式		征免性质		结汇方式	
许可证号		运抵国（地区）		指运港		境内货源地	
批准文号		成交方式	运费		保费	杂费	
合同协议号		件数	包装种类		毛重（千克）		净重（千克）
集装箱号		随附单据				生产厂家	
标记唛码及备注							

项号	商品编号	商品名称、规格型号	数量及单位	最终目的国（地区）	单价	总价	币制	征免

税费征收情况

录入员	录入单位	兹声明以上申报无讹并承担法律责任	海关审单批注及放行日期（签章）	
报关员			审单	审价
		申报单位（签章）	征税	统计
单位地址				
邮编	电话	填制日期	查验	放行

任务实施

赵明明根据上述的合同和相关资料缮制了以下出口单据。

商业发票 10-4

广州优美进出口贸易有限公司

GUANGZHOU YOUMEI IMPORT & EXPORT TRADING CO. LTD.

5th FLOOR, FORTUNE PLAZA, ZHONGSHAN ROAD, GUANGZHOU, CHINA

COMMERCIAL INVOICE

TO: LILYBELL GARMENTS
P. O BOX 1234 SUEZ, EGYPT

DATE: May 12, 2016
INVOICE NO.: YS201616

Marks& Numbers	Name of Commodity and Specification	Quantity	Unit Price	Amount
YONGSHENG C/T NO: 1-130 MADE IN CHINA	100% COTTON MAN'S SHIRTS COLOR: BLACK	1500PCS	FOB SHENZHEN USD15.00/PC	USD22500.00
	WHITE	1400PCS	USD15.00/PC	USD21000.00
	BLUE	3600PCS	USD16.00/PC	USD57600.00
	TOTAL	6500PCS		USD101100.00

SAY US DOLLARS ONE HUNDRED AND ONE THOUAND AND ONE HUNDRED ONLY.
PORT OF SHIPMENT: SHENZHEN, CHINA
PORT OF DESTINATION: SUEZ, EGYPT
PARTIAL SHIPMENT PROHIBITTED, TRANSSHIPMENT ALLOWED
TERMS OF PAYMENT: D/P SIGHT

For and on behalf of
GUANGZHOU YOUMEI IMPORT & EXPORT TRADING CO. LTD.
陈林轩
(Signature)

装箱单 10-4

广州优美进出口贸易有限公司
GUANGZHOU YOUMEI IMPORT & EXPORT TRADING CO. LTD.
5th FLOOR, FORTUNE PLAZA, ZHONGSHAN ROAD, GUANGZHOU, CHINA

Packing List

To：LILYBELL GARMENTS
P. O BOX 1234 SUEZ, EGYPT

Number：YS201616
Date：May 12, 2016
Total G. W. ：4420KGS
Total N. W. ：4160KGS

C/NOS.	No. & Kinds of Pkgs	Description of Goods	Quantity	G. W. (KG)	N. W. (KG)	Meas. (M³)
		100% COTTON MAN'S SHIRTS COLOR：				
1-30	30CTNS	BLACK	1500PCS	34/1020	32/960	0.080/2.400
31-58	28CTNS	WHITE	1400PCS	34/952	32/896	0.080/2.240
59-130	72CTNS	BLUE	3600PCS	34/2448	32/2304	0.080/5.760
TOTAL	130CTNS		6500PCS	4420KGS	4160KGS	10.400CBM

SAY TOTAL PACKED IN ONE HUNDRED AND THIRTY CARTONS ONLY.
TOTAL GROSS WEIGHT：4420KGS
TOTAL NET WEIGHT：4160KGS
TOTAL MEASUREMENT：10.400CBM
50 PCS PACKED IN A CARTON

For and on behalf of
GUANGZHOU YOUMEI IMPORT & EXPORT TRADING CO. LTD.
陈林轩
(Signature)

一般原产地证书 10-4

1. Exporter GUANGZHOU YOUMEI IMPORT & EXPORT TRADING CO. LTD. 5th FLOOR, FORTUNE PLAZA, ZHONGSHAN ROAD, GUANGZHOU, CHINA	Certificate No.：8765321094 CERTIFICATE OF ORIGIN OF THE PEOPLE'S REPUBLIC OF CHINA
2. Consignee LILYBELL GARMENTS P. O BOX 1234 SUEZ, EGYPT	
3. Means of transport and route FROM SHENZHEN, CHINA TO SUEZ, EGYPT BY SEA	5. For certifying authority use only
4. Country/ region of destination EGYPT	

6. Marks and Numbers YONGSHENG C/T NO.：1-130 MADE IN CHINA	7. Number and kind of packages; description of goods 130（ONE HUNDRED AND THIRTY）CARTONS OF 100% COTTON MAN'S SHIRTS ＊＊＊＊＊＊＊＊＊＊＊＊＊＊＊＊＊＊＊＊	8. H. S. Code 6250. 2000	9. Quantity 6500PCS	10. Number and date of invoices YS201616 May 12，2016

11. Declaration by the exporter 　The undersigned hereby declares that the above details and statements are correct; that all the goods were produced in China and that they comply with the Rules of Origin of the People's Republic of China. 　SHENZHEN, CHINA MAY 13, 2016 Place and date, signature and stamp of authorized signatory	12. Certification 　It is hereby certified that the declaration by the exporter is correct. 　SHENZHEN, CHINA MAY 15, 2016 Place and date, signature and stamp of certifying authority

海运提单 10-4

	B/L No. TWTAH12345
1. Shipper (Insert Name，Address and Phone Number) GUANGZHOU YOUMEI IMPORT & EXPORT TRADING CO. LTD. 5th FLOOR，FORTUNE PLAZA，ZHONGSHAN ROAD，GUANGZHOU，CHINA	

1. Shipper (Insert Name，Address and Phone Number)
GUANGZHOU YOUMEI IMPORT & EXPORT TRADING CO. LTD.
5th FLOOR，FORTUNE PLAZA，ZHONGSHAN ROAD，GUANGZHOU，CHINA

B/L No. TWTAH12345

ORIGINAL
port-to-port or Combined Transport
BILL OF LADING

2. Consignee (Insert Name，Address and Phone Number)
TO ORDER

RECEIVED in external apparent good order and condition except as otherwise noted. The total number of packages or unites stuffed in the container.

3. Notify Party (Insert Name，Address and Phone Number) (It is agreed that no responsibility shall attach the Carrier or hisagents for failure to notify)
LILYBELL GARMENTS
P. O BOX 1234 SUEZ，EGYPT

The description of the goods and the weight shown in this Bill of Lading are furnished by the Mercharts，and which the Carrier has no reasonable means of checking and is not a part of this Bill of Lading contract. The Carrier has issued the number of Bills of Lading stated below，all of this tenor and date.

4. Combined Transport* Pre-carriage by

5. Combined Transport* Place of Receipt

One of the original Bills of Lading must be surrendered and endorsed or signed against the delivery of the shipment and whereupon any other original Bills of Lading shall be void. The Merchants agree to be bound by the terms and conditions of this Bill of Lading as if each had personally signed this Bill of Lading.

6. Ocean Vessel Voy. No.
YUANHANG V. 128

7. Port of Loading
SHENZHEN，CHINA

See clause 4 on the back of this Bill of Lading (Terms continued on the back Hereof，please read carefully).

* Applicable Only When Document Used as a Combined Transport Bill of lading.

8. Port of Discharge
SUEZ，EGYPT

9. Combined Transport* Place of Delivery

Marks & Nos. Container/Seal No. YOGNSHENG C/T NO. :1-130MADE IN CHINA Container No. : SZYJ 22558899	No. of Containers or Packages 130 (ONEHUNDRED AND THIRTY) CARTONS	Description of Goods (If DangerousGoods, See Clause 29) 100% COTTON MAN'S SHIRTS ON BOARD MAY 22 2016	Gross Weight (kg) 4420KGS	Measurement (m³) 10. 400CBM
		Description of Contents for Shipper's Use Only (Not part of This B/L Contract)		

10. Total Number of containers and/or packages (in words)
Subject to clause 7 Limitation
SAY TOTAL PACKED IN ONE HUNDRED AND THIRTY CARTONS ONLY

11. Freight & Charges Declared Value Charge	Revenue Tons	Rate	Per	Prepaid	Collect C. C
Ex Rate：	Prepaid at	Payable at SUEZ，EGYPT		Place and date of issue SHENZHEN，CHINA MAY 22，2016	
	Total Prepaid	No. of Original B(s)/L THREE		signed for the Carrier, COSCO CONTAINER LINES	

LADEN ON BOARD THE VESSEL
DATE　　　　　BY

汇票 10-4

凭

Drawn under COVERING 6500PCS OF MAN'S SHIRTS UNDER CONTRACT

NO. 2016XY-45 FOR COLLECTION

信用证 第 号

L/C No. ....

日期 年 月 日

dated ....

按 息 付 款

Payable with interest @ .... *% per annum*

号码 汇票金额 中国广州 年 月 日

No. YS201616 *Exchange for* USD101100.00 *Guangzhou，China* May 22，2016

见票 日后（本汇票之副本未付）付

At *** *sight of this* FIRST *of Exchange*（*Second of exchange being unpaid*）

pay to the order of BANK OF CHINA，DONGGUAN BRANCH 或其指定人

金额

the sum of SAY US DOLLARS ONE HUNDRED AND ONE THOUSAND AND ONE HUNDRED ONLY

此致

To： LILYBELL GARMENTS

P. O BOX 1234 SUEZ，EGYPT

GUANGZHOU YOUMEI IMPORT & EXPORT TRADING CO. LTD.

陈林轩

报关单 10-2

中华人民共和国海关出口货物报关单

预录入编号：　　　　　　　　　　　　　　　　　　海关编号：

出口口岸 深圳蛇口海关	备案号	出口日期 MAY 22, 2016	申报日期 MAY 22, 2016
经营单位　广州优美进出口 贸易有限公司	运输方式　江海	运输工具名称 YUAN HANG V. 128	提运单号 TWTAH12345
发货单位　广州优美进出口 贸易有限公司	贸易方式　一般贸易	征免性质　一般征收	结汇方式　托收
许可证号	运抵国（地区）　埃及	指运港　苏伊士	境内货源地　东莞

批准文号 987654654	成交方式 FOB	运费	保费	杂费
合同协议号	件数 130	包装种类 纸箱	毛重（千克） 4420KGS	净重（千克） 4160KGS

集装箱号 SZYJ22558899	随附单据	生产厂家 广州优美进出口贸易有限公司

标记唛码及备注
YONGSHENG
C/T NO.：1-130
MADE IN CHINA

项号	商品编号	商品名称、规格型号	数量及单位	最终目的国（地区）	单价	总价	币制	征免
		100%COTTONMAN'S SHIRTS			FOB SHENZHEN			
01	6250.2000	COLOR：BLACK	1500 件	埃及	15.00/件	22500.00	美元	照章
		WHITE	1400 件		15.00/件	21000.00		征收
		BLUE	3600 件		16.00/件	57600.00		
						101100.00		

总计总价：拾万壹仟壹佰美元整

税费征收情况

录入员　　　　录入单位	兹声明以上申报无讹并承担法律责任	海关审单批注及放行日期（签章）	
报关员　　李琳		审单	审价
	申报单位（签章）	征税	统计
单位地址 10th FLOOR, BUSINESS BUILDING, JIEFANG ROAD, DONGGUAN, CHINA	广州优美进出口贸易有限公司	查验	放行
邮编　　　电话	填制日期　2016.05.22		

任务三　电汇方式下出口结汇制单

任务要求

　　广州优美进出口贸易有限公司于2016年9月与泰国泰丰进出口公司达成了一笔坐垫出口交易，双方有着多年的贸易互信合作关系，此次交易过程中，双方约定以电汇方式付款。

　　请以单证员赵明明的身份，根据合同和补充资料，完成该笔电汇项下全套出口单据的缮制。

一、相关业务资料

合同 10-3

广州优美进出口贸易有限公司
GUANGZHOU YOUMEI IMPORT & EXPORT TRADING CO. LTD.
5th FLOOR, FORTUNE PLAZA, ZHONGSHAN ROAD, GUANGZHOU, CHINA
销售合同
SALES CONTRACT

BUYER：TAIFENG IMPORT & EXPORT CORP.
ADDRESS：LANDING BUILDING，1325　　　　　S/C NO：GDWM0814
BANGKOK，THAILAND　　　　　　　　　　DATE：SEPT. 22，2016

This sales contract is made by and between the sellers and buyers, whereby the sellers agree to sell and the buyers agree to buy the under-mentioned goods according to the terms and conditions stipulated below：

Item No.	Name of Commodity & Specification	Quantity	Unit Price	Amount
HD123 HD234	CUSHION COVER 45 * 50cm 55 * 60cm	12000PCS 16000PCS	CIF BANGKOK USD2. 00/PC USD3. 00/PC	USD24000. 00 USD48000. 00
	TOTAL	28000PCS		USD72000. 00

SAY US DOLLARS SEVENTY-TWO THOUSAND ONLY.

1. Packing：100PCS IN A CARTON
2. Delivery：FROM GUANGZHOU, CHINA TO BANGKOK, THAILAND
3. Time of shipment：Not later than November 30，2016
4. Terms of shipment：Partial shipment & transshipment allowed.
5. Terms of payment：By T/T of 100% invoice value. All banking charges outside China are for the account of the buyer.
6. Insurance：To be covered by the sellers for 110% of the full invoice value covering F. P. A up to Bangkok to be effected by the sellers.
7. Arbitration：All disputes arising from the execution of or in connection with this contract shall be settled amicable by negotiation. In case of settlement can be reached through negotiation the case shall then be submitted to China International Economic & Trade Arbitration Commission. In Shenzhen (or in Beijing) for arbitration in act with its sure of procedures. The arbitral award is final and binding both parties for setting the dispute. The fee, for arbitration shall be borne by the losing party unless otherwise awarded.

　　The SELLERS　　　　　　　　　　　　The BUYERS
GUANGZHOU YOUMEI IMPORT & EXPORT TRADING CO. LTD.　TAIFENG IMPORT & EXPORT CORP.
　　陈林轩　　　　　　　　　　　　　　JEEF

补充交易资料

包装：100PCS/CARTON　　纸箱尺码：45CM＊50CM＊32CM

毛重：20KGS/CTN　　净重：18KGS/CTN

集装箱号码：COSCO9955432

船名和航次：SHUNFENG V. 186

海运提单号码：COSU15792680

海运提单日期：2016 年 11 月 10 日

商品编码 H. S. CODE：6304.9390

商业发票号码：SIE08992　　日期：2016 年 11 月 3 日

运费合计：2300 美元

唛头：TAIFENG

　　　GDWM0814

　　　BANGKOK

　　　C/T NO.：1-280

生产厂家：广东优美纺织品公司　　注册号：84532016

一般原产地证号：1645780357

保险单号：INSU9876

保险勘察代理人：BANGKOK INSURANCE PLC

　　　NO. 345 KHAO SAN ROAD，BANGKOK，THAILAND

二、空白样单

商业发票 10-5

广东优美进出口贸易公司

GUANGDONG GRACE IMPORT & EXPORT CO. LTD.

NO. 21 ZHONGSHAN ROAD, GUANGZHOU, CHINA

COMMERCIAL INVOICE

TO：

DATE：

INVOICE NO.：

Marks& Numbers	Name of Commodity and Specification	Quantity	Unit Price	Amount

For and on behalf of

(Signature)

装箱单 10-5

广州优美进出口贸易有限公司

GUANGZHOU YOUMEI IMPORT & EXPORT TRADING CO. LTD.

5th FLOOR, FORTUNE PLAZA, ZHONGSHAN ROAD, GUANGZHOU, CHINA

Packing List

TO：

Number：
Date：
Total G. W. :
Total N. W. :

C/NOS.	No. & Kinds of Pkgs	Description of Goods	Quantity	G. W. (KGS)	N. W. (KGS)	Meas. (CBM)

For and on behalf of
(Signature)

海运提单 10-5

1. Shipper（Insert Name，Address and Phone Number）	B/L No.
2. Consignee（Insert Name，Address and Phone Number）	ORIGINAL port-to-port or Combined Transport BILL OF LADING
3. Notify Party (Insert Name，Address and Phone Number）（It is agreed that no responsibility shall attach the Carrier or hisagenta for failure to notify)	RECEIVED in external apparent good order and condition except as otherwise noted. The total number of packages or unites stuffed in the container.

RECEIVED in external apparent good order and condition except as otherwise noted. The total number of packages or unites stuffed in the container.

The description of the goods and the weight shown in this Bill of Lading are furnished by the Mercharts，and which the Carrier has no reasonable means of checking and is not a part of this Bill of Lading contract. The Carrier has issued the number of Bills of Lading stated below，all of this tenor and date.

One of the original Bills of Lading must be surrendered and endorsed or signed against the delivery of the shipment and whereupon any other original Bills of Lading shall be void. The Merchants agree to be bound by the terms and conditions of this Bill of Lading as if each had personally signed this Bill of Lading.

See clause 4 on the back of this Bill of Lading（Terms continued on the back Hereof，please read carefully).

* Applicable Only When Document Used as a Combined Transport Bill of Lading.

Marks & Nos. Container/Seal No.	No. of Containers or Packages	Description of Goods (If Dangerous Goods, See Clause 29)	Gross Weight（kg）	Measurement（m³）
4. Combined Transport* Pre-carriage by	5. Combined Transport* Place of Receipt			
6. Ocean Vessel Voy. No.	7. Port of Loading			
8. Port of Discharge	9. Combined Transport* Place of Delivery			
		Description of Contents for Shipper's Use Only（Not part of This B/L Contract)		

10. Total Number of containers and/or packages（in words）
Subject to clause 7 Limitation

11. Freight & Charges Declared Value Charge	Revenue Tons	Rate	Per	Prepaid	Collect
	Prepaid at	Payable at		Place and date of issue	
Ex Rate:	Total Prepaid	No. of Original B(s)/L		Signed for the Carrier, COSCO CONTAINER LINES	

LADEN ON BOARD THE VESSEL
DATE　　　　　　BY

一般原产地证书 10-5

1. Exporter	Certificate No.：
2. Consignee	CERTIFICATE OF ORIGIN OF THE PEOPLE'S REPUBLIC OF CHINA
3. Means of transport and route	5. For certifying authority use only
4. Country/region of destination	

6. Marks and Numbers	7. Number and kind of Packages； description of goods	8. H. S. Code	9. Quantity	10. Number and date of invoices

11. Declaration by the exporter 　　The undersigned hereby declares that the aboves details and statements are correct； that all the goods were produced in China and that they comply with the Rules of Origin of the People's Republic of China.	12. Certification 　　It is hereby certified that the declaration by the exporter is correct.
Place and date， signature and stamp of authorized signatory	Place and date， signature and stamp of certifying authority

保险单 10-3

保 险 单
Insurance Policy

发票号次
INVOICE NO.

保险单号次
POLICY NO.

中国人民保险公司（以下简称本公司）根据_____（以下简称被保险人）的要求，由被保险人向本公司缴付约定的保险费，按照本保险单承保险别和背面所载条款与下列特殊条款承保下述货物运输保险，特立本保险单。

THIS POLICY OF INSURANCE WITNESSES THAT THE PEOPLE'S INSURANCE COMPANY OF CHINA（HEREINAFTER CALLED "THE COMPANY"），AT THE REQUEST OF _____ （HEREINAFTER CALLED THE "INSURED"）AND IN CONSIDERATION OF THE AGREED PREMIUM PAYING TO THE COMPANY BY THE INSURED, UNDERTAKES TO INSURE THE UNDERMENTIONED GOODS IN TRANSPORTATION SUBJECT TO THE CONDITIONS OF THIS POLICY AS PER THE CLAUSES PRINTED OVERLEAF AND OTHER SPECIAL CLAUSES ATTACHED HEREON.

标记 MARKS & NOS.	包装及数量 QUANTITY	保险货物项目 DESCRIPTION OF GOODS	保险金额 AMOUNT INSURED

总保险金额
TOTAL AMOUNT INSURED _____

保险　　　　　　费率　　　　　　装载运输工具
PREMIUM _____ RATE _____ PER CONVEYANCE S. S. _____

开航日期　　　　　　自　　　　　至
SLG. ON OR ABT. _____ FROM _____ TO _____

承保险别
CONDITIONS

所保货物，如发生保险单项下可能引起索赔的损失或损坏，应立即通知本公司下述代理人查勘。如有索赔，应向本公司提交保险单正本（本保险单共有　份正本）及有关文件。如一份正本已用于索赔，其余正本自动失效。

In the event of loss or damage which may result in a claim under this Policy, immediate notice must be given to the Company's Agent as mentioned hereunder. Claims，if any, one of the Original Policies which has been issued in Originals together with the relevant documents shall be surrendered to the Company. If one of the Original Policy has been accomplished，the others to be void.

中国人民保险公司广东分公司
THE PEOPLE'S INSURANCE CO. OF CHINA
GUANGDONG BRANCE

赔款偿付地点
CLAIM PAYABLE AT _____

DATE _____

任务实施

赵明明根据上述的合同和相关资料，填制了以下出口单据。

商业发票 10-6

广州优美进出口贸易有限公司
GUANGZHOU YOUMEI IMPORT & EXPORT TRADING CO. LTD.
5th FLOOR, FORTUNE PLAZA, ZHONGSHAN ROAD, GUANGZHOU, CHINA
COMMERCIAL INVOICE

TO: TAIFENG IMPORT & EXPORT CORP.
LANDING BUILDING, 1325
BANGKOK, THAILAND

DATE: NOV. 3, 2016
INVOICE NO.: SIE08992

Marks & Numbers	Name of Commodity and Specification	Quantity	Unit Price	Amount
	CUSHION COVER		CIF BANGKOK	
TAIFENG				
GDWM0814	HD123　45 * 50CMS	12000PCS	USD2. 00/PC	USD24000
BANGKOK	HD234　55 * 60CMS	16000PCS	USD3. 00/PC	USD48000
C/T NO.: 1-280	TOTAL	28000PCS		USD72000

SAY U. S. DOLLARS SEVENTY-TWO THOUSAND ONLY.
PORT OF SHIPMENT: GUANGZHOU, CHINA
PORT OF DESTINATION: BANGKOK, THAILAND
TERMS OF PAYMENT: T/T
PARTIAL SHIPMENT AND TRANSSHIPMENT ALLOWED

For and on behalf of
GUANGDONG GRACE IMP & EXP CO., LTD.
廖奕霖
(Signature)

装箱单 10-6

广州优美进出口贸易公司
GUANGZHOU YOUMEI IMPORT & EXPORT CO. LTD.
5th FLOOR, FORTUNE PLAZA, ZHONGSHAN ROAD, GUANGZHOU, CHINA
Packing List

To: TAIFENG IMPORT & EXPORT CORP.
LANDING BUILDING, 1325
BANGKOK, THAILND

Number: SIE08992
Date: NOV. 3, 2016
Total G. W.: 5600KGS
Total N. W.: 5040KGS

C/NOS.	No. & Kinds of Pkgs	Description of Goods	Quantity	G. W. (KG)	N. W. (KG)	Meas. (CBM)
		CUSHION COVER				
1-120	120CTNS	HD123 45 * 50CMS	12000PCS	20/2400	18/2160	0. 072/8. 640
121-280	160CTNS	HD234 55 * 60CMS	16000PCS	20/3200	18/2880	0. 072/11. 520
TOTAL	280CTNS		28000PCS	5600KGS	5040KGS	20. 160CBM

SAY TOTAL PACKED IN TWO HUNDRED AND EIGHTY CARTONS ONLY.
100 PCS PACKED IN A CARTON.
TOTAL GROSS WEIGHT: 5600KGS
TOTAL NET WEIGHT: 5040KGS
TOTAL MEASUREMENT: 20. 160CBM

For and on behalf of
GUANGZHOU YOUMEI IMP & EXP CO., LTD.
陈林轩
(Signature)

海运提单 10-6

1. Shipper (Insert Name, Address and Phone Number) GUANGZHOU YOUMEI IMPORT & EXPORT TRADING CO. LTD. 5th FLOOR, FORTUNE PLAZA, ZHONGSHAN ROAD, GUANGZHOU, CHINA		B/L No. COSU15792680
2. Consignee Insert Name, Address and Phone TO THE OROER OF SHIPPER		**ORIGINAL** port-to-port or Combined Transport **BILL OF LADING** RECEIVED in external apparent good order and condition except as otherwise noted. The total number of packages or unites stuffed in the container.
3. Notify Party (Insert Name, Address and Phone Number) TAIFENG IMPORT & EXPORT CORP. LANDING BUILDING, 1325, BANGKOK, THAILND (It is agreed that no responsibility shall attach the Carrier or his agents for failure to notify)		The description of the goods and the weight shown in this Bill of Lading are Furnished by the Mercharts, and which the Carrier has no reasonable means of checking and is not a part of this Bill of Lading contract. The Carrier has issued the number of Bills of Lading stated below, all of this tenor and date. One of the original Bills of Lading must be surrendered and endorsed or signed against the delivery of the delivery of the shipment and whereupon any other original Bills of Lading shall be void. The Merchants agree to be bound by the terms and conditions of this Bill of Lading as if each had personally signed this Bill of Lading. See clause 4 on the back of this Bill of Lading (Terms continued on the back Hereof, please read carefully). * Applicable Only When Document Used as a Combined Transport Bill of lading.
4. Combined Transport * Pre-carriage by	5. Combined Transport* Place of Receipt	
6. Ocean Vessel Voy. No. SHUNFENG V. 186	7. Port of Loading GUANGZHOU	
8. Port of Discharge BANGKOK	9. Combined Transport* Place of Delivery	

Marks & Nos. Container/Seal No. TAIFENG GDWM0814 BANGKOK C/T NO.: 1-280 CONTAINER NO.: COSCO9955432	No. of Containers or Packages 280 (TWO HUNDRED AND EIGHTY) CARTONS	Description of Goods (If Dangerous Goods, See Clause 29) CUSHION COVER HD123 45*50CMS HD234 55*60CMS ON BOARD NOV. 10, 2016	Gross Weight (kg) 5400KGS	Measurement (m³) 20.160CMB
		Description of Contents for Shipper's Use Only (Not part of This B/L Contract)		

10. Total Number of containers and/or packages (in words) Subject to clause 7 Limitation SAY TOTAL PACKED IN TWO HUNDRED AND EIGHTY CARTONS ONLY.					
11. Freight & Charges Declared Value Charge	Revenue Tons	Rate	Per	Prepaid P. P	Collect
Ex Rate:	Prepaid at GUANGZHOU	Payable at		Place and date of issue GUANGZHOU, CHINA NOV. 10, 2016	
	Total Prepaid	No. of Original B(s)/L THREE		signed for the Carrie COSCO CONTAINER LINES	

LADEN ON BOARD THE VESSEL
DATE   BY

一般原产地证书 10-6

1. Exporter GUANGZHOU YOUMEI IMPORT & EXPORT TRADING CO. LTD. 5th FLOOR，FORTUNE PLAZA，ZHONGSHAN ROAD，GUANGZHOU，CHINA	Certificate No. ：1645780357 **CERTIFICATE OF ORIGIN** **OF** **THE PEOPLE'S REPUBLIC OF CHINA**
2. Consignee TAIFENG IMPORT & EXPORT CORP. LANDING-BUILDING，1325，BANGKOK，THAILAND	
3. Means of transport and route FROM GUANGZHOU，CHINA TO BANGKOK，THAILAND BY SEA	5. For certifying authority use only
4. Country/ region of destination THAILAND	

6. Marks and Numbers	7. Number and kind of Packages;	8. H. S. Code	9. Quantity	10. Number and date of invoices
TAIFENG GDWM0814 BANGKOK C/T NO.：1-280	description of goods 280（TWO HUNDRED AND EIGHTY）CARTONS OF CUSHION COVERS *******************	6304. 9390	28000PCS	SIE08992 NOV. 3，2016

11. Declaration by the exporter	12. Certification
The undersigned hereby declares that the above details and statements are correct；that all the goods were produced in China and that they comply with the Rules of Origin of the People's Republic of China. GUANGZHOU，CHINA NOV. 8，2016 Place and date，signature and stamp of authorized signatory	It is hereby certified that the declaration by the exporter is correct. GUANGZHOU，CHINA NOV. 8，2016 Place and date，signature and stamp of certifying authority

保险单 10-4

保 险 单
Insurance Policy

发票号次　SIE08992　　　　　　　　　　　　保险单号次　INSU9876
INVOICE NO.　　　　　　　　　　　　　　　　POLICY NO.

中国人民保险公司（以下简称本公司）根据＿＿＿＿＿＿＿＿＿（以下简称被保险人）的要求，由被保险人向本公司缴付约定的保险费，按照本保险单承保，险别和背面所载条款与下列特殊条款承保下述货物运输保险，特立本保险单。

THIS POLICY OF INSURANCE WITNESSES THAT THE PEOPLE'S INSURANCE COMPANY OF CHINA (HEREINAFTER CALLED "THE COMPANY"), AT THE REQUEST OF GUANGZHOU YOUMEI IMPORT & EXPORT TRADING CO. LTD. (HEREINAFTER CALLED THE "INSURED") AND IN CONSIDERATION OF THE AGREED PREMIUM PAYING TO THE COMPANY BY THE INSURED, UNDERTAKES TO INSURE THE UNDERMENTIONED GOODS IN TRANSPORTATION SUBJECT TO THE CONDITIONS OF THIS POLICY AS PER THE CLAUSES PRINTED OVERLEAF AND OTHER SPECIAL CLAUSES ATTACHED HEREON.

标记 MARKS & NOS.	包装及数量 QUANTITY	保险货物项目 DESCRIPTION OF GOODS	保险金额 AMOUNT INSURED
TAIFENG GDWM0814 BANGKOK C/T NO. 1-280	280 CARTONS	CUSHION COVER	USD79200.00

总保险金额
TOTAL AMOUNT INSURED SAY US DOLLARS SEVENTY-NINE THOUSAND AND TWO HUNDRED ONLY.

保费　　　　　　　　费率　　　　　　　　装载运输工具
PREMIUM AS ARRANGED RATE AS ARRANGED PER CONVEYANCE S. S SHUNFENG V186

开航日期　　　　　　自　　　　　　　　　至
SLG. ON OR ABT. AS PER B/L FROM GUANGZHOU, CHINA TO BANGKOK, THAILAND
承保险别：COVERING 110% OF THE FULL INOVICE VALUE AGAINST F. P. A AS PER OCEAN
CONDITIONS　MARINE CARGO CLAUSES OF PICC.

所保货物，如发生保险单项下可能引起索赔的损失或损坏，应立即通知本公司下述代理人查勘。如有索赔，应向本公司提交保险单正本（本保险单共有　份正本）及有关文件。如一份正本已用于索赔，其余正本自动失效。

In the event of loss or damage which may result in a claim under this Policy, immediate notice must be given to the Company's Agent as mentioned hereunder. Claims, if any, one of the Original Policies which has been issued in Originals together with the relevant documents shall be surrendered to the Company. If one of the Original Policy has been accomplished, the others to be void.

BANGKOK INSURANCE PLC　　　　　　　　　　中国人民保险公司广东分公司
NO. 345 KHAO SAN ROAD, BANGKOK, THAILAND　THE PEOPLE'S INSURANCE CO. OF CHINA
　　　　　　　　　　　　　　　　　　　　　　　　　　　　GUANGDONG BRANCH

赔款偿付地点
CLAIM PAYABLE AT THAILAND IN USD
DATE NOV. 8, 2016
本保险单需要背书：GUANGZHOU YOUMEI IMPORT & EXPORT TRADING CO. LTD.
　　　　　NOV. 9, 2016

项目十一

处理进口单证

知识目标

1. 了解进口合同履行的基本环节；
2. 熟悉申请开立信用证的具体手续；
3. 掌握进口单证审核要点和方法；
4. 掌握进口报关、报检单证规范。

技能目标

1. 能够按照进口合同进行各环节单证操作；
2. 能够根据进口合同向银行申请开立信用证；
3. 会审核进口单证及做出相应处理；
4. 能够处理进口报关、报检单证业务。

情境导入

南方纺织品进出口股份有限公司是一家集贸易、设计、生产、服务为一体的科工贸相结合的现代化企业，有着 60 多年的从事纺织品和服装进出口贸易历史。

2016 年 3 月，根据公司生产需要，旗下广信贸易有限公司与印度 James 公司（JAMES EXPORTS）反复磋商，达成了一批棉纱进口的交易，双方合同约定以 CIF FOSHAN, CHINA 术语成交，即期信用证方式付款。

请思考：

（1）履行该笔进口合同应做好哪些环节的单证工作？

（2）如何向银行申请开立信用证？

（3）如何审核全套进口单证？

（4）进口通关要办理哪些单证手续？

任务一 申请开立信用证

任务要求

2016 年 3 月 2 日，南方纺织品进出口广信贸易有限公司与印度 James 公司（JAMES EXPORTS）签订了一份棉纱（100% cotton yarn）进口合同，合同金额为 USD43700.00，合同规定即期信用证结算。

张文是南方纺织品进出口广信贸易有限公司的单证员，他必须对该笔业务的合同十分熟悉，对合同的主要条款做到心中有数，以便顺利完成进口单证处理工作。首先，在信用证付款方式下，作为进口方，南方纺织品进出口广信贸易有限公司必须按照合同规定及时向中方银行申请开立信用证。

请以单证员张文的身份，向中信银行广州分行申请开立一份以印度 JAMES EXPORT 公司为受益人的即期信用证。

相关知识

一、申请开立信用证的手续

当进出口双方在贸易合同中确立以信用证方式结算后，进口方（开证申请人）必须在合同规定的时间在所在地银行申请开立信用证，开证申请是整个进口信用证处理实务的第一个环节。

向银行申请开证具体办理手续如下。（见图 11-1）

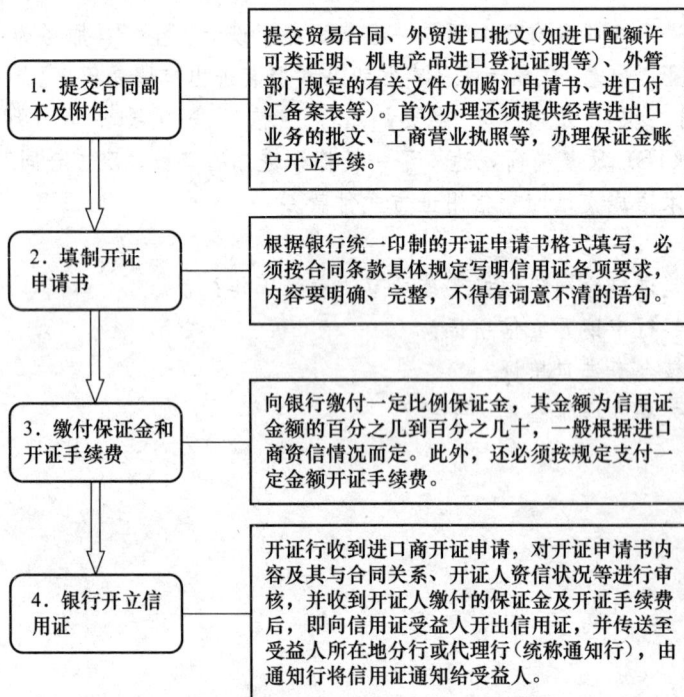

1. 提交合同副本及附件	提交贸易合同、外贸进口批文（如进口配额许可类证明、机电产品进口登记证明等）、外管部门规定的有关文件（如购汇申请书、进口付汇备案表等）。首次办理还须提供经营进出口业务的批文、工商营业执照等，办理保证金账户开立手续。
2. 填制开证申请书	根据银行统一印制的开证申请书格式填写，必须按合同条款具体规定写明信用证各项要求，内容要明确、完整，不得有词意不清的语句。
3. 缴付保证金和开证手续费	向银行缴付一定比例保证金，其金额为信用证金额的百分之几到百分之几十，一般根据进口商资信情况而定。此外，还必须按规定支付一定金额开证手续费。
4. 银行开立信用证	开证行收到进口商开证申请，对开证申请书内容及其与合同关系、开证人资信状况等进行审核，并收到开证人缴付的保证金及开证手续费后，即向信用证受益人开出信用证，并传送至受益人所在地分行或代理行（统称通知行），由通知行将信用证通知给受益人。

图 11-1 申请开证流程图

知识链接

申请开证一般要交多少保证金？

如果在银行有授信关系，信用证保证金比例一般在 20％到 50％之间，剩余部分占用企业授信额度；如果没有授信就需要全额保证金或全额担保了。

实际业务中，一般银行还推出有减免保证金开证业务。减免保证金开证是指银行应外贸公司要求，为外贸公司减收或免收保证金开出信用证的一种贸易融资方式，适用于具有进出口经营权的银行已授信的外贸公司，其所进口的商品必须符合国家政策和相关规定。

二、填制开证申请书

一般情况下，开证申请书都由开证银行事先印好，申请人可以直接填制。各家银行的开证申请书格式不尽相同，但主要内容基本一致。开证申请书通常为一式两联，申请人除填写正面内容外，还须签具背面的"开证申请人承诺书"。开证申请人承诺书是申请人对开证行的声明，用以明确双方责任，见开证申请书 11-1。

开证申请书 11-1

IRREVOCABLE DOCUMENTARY CREDIT APPLICATION

TO：   DATE：

Beneficiary（full name and address）	L/C No.
	Ex-Card No. Contract No.
	Date and place of expiry of the credit
Partial Shipments （ ）allowed （ ）not allowed	Transshipment （ ）allowed （ ）not allowed	（ ）Issue by airmail （ ）With brief advice by teletransmission （ ）Issue by express delivery （ ）Issue by teletransmission（which shall be the operative instruction）
Loading on board/dispatch/taking in charge at/from not later than for transportation to	Amount（both in figures and words）
Description of goods： Packing：	Credit available with （ ）by sight payment （ ）by acceptance （ ）by negotiation （ ）by deferred payment at against the documents detailed herein （ ）and beneficiary's draft(s) for ____% of invoice value at ____ sight drawn on ____
	（ ）FOB （ ）CFR （ ）CIF （ ）or other terms

Document required：（marked with ×）

1. （　） Signed Commercial Invoice in _____ copies indicate L/C No. and Contract No. _____ .

2. （　） Full set of clean on board ocean Bills of Lading made，out _____ and （　） blank endorsed, marked "freight".

（　） to collect/（　） prepaid.

3. （　） Air Waybills showing "freight （　） to collect/（　） prepaid （　） indicating freight amount" and consigned to _____ .

4. （　） We normal issued by _____ consigned to _____ .

5. （　） Insurance Policy/Certificate in _____ copies for _____% of the invoice value showing claims payable in China in currency of the draft，blank endorsed，covering （　） Ocean Marine Transportation/（　） Air Transportation/（　） Over Land Transportation （　） All risks, War Risks.

Beneficiary （full name and address）	L/C No.

6. （　） Packing List/Weight Memo in _____ copies indicating quantity/gross and net weights of each package and packing conditions as called for by the L/C.

7. （　） Certificate of Quantity/Weight in copies issued by an independent surveyor at the loading port，indicating the actual surveyed quantity/weight of shipped goods as well as the packing condition.

8. （　） Certificate of Quality in copies issued by （　） manufacturer/（　） public recognized surveyor/（　） .

9. （　） Beneficiary's Certified copy of cable/fax dispatched to the accountees within _____ days after shipment advising.

（　） name of vessel/（　） flight No. /（　） wagon No. ，date, quantity, weight and value of shipment.

10. （　） Beneficiary's certificate certifying that extra copies of the documents have been dispatched according to the contract terms.

11. （　） Shipping Co's certificate attesting that the carrying vessel is chartered or booked by accountee or their shipping agent.

12. （　） Other documents，if any.

Additional Instructions：

1. （　） All banking charges outside the opening bank are for beneficiary's account.

2. （　） Documents must be presented within _____ days after the date of issuance of the transport documents but within the validity of this credit.

3. （　） Third party as shipper is not acceptable. Short Form/Blank Back B/L is not acceptable.

4. （　） Both quantity and amout _____% more or less are allowed.

5. （　） Prepaid freight drawn in excess of L/C amount is acceptable against presentation of original charges voucher issued by shipping Co. /Air Line/or it's agent.

6. （　） All documents to be forwarded in one cover，unless otherwise stated above.

7. （　） Other terms，if any.

Account No. ＋＋＋＋＋＋＋＋＋　　　　　　with _____ （name of bank）

Transacted by：　　　　　　　　　　　　_____
　　　　　　　　　　　　　　　　　　　　（Applicant：name，signature of authorized person）
　　　　　　　　　　　　　　　　　　　　　　　　（with seal）

Telephone No. ：

开证申请书（正面）内容及填制方法说明如下。（见表 11-1）

表 11-1 开证申请书正面栏目内容及填制方法

序号	项目名称	填制方法
1	To 致	银行印制的申请书上事先都会印就开证银行的名称、地址，银行的 SWIFT CODE、TELEX NO. 等也可同时显示
2	Date 申请开证日期	在申请书右上角填写实际申请日期，必须符合日期格式且在合同日期之后
3	L/C No. 信用证号码	此栏由银行随机生成
4	Beneficiary 受益人	填写受益人的全称及详细地址
5	Contract No. 合同号码	填写合同号码
6	Date and place of expiry of the credit 信用证有效期及地点	有效期为日期格式（YYMMDD），且必须在申请开证日期之后。信用证的到期地点可以规定在出口地（议付行所在地，通常也是受益人所在地）、进口地（开证行所在地）或第三国（付款行所在地）
7	开证方式	Issue by airmail 以航空信开的形式开立信用证；With brief advice by teletransmission 以简电开的形式开立信用证；Issue by express delivery 以快递信开的形式开立信用证；Issue by teletransmission（which shall be the operative instrument）以全电开的形式开立信用证；如今大多用"SWIFT"的方式开立信用证
8	Amount 信用证金额	填写合同币别和合同金额，分别用数字和文字两种形式表示
9	装运条件	Partial shipments 分批装运条款，填写是否允许分批装运；Transshipment 转运条款，填写是否允许转运；Loading on board/dispatch/taking in charge at/from 填写装运港名称；not later than 填写最迟装运期；For transportation to 填写目的港
10	Description of goods 货物描述	包括商品编号、商品英文名称、商品英文描述（必须与合同上商品描述完全一致）、商品数量（与合同一致，注意单位的单复数）、商品单价、包装、唛头等
11	价格条款	根据合同内容选择贸易术语
12	Credit available with 付款方式	（1）填写此信用证可由_____银行即期付款、承兑、议付、延期付款，即押汇银行（出口地银行）名称。如果信用证为自由议付信用证，银行可用"ANY BANK IN…（地名/国名）"表示，如果信用证为自由议付信用证且对议付地点也无限制时，可用"ANY BANK"表示； （2）by sight payment 勾选此项表示开具即期付款信用证，by acceptance 勾选此项，表示开具远期信用证，by negotiation 勾选此项表示开具议付信用证，by deferred payment at 勾选此项表示开具延期付款信用证； （3）against the documents detailed herein and beneficiary's draft（s）for _____% of invoice value at _____ sight drawn on _____。此栏为汇票信息，解释如下： 受益人按发票金额____%，做成限制为____天，付款人为____的汇票。注意如果是"即期付款信用证"，此栏可选可不选；如果是"承兑信用证"或"议付信用证"，必须选择此栏；如果是"延期付款信用证"，则不需要选择连同此单据； "at ____ sight"为付款期限。如果是即期，需要在"at ____ sight"之间填"＊＊＊＊"或"—"，不能留空； 远期有几种情况：at××days after date（出票后××天），at××days after sight（见票后××天）或 at ×× days after date of B/L（提单日后××天）等； drawn on 为指定付款人，汇票的付款人应为开证行或指定的付款行
13	Documents required：（marked with×）信用证需要提交的单据（用"×"标明）	（1）已印就单据条款十几条，最后一条是 OTHER DOCUMENTS, IF ANY（其他单据），对上述没有印就的单据可填写在该处以下；（2）在所要的单据前打"×"。一般要求提示的单据有海运提单（或空运单、收货单）、发票、装箱单、重量证明、保险单、数量证明、质量证明、原产地证、装船通知、商检证明以及其他申请人要求的证明等；（3）然后在该单据条款后填上具体要求，如一式几份，应包括什么内容等。如信用证申请书印制好的要求不完整，可在该条款后面填写清楚

序号	项目名称	填制方法
14	Additional instructions 附加条款	附加条款是对以上各条款未述之情况的补充和说明，也包括对银行的要求等。如需要已印就的上述条款，可在条款前打"×"，对合同涉及但未印就的条款还可以做补充填写
15	Name，Signature of Authorised Person，Tel No.，Fax，Account No. 开证申请人信息	申请书最下面的一栏填写有关开证申请人的开户银行（填银行名称）、账户号码、执行人、联系电话、申请人（法人代表）签字等内容

任务互动1

（1）汇票的付款人可以填为开证申请人吗，比如 drawn on ABC CO.？

（2）在 CIF 价格条件下，开证申请书应表明要求卖方提交"Freight Prepaid 运费已付"的提单，这种说法对吗？

三、申请开证时应注意的问题

（1）申请开证前，要落实进口批准手续及外汇来源。

（2）开证时间。开证申请人必须在合同规定的时间在所在地银行申请开立信用证，合同中如果没有规定开证日期，一般掌握在合同规定的装运期前一个月到一个半月。总之，开证时间的掌握应在卖方收到信用证后能在合同规定的装运期内出运为原则。

任务互动2

某年 2 月 26 日，大连富通机械工业有限公司与瑞士旁尔公司签订了一份金额为 320 万美元的食品机械进口合同，见票后 30 天远期信用证付款，最迟装运期为 8 月 30 日。合同签订后，富通公司进口部业务员小刘，准备向中国银行大连分行申请开立信用证。

请问：小刘应在什么时间向银行申请开证？

（3）开证时要求"证（信用证）、同（合同）一致"，必须以对外签订的正本合同（包括修改后的正本合同）为依据，合同中规定要在信用证上明确的条款都必须列明，不能使用"参阅××号合同"等条款，也不能将有关合同附件附在信用证后，因为信用证是一个独立的文件，不依附于任何贸易合同。

（4）如为远期信用证，要明确汇票付款期限，价格条款必须与相应的单据要求、费用负担及表示方法等相吻合。

（5）由于银行是凭单付款，不管货物实际质量如何，也不受合同约束，所以，为使货物质量符合规定，可在开证时规定要求对方提供装船前检验证明，明确货物的规格品质，并指定商检机构（合同中应事先订明）。

（6）信用证内容应准确无误，明确规定各种单据的出单人（商业发票、保险单和运输单据除外），明确规定各种单据表述的内容。

（7）进口方对卖方的要求，在申请开证时，应按合同有关规定转化成相应单据，具体规定在信用证中。因为信用证结算方式下，只要单据表面与信用证条款相符合，开证行就必须按规定付款。如信用证申请书中含有某些条件而未列明应提交与之相应的单据，银行将认为未列此条件，而不予理会。

（8）明确信用证为可撤销或不可撤销信用证。而按《UCP600》规定，所有信用证都是不可撤销信用证。

（9）国外通知行由开证行指定。如果进出口方在订立合同时，坚持指定通知行，进口方可在开证申请书上注明，供开证行在选择通知行时参考。

（10）要在信用证中明确规定是否允许分批装运、转运、不接受第三者装运单据等条款。否则，均被认为是允许分批装运、转运、接受第三者装运单据。

（11）我方商业银行开出的信用证一般不接受要求其他银行保兑的条款，一般也不开立有电报索偿条款（T/T Reimbursement Clause）的信用证。

任务实施

张文要成功向中信银行广州分行申请开证，需要做好以下工作。

（1）准备好申请开证的各项文件；

（2）根据与印度 James 公司（JAMES EXPORTS）签订的进口合同，填制开证申请书；

（3）缴付保证金和支付开证手续费。

南方纺织品进出口广信贸易有限公司与印度 James 公司（JAMES EXPORTS）签订的进口合同如下。

合同 11-1

购 货 合 同
PURCHASE CONTRACT

合同号：　　　　　　　　　　　　　　　　签约日期：
CONTRACT NO.：001/M/2016-13　　　SIGNING DATE：20160302

买方：
Buyer：NANFANG TEXTILES IMP. AND EXP. GUANGXIN TRADING CO. LTD.
　　　ROOM828，GUANGDONG TEXTILES MANSION，
　　　168 XIAO BEI ROAD GUANGZHOU，CHINA
TEL：+86-22-93115583　　FAX：93115161

卖方：
Seller：JAMES EXPORTS.
　　　506，SHARDA CHAMBERS，19 NEW MARINE LINES MUMBAI-400030，
　　　INDIA
　　　TEL：+91-22-29617500　　FAX：22005082

买方同意购买，卖方同意出售下述商品，并按下列条款签订合同。

The contract is made by and between the Buyer and the Seller, whereby the Buyer agrees to buy and the Seller agrees to sell the under-mentioned commodity according to the terms and conditions stipulated below.

1. 商品名称、规格、数量及价格

COMMODITY，SPECIFICATION，QUANTITY AND UNIT PRICE：

品名 COMMODITY	数量 QUANTITY	单价 UNIT PRICE	金额 AMOUNT
100% COTTON YARN NE 16/1 GREY OPEN END WEAVING UNWAXED 100 PCT CARDED YARN ON CHEESE BRAND：KIKANI	19000KGS	USD2.30 PER KG CIF FOSHAN，CHINA	USD43700.00
总价 TOTAL		SAY US DOLLARS FORTY-THREE THOUSAND AND SEVEN HUNDRED ONLY.	
BOTH QUANTITY AND AMOUNT 5 PCT MORE OR LESS ARE ALLOWED.			

2. 生产国别和制造厂商

COUNTRY OF ORIGIN AND MANUFACTURE：INDIA

3. 包装

PACKING：Net Weight 2.25 KGS/Cheese，24 Cheese/PP Bag，Neutral Packing

4. 唛头

SHIPPING MARK：Option by Seller

5. 装运时间

TIME OF SHIPMENT：Latest Date of Shipment 160501

6. 装船港口

PORT OF SHIPMENT：Any Port in India

目的港口

PORT OF DESTINATION：Foshan，China

7. 付款条件

TERMS OF PAYMENT：Payment to be made by irrevocable letter of credit available by draft at sight，to reach the seller 15 days before the time of shipment，and remain valid in India until the 21st day after the date of shipment.

8. 保险

INSURANCE：To be effected by the Seller for 110% of the invoice value covering Institute Cargo Clauses（A）Institute War Clauses（Cargo）And Institute Strikes Clauses（Cargo）.

9. 备注

REMARKS：(1) Partial shipments are not allowed and transshipment allowed.

(2) Shipment terms will be fulfilled according to the L/C finally.

The Seller：

授权签字

Authorized Signature with Co. Chop

Date 日期

The Buyer：

授权签字

Authorized Signature with Co. Chop

Date 日期

张文填制的信用证开证申请书如下。

开证申请书 11-2

IRREVOCABLE DOCUMENTARY CREDIT APPLICATION

TO：CHINA CITIC BANK（GUANGZHOU BRANCH），GUANGZHOU DATE：160410

Beneficiary（full name and address） JAMES EXPORTS 506 SHARDA CHAMBERS，19 NEW MARINE LINES MUMBAI-400030，INDIA TEL：+91-22-29617500　FAX：22005082	L/C No. Ex-Card No. Contract No. 001/M/2016-13
	Date and place of expiry of the credit 160516　INDIA

Partial Shipments （　）allowed （×）not allowed	Transshipment （×）allowed （　）not allowed	（　）Issue by airmail　（　）With brief advice by teletransmission （　）Issue by express delivery （×）Issue by SWIFT

Loading on board/dispatch/taking in charge at/from ANY PORT IN INDIA not later than　160501 for transportation to　FOSHAN，CHINA	Amount（both in figures and words） USD43700.00 US DOLLARS FORTY-THREE THOUSAND SEVEN HUNDRED ONLY.

Description of goods：100% COTTON YARN NE 16/1 GREY OPEN END WEAVING UNWAXED 100PCT CARDED YARN ON CHEESE ON CHEESE 　　BRAND：KIKANI SALE CONTRACT NO. 001/M/2016-13 PROFORM INVOICE NO. 001/M/2016-13 QUANTITY：19000 KGS UNIT PRICE：USD2.30 PER KG COUNTRY OF ORIGIN AND SUPPLY：INDIA Packing：NET WEIGHT 2.25 KGS/CHEESE，24 CHEESE/PP BAG，NEUTRAL PACKING	Credit available with （　）by sight payment　（　）by acceptance （×）by negotiation （　）by deferred payment at against the documents detailed herein （×）and beneficiary's draft for 100% of invoice value at ____ sight drawn on ____ （　）FOB　　（　）CFR　　（×）CIF （　）or other terms

Document required：（marked with×）

1. （×）Signed Commercial Invoice in 3 ORIGINALS AND 3 COPIES indicate L/C No. and Contract No..
2. （×）Full set of clean on board ocean Bills of Lading made out TO ORDER and （×）blank endorsed, marked "freight" （　）to collect/（×）prepaid.
3. （　）Air Waybills showing "freight （　）to collect/（　）prepaid （　）indicating freight amount" and consigned to _____ .
4. （　）We normal issued by _____ consigned to _____ .
5. （×）Insurance Policy/Certificate in 1 ORIGINAL AND 2 COPIES for 110% of invoice value showing claims payable in China in currency of the draft，blank endorsed，covering （×）Ocean Marine Transportation/（　）Air Transportation/（　）Over Land Transportation （　）All risks，War Risks. INSTITUTE CARGO CLAUSES（A），INSTITUTE WAR CLAUSES（CARGO）AND INSTITUTE STRIKES CLAUSES（CARGO）.
6. （×）Packing List/Weight Memo in 3 ORIGINALS AND 3 COPIES indicating quantity/gross and net weights of each package and packing conditions as called for by the L/C.
7. （　）Certificate of Quantity/Weight in copies issued by an independent surveyor at the loading port，indicating the actual surveyed quantity/weight of shipped goods as well as the packing condition.
8. （　）Certificate of Quality in copies issued by （　）manufacturer/（　）public recognized surveyor/（　）.
9. （　）Beneficiary's Certified copy of cable/fax dispatched to the accountees within _____ days after shipment advising （　）name of vessel/（　）flight No./（　）wagon No.，date，quantity，weight and value of shipment.
10. （×）Beneficiary's certificate certifying that extra copies of the documents have been dispatched according to the contract terms.
11. （　）Shipping Co's certificate attesting that the carrying vessel is chartered or booked by accountee or their shipping agent.

续表

<table>
<tr><td colspan="2">12. （×）Other documents，if any.
（×）ASIA PACIFIC TRADE AGREEMENT （APTA）CERTIFICATE ISSUSED BY INDIAN AUTHORITY IN 1 ORIGINAL AND 2 COPIES INDICATING L/C NO. AND CONTRACT NO.
Additional Instructions：
1. （×）All banking charges outside the opening bank are for beneficiary's account.
2. （×）Documents must be presented within ___15___ days after the date of issuance of the transport documents but within the validity of the credit.
3. （ ）Third party as shipper is not acceptable. Short Form/Blank Back B/L is not acceptable.
4. （×）Both quantity and amout ___5___ ％ more or less are allowed.
5. （ ）Prepaid freight drawn in excess of L/C amount is acceptable against presentation of original charges voucher issued by shipping Co. /Air Line/or it's agent.
6. （ ）All documents to be for warded in one cover，unless otherwise stated above.
7. （ ）Other terms，if any.</td></tr>
<tr><td>Account No.</td><td>with _____ （name of bank）
___NANFANG TEXTILES IMP. AND EXP.___
___GUANGXIN TRADING CO. LTD.___
（Applicant：name，signature of authorized person）</td></tr>
</table>

中信银行广州分行开立的信用证如下。

信用证 11-1

Issue of a Documentary Credit

SEQUENCE OF TOTAL	27：1/1
FORM OF DOC CREDIT	40A：IRREVOCABLE
DOC CREDIT NUMBER	20：51000 LC1600460
DATE OF ISSUE	31C：160410
DATE AND PLACE OF EXPIRY	31D：160516 INDIA
APPLICABLE RULES	40E：UCP LATEST VERSION
APPLICANT	50：NANFANG TEXTILES IMP. AND EXP. GUANGXIN TRADING CO. LTD. ADDRESS SEE FIELD 47A
BENEFICIARY	59：JAMES EXPORTS ADDRESS SEE FIELD 47A
CURRENCY CODE，AMOUNT	32B：USD43700.00
PERCENTAGE CREDIT AMOUNT TOLERANCE	39：05/05
AVAILABLE WITH/BY	41D：ANY BANK BY NEGOTIATION
DRAFTS AT...	42C：AT SIGHT FOR 100PCT OF INVOICE VALUE
DRAWEE	42A：CIBKCNBJ510 CHINA CITIC BANK （GUANZGHOU BRANCH），GUANGZHOU
PARTIAL SHIPMENTS	43P：NOT ALLOWED
TRANSSHIPMENT	43T：ALLOWED
PORT OF LOADING/AIRPORT OF DEPARTURE	44E：ANY PORT IN INDIA

PORT OF DISCHARGE/AIRPORT OF DESTINATION

44F：FOSHAN，CHINA

LATEST DATE OF SHIPMENT　44C：160501

DESCRIPTION OF GOODS AND/OR SERVICES

45A：

100% COTTON YARN

NE 16/1 GREY OPEN END WEAVING UNWAXED 100PCT CARDED YARN

ON CHEESE

SALE CONTRACT NO. 001/M/2016-13

PROFORM INVOICE NO. 001/M/2016-13

QUANTITY：19000 KGS

BRAND：KIKANI

PACKING：NET WEIGHT 2.25 KGS/CHEESE，24 CHEESE/PP BAG，NEUTRAL
　　　　　PACKING

UNIT PRICE：USD2.30 PER KG

COUNTRY OF ORIGIN AND SUPPLY：INDIA

CIF FOSHAN，CHINA

DOCUMENTS REQUIRED　　46A：

1. SIGNED COMMERCIAL INVOICE IN 3 ORIGINALS AND 3 COPIES INDICAT-ING L/C NO. AND CONTRACT NO.

2. FULL SET（3 ORIGINALS AND 3 NON NEGOTIABLE COPIES）OF CLEAN ON BOARD BILLS OF LADING MADE OUT TO ORDER AND BLANK ENDORSED, MARKED FREIGHT PREPAID, NOTIFYING APPLICANT WITH FULL NAME, ADDRESS TELEPHONE NUMBERS AND FAX NUMBER.

3. FULL SET（1 ORIGINAL AND 2 COPIES）OF INSURANCE POLICY/CER-TIFICATE FOR AT LEAST 110PCT OF THE INVOICE VALUE SHOWING CLAIMS PAYABLE IN CHINA IN CURRENCY OF THE CREDIT, BLANK ENDORSED, COVERING INSTITUTE CARGO CLAUSES（A），INSTITUTE WAR CLAUSES (CARGO) AND INSTITUTE STRIKES CLAUSES (CARGO).

4. PACKING LIST/WEIGHT MEMO IN 3 ORIGINALS AND 3 COPIES ISSUED BY BENEFICIARY INDICATING L/C NO. AND CONTRACT NO.

5. ASIA PACIFIC TRADE AGREEMENT（APTA）CERTIFICATE ISSUSED BY INDIAN AUTHORITY IN 1 ORIGINAL AND 2 COPIES INDICATING L/C NO. AND CONTRACT NO.

6. BENEFICIARY'S CERTIFICATE CERTIFYING THAT EXTRA COPIES OF ALL DOCUMENTS REQUIRED IN THIS CREDIT HAVE BEEN SENT VIA DHL COURIER SERVICE TO THE APPLICANT WITHIN 10 DAYS AFTER SHIPMENT.

/ADDITIONAL CONDITIONS　　47：

1. T/T REIMBURSEMENTS ARE NOT ALLOWED.

2. DRAFTS DRAWN HEREUNDER MUST BEAR OUR NAME, THE CREDIT

NO. AND DATE.

3. IF DOCUMENTS ARE PRESENTED WITH DISCREPANCYIES, A DISCREPANCY FEE OF USD80.00 OR EQUIVALENT WILL BE DEDUCTED FROM THE PROCEEDS.

4. ALL DOCUMENTS SHOULD BE ISSUED IN ENGLISH AND INDICATE THIS CREDIT NUMBER.

5. IF THIS L/C IS NEGOTIATED BY A BANK OTHER THAN THE ADVISING BANK, THE NEGOTIATING BANK IS TO CERTIFY ON COVERING SCHEDULE THAT THE ADVISING BANK CHARGES ARE PAID.

6. BOTH QUANTITY AND AMOUNT 5 PCT MORE OR LESS ARE ALLWED.

7. DOCUMENTS MUST NOT BE DATED PRIOR TO THE ISSUANCE DATE OF THIS CREDIT.

8. APPLICANT'S ADDRESS：

ROOM828，GUANGDONG TEXTILES MANSION，168 XIAO BEI ROAD GUANGZHOU，CHINA

TEL：＋86-22-93115583　　FAX：93115161

9. BENEFICIARY'S ADDRESS：

506 SHARDA CHAMBERS，19 NEW MARINE LINES MUMBAI-400030，INDIA

TEL：＋91-22-29617500　　FAX：22005082

/CHARGES 71B：ALL BANK CHARGES AND INSTEREST, IF ANY, OUTSIDE ISSUING BANK AND PEIMBURSEMENT CHARGE ARE FOR ACCOUNT OF THE BENEFICIARY.

小试身手

根据以下材料填制信用证开证申请书（申请开证时间为 2016 年 10 月 28 日）。

合同 11-2

销 售 合 同
SALES　CONTRACT

NO.：2016KG02350

DATE：SEP.10，2016

The Sellers：
HAROLD CO. LTD.
FOERETA 6 S-23237MONTREAL,
CANADA

The Buyers：
GUANGZHOU HAIDA INTERNATIONAL CORP.
NO.128，TIANHE SOUTH STREET，TIANHE DISTRICT，GUANGZHOU，CHINA

This Contract is made by and between the Seller and the Buyer，whereby the Seller agree to sell and the buyer agree to buy the undermentioned goods according to the terms and conditions stipulated below.

(1) 货号，品名及规格 Name of commodity and specifications	(2) 数量 Quantity	(3) 单价 Unit Price	(4) 金额 Amount	(5) 包装 Packing
WOODEN GARDEN PRODUCTS WOODEN FLOWER STANDS	3500PCS	USD20.00/PC	USD70000.00	20PCS/CTN
WOODEN FLOWER POTS	6000PCS	USD29.00/PC	USD174000.00	40PCS/CTN
TOTAL	9500PCS	FOB MONTREAL, CANADA	USD244000.00	325 CTNS

(6) Loading in Charge：MONTREAL, CANADA

(7) For Transport to：GUANGZHOU, CHINA

(8) Transshipment：ALLOWED

(9) Partial Shipments：NOT ALLOWED

(10) The Latest Date of Shipment：NOV. 30，2016

(11) Insurance：BE EFFECTED BY THE BUYERS

(12) Payment：BY IRREVOCABLE L/C, IN FAVOR OF THE SELLER. TO BE AVAILABLE BY SIGHT DRAFT, REACHING THE SELLERS BEFORE OCT. 30，2016, REMAIN VALID FOR NEGOTIATION IN CANADA UNTIL THE 15 DAYS AFTER THE FORESAID TIME OF SHIPMENT. ALL COMMISSION AND CHARGES OUTSIDE CHINA ARE FOR ACCOUNT OF THE SELLERS.

The Seller：
HAROLD CO. LTD.
JUSTIN

The Buyer：
GUANGZHOU HAIDA INTERNATIONAL CORP.
张卫华

开证申请书 10-3

IRREVOCABLE DOCUMENTARY CREDIT APPLICATION

TO：   DATE：

Beneficiary（full name and address）	L/C NO.
	Ex-Card No. Contract No.
	Date and place of expiry of the credit
Partial Shipments （ ）allowed （ ）not allowed 　　**Transshipment** （ ）allowed （ ）not allowed	（ ）Issue by airmail （ ）with brief advice by teletransmission （ ）Issue by express delivery （ ）Issue by teletransmission （which shall be the operative instruction）
Loading on board/dispatch/taking in charge at/from not later than for transportation to	
	Amount（both in figures and words）
Description of goods： Packing：	Credit available with （ ）by sight payment （ ）by acceptance （ ）by negotiation （ ）by deferred payment at against the documents detailed herein （ ）and beneficiary's draft for ____% of invoice value at ____ sight drawn on ____
	（ ）FOB （ ）CFR （ ）CIF （ ）or other terms

Document required：（marked with ✕）

1. （ ）Signed Commercial Invoice in _____ copies indicate L/C No. Contract No. _____.

2. （ ）Full set of clean on board ocean Bills of Lading made out _____ and （ ）blank endorsed, marked "freight".

（ ）to collect/ （ ）prepaid.

3. （ ）Air Waybills showing "freight （ ）to collect/ （ ）prepaid （ ）indicating freight amount" and consigned to _____.

4. （ ）We normal issued by _____ consigned to _____.

5. （ ）Insurance Policy/Certificate in _____ copies for _____% of the invoice value showing claims payable in China in currency of the draft，blank endorsed，covering （ ）Ocean Marine Transportation/ （ ）Air Transportation/ （ ）Over Land Transportation （ ）All risks，War Risks.

6.（　）Packing List/Weight Memo in _____ copies indicating quantity/gross and net weights of each package and packing conditions as called for by the L/C.

7.（　）Certificate of Quantity/Weight in copies issued by and independent surveyor at the loading port，indicating the actual surveyed quantity/weight of shipped goods as well as the packing condition.

8.（　）Certificate of Quality in copies issued by（　）manufacturer/（　）public recognized surveyor/（　）.

9.（　）Beneficiary's Certified copy of cable/fax dispatched to the accountees within _____ days after shipment advising（　）name of vessel/（　）flight No./（　）wagon No.，date，quantity，weight and value of shipment.

10.（　）Benficiary's certificate cerfitying that extra copies of the documents have been dispatched according to the contract terms.

11.（　）Shipping Co's Certificate attesting that the carrying vessel is chartered or booked by accountee or their shipping agent.

12.（　）Other documents，if any.

Additional Instructions：

1.（　）All banking charges outsied the opening bank are for beneficiary's account.

2.（　）Documents must be presented within _____ days after the date of issuance of the transport documents but within the validity of this credit.

3.（　）Third party as shipper is not acceptable. Short Form/Bank Back B/L is not acceptable.

4.（　）Both quantity and amout _____% more or less are allowed.

5.（　）Prepaid freight drawn in excess of L/C amount is acceptable against presentation of original charges voucher issued by shipping Co./Air Line/or it's agent.

6.（　）All documents to be forwarded in one cover，unless otherwise stated above.

7.（　）Other terms，if any.

Account No.

Transacted by：

With _____（name of bank）

_____

（Applicant：name，signature of authorized person）

（with seal）

Telephone No.：

任务二　审核进口单证

任务要求

　　南方纺织品进出口广信贸易有限公司于 2016 年 4 月 10 日向中信银行广州分行申请开立以印度 James 公司为受益人的即期信用证。

　　印度 James 公司收到信用证后即行备货，并在合同规定的最迟装运期内完成发货，取得 2016 年 5 月 1 日的海运提单。发货后，印度 James 公司立即缮制和备齐全部结汇单据向议付行办理议付。

　　随即，我方开证行中信银行广州分行收到议付行转来该信用证项下的全部结汇单据。开证行必须依照信用证和有关惯例严格审核单据，以确定是否付款。按实际业务中的通常做法，开证行和进口方要对全套单据进行共同审核。于是，南方纺织品进出口广信贸易有限公司收到开证行中信银行广州分行转来的全部结汇单据。

　　请以单证员张文的身份审核全套进口单据，并根据审核结果决定付款或拒付。

相关知识

当全套付汇单据经出口地银行转交至进口地开证行时，对于信用证付款，开证行和进口方要对全套付汇单据进行审核，一般由开证行负责初审，进口方负责复审。审核单据的依据是信用证、《UCP600》和国际商会《关于审核跟单信用证项下单据的国际标准银行实务》（ISBP），必须按照"严格符合"的原则，做到"单证相符、单单相符"。对于汇付或托收付款，由进口方负责审核，审核单据的依据是合同。

一、《UCP600》对单据的有关规定

进口方应熟悉掌握《UCP600》对单据的有关规定，依照国际惯例审核和处理全套付汇单据。《UCP600》对单据的规定主要有以下几项。（见表11-2）

表 11-2　《UCP600》对单据的规定

序号	项目	具体规定
1	正本单据	除非信用证另有规定，只要单据注明是正本，如必要时已加签字，银行也将接受影印、自动或电脑处理、复写方法制作的单据作为正本单据
2	单据的签字	单据签字可以手签，也可用签样印制、穿孔签字、盖章、符号表示或其他机械或电子证实的方法处理
3	副本单据	除非信用证另有规定，银行将接受标明副本字样或没有注明正本字样的单据作为副本单据，副本单据无须签字
4	单据份数	如信用证要求多份单据，诸如"一式两份""两张""两份"等，可以提交一份正本，其余份数以副本来满足，但单据本身另有显示者除外
5	其他单据	当被要求提供运输单据、保险单据和商业发票以外的单据时，信用证中应规定该单据的出单人及其措辞或内容。如信用证对此未作规定，只要所提交单据的内容与提交的其他规定单据不矛盾，银行将接受此类单据
6	受益人和申请人地址及联络细节	除信用证中规定的运输单据中的收货人或被通知方必须完全一致外，其他地方出现的受益人和申请人地址不需要一致（但必须在同一个国家），传真、电话、电子邮件等详细联系资料银行不予理会
7	货物托运人或发货人	在任何单据中述及的货物托运人或发货人不必是信用证的受益人
8	关于打印和拼写错误	单词中的拼写或打字错误不构成另一个单词，从而不构成歧义的，一般不视为不符点
9	出单日期	单据的出单日期可以早于信用证开立日期，但不得迟于信用证规定的提示日期
10	银行审单的时间	按指定行事的指定银行、保兑行（如有）及开证行各有从其收到提示单据的翌日起最多不超过5个银行工作日的时间，以决定单据是否相符

二、进口单据审核要点

对单据的审核可以从综合审核和分单审核两个方面进行，一般考虑以下几个方面的内容。（见表11-3）

表 11-3 单据审核要点

项号	单据审核	审核要点
1	综合审核	(1) 单证是否齐全；(2) 单证份数是否足够；(3) 单据之间货物名称是否相符；(4) 单据的名称是否符合信用证要求；(5) 单据之间的出单日期顺序是否合理；(6) 单据之间的货物数量、重量、体积、唛头和金额等内容是否一致；(7) 信用证对单据要求的特别认证是否已办妥
2	分单审核	(1) 汇票；(2) 商业发票；(3) 保险单据；(4) 运输单据；(5) 其他单据审核：装箱单、重量单、产地证书、商检证书等
3	常见差错	(1) 汇票大、小写金额打错；(2) 汇票的付款人名称、地址打错；(3) 发票的抬头人打错；(4) 有关单据如汇票、发票、保险单等的币制名称不一致或不符合信用证的规定；(5) 发票上的货物描述不符合信用证的规定；(6) 多装或短装；(7) 有关单据的类型不符合信用证要求；(8) 单、单之间商品名称、数量、件数、唛头、毛净重等不一致；(9) 应提交的单据提交不全或份数不足；(10) 未按信用证要求对有关单据如发票、产地证等进行认证；(11) 遗漏签字或盖章；(12) 汇票、运输提单、保险单据上未按要求进行背书；(13) 逾期装运；(14) 逾期交单等

三、不符点单据的处理

根据《UCP600》和信用证本身的规定要求审核付汇单据，发现单据确实存在不符点时，开证行和进口方应根据不符点的性质，做出适当的处理。（见表 11-4）

表 11-4 不符点处理方法

性质	内容	处理	实务应对
一般不符点	进口单据出现诸如贸易术语表达不规范、唛头单单不符、开证申请人和受益人的地址遗漏字母、拼写错误等一般不符点	由于这些不符点对我方利益无损，我方可以接受单据	实际业务中，由于进口方如果表示拒绝单据，则单据仍由银行保管，进口方将无法提货，因此在货物有销售季节性或进口方急于取得货物的情况下，除单据存在较为严重的不符点外，进口方往往倾向于接受这种有不符点的单据，并指示开证行对外付款
严重不符点	进口单据出现诸如货名错误、数量不符等严重不符点	这些不符点将影响我方正常报关，造成关税增加甚至海关罚款，对于此类特别严重的不符点，我方应指示银行拒收单据	此时，开证行要根据单据的实际情况，列出单据所有不符点，并按照《UCP600》的规定在收到单据的 5 个工作日内，通知国外寄单的银行，说明拒收的单据如何处理，如持单听候交单人的处理、持单直到开证申请人接受不符单据、径直退单或依据事先得到交单人的指示行事等

实际业务中，出口方在确定不符点遭拒付后，通常会第一时间与进口方洽商，以确定双方交易接下来如何处理，比如在信用证有效期内修改单据后重新提交、担保或补偿付款、改为托收方式付款、退单退货等。

任务实施

张文要及时、准确地审核进口单据和付款赎单，需要做好以下工作。

（1）根据《UCP600》的要求，对照信用证条款，审核全套进口单据；

（2）根据单证审核结果，向开证行作出付款或拒付的指示。

根据前述工作情境和任务描述，张文的操作如下。

（1）对照信用证条款，审核进口单据。（信用证原文见"信用证 11-1"）。

提示：合同中规定有溢短装条款；实际交货时卖方所交货物少于合同数量。

商业发票 11-1

JAMES EXPORTS

506 SHARDA CHAMBERS，19 NEW MARINE LINES MUMBAI-400030，INDIA

TEL：＋91-22-29617500   FAX：22005082

COMMERCIAL INVOICE

Invoice No.：015/M/16-13   Date：26.4.2016

Applicant：NANFANG TEXTILES IMP. AND EXP.

GUANGXIN TRADING CO. LTD.

ROOM828，GUANGDONG TEXTILES MANSION，168 XIAO BEI ROAD GUANGZHOU，CHINA

TEL：＋86-22-93115583   FAX：93115161

Sale Contract No.：001/M/2016-13   L/C No.：51000LC1600460

Port of Loading：NHAVA SHEVA，INDIA Port of Destination：FOSHAN，CHINA

Marks&Nos.	Description of Goods	Quantity	Unit Price	Amount
LOT NO. 101 BAG NOS. 1-344	100% COTTON YARN 344BAGS NE 16/1 GREY OPEN END WEAVING UNWAXED 100PCT CARDED YARN ON CHEESE BRAND：KIKANI	18576.00 KGS	USD2.30/KG CIF FOSHAN, CHINA	USD42724.80
BOTH QUANTITY AND AMOUNT 5 PCT MORE OR LESS ARE ALLOWED.			TOTAL	USD42724.80

Total：US DOLLARS FORTY-TWO THOUSAND SEVEN HUNDRED TWENTY-FOUR AND EIGHTY CENTS ONLY.

Packing：NET WEIGHT 2.25 KGS/CHEESE

24 CHEESE/PP BAG，NEUTRAL PACKING

Total Net Weight：18576.00 KGS

Total Gross Weight：19160.80 KGS

JAMES EXPORTS

Harish

JAMES EXPORTS

506 SHARDA CHAMBERS，19 NEW MARINE LINES MUMBAI-400030，INDIA

TEL：＋91-22-29617500　　FAX：22005082

PACKING LIST/WEIGHT MEMO

Invoice No.：No.015/M/16-13　　　　　Date：26.4.2016

Applicant：NANFANG TEXTILES IMP. AND EXP.

GUANGXIN TRADING CO. LTD.

ROOM828，GUANGDONG TEXTILES MANSION，168 XIAO BEI ROAD

GUANGZHOU，CHINA

TEL：＋86-22-93115583　　　　　FAX：93115161

Sale Contract No.：001/M/2016-13　　　　L/C No.：51000LC1600460

Port of Loading：NHAVA SHEVA，INDIA　　Port of Destination：FOSHAN PORT，CHINA

Marks&Nos.　　Description of Goods	Gross Weight	Net Weight	Measurement
LOT NO.101　　100% COTTON YARN BAG NOS.　　344BAGS 1-344　　　　NE 16/1 GREY OPEN END WEAVING UNWAXED 100PCT CARDED YARN ON CHEESE 　　　　　　BRAND：KIKANI PACKING：NET WEIGHT. 25 KGS/CHEESE 　　　　24 CHEESE/PP BAG, 　　　　NEUTRAL PACKING	19160.80 KGS	18576.00 KGS	62.00CBM
BOTH QUANTITY AND AMOUNT 5 PCT MORE OR LESS ARE ALLWED.	19160.80 KGS	18576.00 KGS	62.00CBM

Total Packing：THREE HUNDRED FORTY-FOUR BAGS ONLY.

Total Net Weight：18576.00 KGS

Total Gross Weight：19160.80 KGS

JAMES EXPORTS

Harish

海运提单 11-1

Consignor/Shipper JAMES EXPORTS. 506 SHARDA CHAMBERS，19 NEW MARINE LINES MUMBAI-400030，INDIA TEL：+91-22-29617500 FAX：22005082	BL NO. MUM161300072 PISCES CONTAINER LINES (INDIA) PVT. LTD. BILL OF LADING
Consignee：(if "TO ORDER" so indicate) TO ORDER （空白背书）	Taken charge in apparently good condition herein at the place of receipt for transport and delivery as mentioned above in the MTD undertakes to perform or to procure the performance of the malitimodal transport from the place at which the goods are taken in charge, to the place designated for delivery and assumes responsibility for such transport. One of the MTDs must be surrender, duly endorsed in exchange for the goods. In witness whereof the original MTD all of this tenor and date have been in the number indicated below one of which being accomplished the others to be void.
Notify adress： (Complete with phone，fax，email and name of person) NANFANG TEXTILES IMP. AND EXP. GUANGXIN TRADING CO. LTD. ROOM828，GUANGDONG TEXTILES MANSION, 168 XIAO BEI ROAD GUANGZHOU，CHINA TEL：+86-22-93115583 FAX：93115161	

Place of acceptance in India	Port of loading NHAVA SHEVA，INDIA	For delivery please contact ICL CO. LTD.
Port of Discharge FOSHAN PORT，CHINA	Place of Delivery FOSHAN PORT，CHINA	SHENZHEN ADD：RM1710-1712 YUEYUN BLDG, SOUTH WENJIN，PROVINCE
Vessel&Voyage CSAV LA LIGUA 006E	Date or Period of Delivery	TEL：+86-755-25133783 FAX：+86-755-33902660

Container Nos. Including Size&Type	Marks and Nos.	Number of package，kind of packages，general description of goods.	Gross Weight	Measurement
1×40' HC GATU-874637-7 BPW1234 FCL/FCL	LOT NO. 101 BAG NOS. 1-344	1×40' HC FCL ①SHIPPERS LOAD, STOWED, COUNT, WEIGHT& SEAL ② 344BAGS (THREE HUNDRED FORTY FOUR BAGS ONLY) ③ 100% COTTON YARN NE 16/1 GREY OPEN END WEAVING UNWAXED 100PCT CARDED YARN ON CHEESE ④BRAND：KIKANI ⑤CREDIT NO. 51000LC1600460 ⑥FREIGHT PREPAID	GR. WT-KGS 19160.80 NT. WT-KGS 18576.00	62.00CBM

Freight amount	Freight payable at MUMBAI	Number of Original B(s)/L 3 （THREE）	Place and date of issue MUMBAI MAY 1 2016
Other Particulars （if any）		For PISCES CONTAINER LINES (INDIA) PVT. LTD. Authorised Signatory	

UNITED INDIA INSURANCE CO. LTD.

MARINE CARGO POLICY	Policy No.： 170300/21/11/02/00000124

This Policy of Insurance witnesses that UNITED INDIA INSURANCE CO. LTD. （herein after called the "Underwriter"）at the request of the Insured named hereunder and in consideration of the agreed premium paid to the Underwriter by the Insured，undertakes to the insure the undermentioned goods in transportation subject to the conditions of this Policy as per the Clauses printed overleaf and other special clauses attached hereon.

Insured：JAMES EXPORTS.　　　　　　（空白背书）
　　　506 SHARDA CHAMBERS，19 NEW MARINE LINES MUMBAI-400030，INDIA
　　　TEL：＋91-22-29617500　　　FAX：22005082

Marks&.Nos. LOT NO. 101 BAG NOS. 1-344	Quantity 344BAGS	Description of goods 100% COTTON YARN NE 16/1 GREY OPEN END WEAVING UNWAXED 100PCT CARDED YARN ON CHEESE CREDIT NO. 51000LC1600460	Amount Insured USD46997.28

Total Amount Insured：US DOLLARS FORTY-SIX THOUSAND NINE HUNDRED NINETY-SEVEN AND TWENTY-EIGHT CENTS ONLY.

Rate：AS ARRANGED　　　Premium：AS ARRANGED　　Deductible/Franchise：

Slg. on or abt. :　MAY 1 2016 From：NHAVA SHEVA，INDIA	Conveyance：BY SHIP Vessel：CSAV LA LIGUA 006E To：FOSHAN，CHINA

Conditions：COVERING INSTITUTE CARGO CLAUSES （A），INSTITUTE WAR CLAUSES （CARGO） AND
　　　　　　INSTITUTE STRIKES CLAUSES （CARGO）.

Claims，if any，payable on surrender of the first original of the Policy together with other relevant documents. In the event of accident whereby loss or damage may result in a claim under this Policy，immediate notice applying for survey must be given to the Agent as mentioned hereunder.

Claim payble at CHINA

MARINE CARGO POLICY
AUTHORIZED SIGNATURE　　Mohammed

一般原产地证书 11-1

1. Goods consigned from (Exporter's business name, address, country) JAMES EXPORTS 506 SHARDA CHAMBERS, 19 NEW MARINE LINES MUMBAI-400030, INDIA TEL: +91-22-29617500 FAX: 22005082	Reference No. AP45183437 ASIA-PACIFIC TRADE AGREEMENT (APTA) (Combined Declaration and Certificate) Issued in INDIA (Country)

2. Goods consigned to (Consignee's name, address, country) NANFANG TEXTILES IMP. AND EXP. GUANGXIN TRADING CO. LTD. ROOM828, GUANGDONG TEXTILES MANSION, 168 XIAO BEI ROAD GUANGZHOU, CHINA TEL: +86-22-93115583 FAX: 93115161	3. For official use

4. Means of transport and route
BY SEA FROM NHAVA SHEVA, INDIA TO FOSHAN PORT, CHINA
BY VSL. CSAV LA LIGUA 006E

5. Tariff item number H.S. CODE NO. 52051200	6. Marks and number of packages LOT NO. 101 BAG NOS. 1-344	7. Number and kind of packages/ description of goods 344BAGS (THREE HUNDRE FORTY FOUR BAGS ONLY) 100% COTTON YARN NE 16/1 GREY OPEN END WEAVING UNWAXED 100PCT CARDED YARN ON CHEESE QUANTITY: 18576 KGS	8. Origin criterion (see notes overleaf) "A"	9. Gross weight or other quantity G. W. 19160.80 KGS N. W. 18576.00 KGS	10. Number and date of invoices: 015/M/16-13 DATED 26.4.2016

11. Declaration by the exporter The undersigned hereby declares that the above details and statements are correct, that all the goods were produced in INDIA .... (Country) and that they comply with the origin requirements specified for these goods in the Asia-Pacific Trade Agreement for goods exported to CHINA .... (Importing Country) MUMBAI DATED MAY 1 2016 .... Place and date, signature of authorized signatory	12. Certificate It is hereby certified on the basis of control carried out, that the declaration by the exporter is correct. MUMBAI DATED MAY 1 2016 .... Place and date, signature and Stamp of Certifying Authority

JAMES EXPORTS
BENEFICIARY'S CERTIFICATE

INVOICE NO.：015/M/16-13　　　　CREDIT NO.：51000LC1600460

WE HEREBY CERTIFY THAT EXTRA COPIES OF ALL DOCUMENTS RE-
QUIRED IN THIS CREDIT HAVE BEEN SENT VIA DHL COURIER SERVICE TO
THE APPLICANT DIRECTLY，NANFANG TEXTILES IMP. AND EXP. GUANGXIN
TRADING CO. LTD.，ROOM828 GUANGDONG TEXTILES MANSION，168 XIAO
BEI ROAD GUANGZHOU CHINA，IMMEDIATELY AFTER SHIPMENT.

JAMES EXPORTS
Harish

BILL OF EXCHANGE

No. 015/M/16-13　　　　　　　Date：MAY 10，2016
For：USD42724.80

At ＊＊＊＊＊＊ sight of this SECOND of exchange（First of the same tenor
and date unpaid）pay to the order of BANK OF INDIA
the sum of SAY US DOLLARS FORTY TWO THOUSAND SEVEN HUNDRED
TWENTY FOUR AND EIGHTY CENTS ONLY.
Drawn under CHINA CITIC BANK（GUANGZHOU BRANCH），GUANG-
ZHOU
L/C No. 51000LC1600460　　　　Dated：160410

To：
CIBKCNBJ510
CHINA CITIC BANK（GUANGZHOU BRANCH），GUANGZHOU

JAMES EXPORTS
Harish

（2）根据审核结果，指示开证行对外付款。

经审核上述单证，未发现与信用证和《UCP600》的规定不一致之处，于是决定对外
付款。

小试身手

根据下面相关资料指出下列进口单据中错误的地方。

相关资料：

进口方：QINGDAO ECONOMIC TRADE INT'L CO.，LTD.

NO.19，ZHUZHOU ROAD，QINGDAO

出口方：VICTOR MACHINERY INDUSTRY CO.，LTD.

NO.338，BA DE STREET，SHU LIN CITY，TAIBEI

TEL/FAX：886-2-26689666/26809123

信用证对海运提单的要求：

FULL SET （INCLUDING 3 ORIGINALS AND 3 NON-NEGOTIABLE COPIES） OF CLEAN ON BOARD OCEAN BILLS OF LADING MARKED "FREIGHT PREPAID" MADE OUT TO ORDER AND BLANK ENDORSED NOTIFYING APPLICANT WITH ITS FULL NAME AND ADDRESS.

发票号：FU1011103

提单号：KEETAO100933

船名、航次：YM HORIZON UT018NCNC

装船日期：MAY 10，2013

装运港：TAIWAN MAIN PORT

目的港：QINGDAO

唛头：E.T.I/QINGDAO/NOS.1-2

保险单号：PO9810101

保险单日期：MAY 8，2013

发票金额：USD25200.00

保险金额：按发票金额的110％投保

货物描述：ONE COMPLETE SET OF SHEET CUTTER

毛重：15600 KGS

体积：51 CBM

包装：PACKED IN TWO WOODEN CASES

贸易术语：CIF QINGDAO

投保险别：COVERING ALL RISKS AND WAR RISK AS PER CIC.

赔付地点：QINGDAO

海运提单 11-2

Shipper Insert Name，Address and Phone	B/L No. KEETAO100935
TO ORDER	
Consignee Insert Name，Address and Phone	
VICTOR MACHINERY INDUSTRY CO.，LTD. NO. 338，BA DE STREET，SHU LIN CITY，TAIBEI TEL/FAX：886-2-26689666/26809123	
Notify Party Insert Name，Address and Phone	**BILL of LADING**
VICTOR MACHINERY INDUSTRY CO.，LTD. NO. 338，BA DE STREET，SHU LIN CITY，TAIBEI TEL/FAX：886-2-26689666/26809123	

Ocean Vessel Voy. No.	Port of Loading
YM HORIZON UT018NCNC	QINGDAO

Port of Discharge	Port of Destination
KEELUNG	

Marks & Nos. Container/Seal No.	No. of Containers or Packages	Description of Goods	Gross Weight（kg）	Measurement （m³）
E. T. I QINGDAO NOS. 1-5	5 WOODEN CASES	ONE COMPLETE SET OF SHEET CUTTER	15600 KGS FREIGHT	51 CBM COLLECT
		Description of Contents for Shipper's Use Only (Not part of This B/L)		

Total Number of containers and/or packages（in words） SAY TWO WOODEN CASES ONLY

Ex. Rate：	Prepaid at	Payable at	Place and date of issue
		QINGDAO	QINGDAO MAY 13，2013
	Total Prepaid	No. of Original B（s）/L	Signed for the Carrier
		THREE（3）	TONY

LADEN ON BOARD THE VESSEL YM HORIZON UT018NCNC
DATE：MAY 13, 2016 BY：

TONY

保险单 11-2

海洋货物运输保险单

MARINE CARGO TRANSPORTATION INSURANCE POLICY

Invoice No. FU1011108	Policy No. PO9810107

Insured：QINGDAO ECONOMIC TRADE INT'L CO.，LTD.

亚洲保险有限公司（以下简称本公司）根据被保险人的要求，及其所缴付约定的保险费，按照本保险单承担险别和背面所载条款与下列特别条款承保下列货物运输保险，特签发本保险单。

This policy of Insurance witnesses that the ASIA INSURANCE CO.，LTD.（hereinafter called "The Company"），at the request of the Insured and inconsideration of the agreed premium paid by the Insured，undertakes to insure the undermentioned goods in transportation subject to conditions of the Policy as per the Clauses printed overleaf and other special clauses attached hereon.

货物标记 Marks of Goods	包装单位 Packing Unit	保险货物项目 Descriptions of Goods	保险金额 Amount Insured
E. T. I QINGDAO NOS. 1-5	5 WOODEN CASES	ONE COMPLETE SET. OF SHEET CUTTER	USD25200.00

总保险金额：

Total Amount Insured：SAY U. S. DOLLARS TWENTY FIVE THOUSAND TWO HUNDRED ONLY.

保费 Premium AS ARRANGED	开航日期 Slg. on or abt MAY 13，2013	载运输工具 Per conveyance S. S YM HORIZON UT018NCNC

承保险别

Conditions

COVERING ALL RISKS AND WAR RISK AS PER CIC DATED 01/01/1981.

起运港 Form QINGDAO	目的港 To KEELUNG

　所保货物，如发生本保险单项下可能引起索赔的损失或损坏，应立即通知本公司下述代理人查勘。如有索赔，应向本公司提交保险单正本（本保险单共有 2 份正本）及有关文件。如一份正本已用于索赔，其余正本则自动失效。

　In the event of loss or damage which may result in acclaim under this Policy，immediate notice must be given to the Company's Agent as mentioned hereunder. Claims，if any，one of the Original Policy which has been issued in two original(s) together with the relevant documents shall be surrendered to the Company. If one of the Original Policy has been accomplished，the others to be void.

赔款偿付地点

Claim payable at KEELUNG IN USD

日期

Date MAY 15，2013

亚洲保险有限公司台北分公司

ASIA INSURANCE CO.，LTD.，TAIBEI BRANCH

LUCY

任务三　填制进口报检报关单证

任务要求

南方纺织品进出口广信贸易有限公司向开证行中信银行广州分行付款后，取得全套贸易单据。5 月 13 日货物已到港，南方纺织品进出口广信贸易有限公司收到 PISCES CONTAINER LINES（INDIA）PVT LTD 寄交的"提货通知书"。5 月 15 日经办人张文向佛山海关进口报关。

请你协助张文，完成进口报关、报检相关单证工作，具体任务为填制入境货物报检单和进口货物报关单。

相关知识

一、进口货物报检

凡属法定检验检疫商品或合同规定需要检验检疫机构进行检验并出具检验证书的商品，进口货物的收货人或其代理人应及时提请检验检疫机构检验。法定检验是指商检机构根据国家法律法规，对规定的进出口商品或有关的检验检疫项目实施强制性的检验或检疫。属于法定检验的出口商品，未经检验合格的，不准出口；属于法定检验的进口商品，未经检验的，不准销售、使用。

1. 入境货物检验检疫的流程

我国实行"先报检，再报关、后检验"的口岸业务管理模式，所以进口货物的收货人或其代理人必须在货物到达进口口岸的第一时间向报关地出入境检验检疫机构先行报检。（见表 11-5）

表 11-5　入境货物报检时限

序号	报检货物	报检时间
1	输入植物、种子、种苗及其他繁殖材料	入境前 7 天报检
2	输入微生物、人体组织、生物制品、血液及其制品、种畜、禽及其精液、胚胎、受精卵	入境前 30 天报检
3	输入其他动物	入境前 15 天报检
4	动植物性包装物、铺垫材料进境	应及时报检
5	运输动植物、动植物产品和其他检疫物过境	在进境时报检
6	入境的集装箱货物、废旧物品	在到达口岸时，必须向检验检疫机构报检并接受检疫，经检疫或实施消毒、除虫或其他必要的卫生处理合格的，方准入境
7	申请品质检验和鉴定的货物	一般应在索赔期到期前不少于 20 日内报检

入境货物检验检疫工作的程序具体包括申请报检、受理报检、办理通关、实施检验检疫和海关放行五个环节。（见图 11-2）

2. 入境货物报检单的填制

报检人应在一定期限内填写《中华人民共和国出入境检验检疫入境货物报检单》，填明申请检验鉴定项目的要求，并附合同、发票、海运提单（或铁路、航空、邮包运单）、品质证书、装箱单，接、用货部门已验收的应附验收记录等资料，向当地检验部门申请检验。

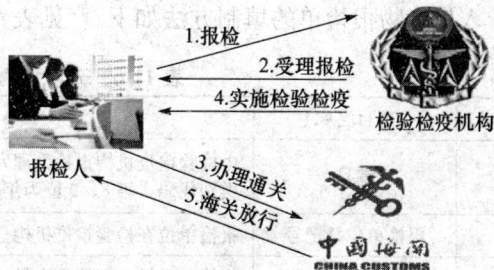

1. 报检
2. 受理报检
4. 实施检验检疫
检验检疫机构
报检人
3. 办理通关
5. 海关放行
中国海关 CHINA CUSTOMS

图 11-2　入境货物检验检疫流程图

入境货物报检单 11-1

中华人民共和国出入境检验检疫入境货物报检单

报检单位（加盖公章）　　　　　　　　　　　　　　　　　　　　编号：
报检单位登记号：　　　　联系人：　　　　电话：　　报检日期：　　年 月 日

发货人	（中文）				
	（外文）				
收货人	（中文）				
	（外文）				
货物名称（中/外文）	H.S. 编码	原产国（地区）	数/重量	货物总值	包装种类及数量
运输工具名称号码			合同号		
贸易方式		贸易国别（地区）		提单/运单	
到货日期		起运国家（地区）		许可证/审批号	
卸毕日期		起运口岸		入境口岸	
索赔有效期		经停口岸		目的地	
集装箱规格、数量及号码					
合同订立的特殊要求以及其他要求				货物存放地点	
				用途	

随附单据（画"√"或补填）		标记及号码	* 外商投资资产（画"√"）	□是 □否
□合同	□到货通知		检验检疫费	
□发票	□装箱单			
□提/运单	□质保证		总金额（人民币元）	
□兽医检疫证书	□理货清单			
□植物检疫证书	□磅码单			
□卫生证书	□验收报告		计费人	
□原产地证	□			
□许可/审批文件	□			
	□		收费人	

报检人郑重声明： 1. 本人被授权报检。 2. 上列填写内容正确属实。 　　　　　　　　　　签名：_____	领取证单	
	日期	
	签名	

入境货物报检单的填制方法如下。（见表11-6）

表11-6 入境货物报检单填制方法

序号	项目名称	填制方法
1	编号	由检验检疫机构报检受理人员填写，前6位为检验检疫局机关代码，第7位为报检类别代码，第8、9位为年代码，第10至15位为流水号
2	报检单位登记号	报检单位在检验检疫机构登记的号码
3	联系人、电话	报检人员姓名及报检人员的联系电话
4	报检日期	检验检疫机构实际受理报检的日期
5	收货人	合同中的收货人，应中英文对照填写
6	发货人	合同中的发货人
7	货物名称（中/外文）	进口货物的品名，应与进口合同、发票名称一致，如为废旧物应注明
8	H.S.编码	进口货物的商品编码，以当年海关公布的商品税则编码分类为准
9	原产国（地区）	该进口货物的原产国家或地区
10	数/重量	以商品编码分类中标准重量为准。应注明数重量单位，重量一般填写净重。如填写毛重，或以毛作净则需说明
11	货物总值	入境货物的总值及币种，应与合同、发票或报关单上所列的货物总值一致
12	包装种类及数量	货物实际运输包装的种类及数量
13	运输工具名称号码	运输工具的名称和号码
14	合同号	进口贸易合同、订单或形式发票的号码
15	贸易方式	该批货物进口的贸易方式
16	贸易国别（地区）	进口货物的贸易国别
17	提单/运单号	货物海运提单号或空运单号，有工程提单的应同时填写
18	到货日期	进口货物到达口岸的日期
19	起运国家（地区）	填写装运本批货物的交通工具的启运国家或地区
20	许可证/审批号	对国家出入境检验检疫局已列入《实施进口商品质量许可证制度目录》下的货物和卫生注册、检疫、环保许可制度管理的货物，报检时填写安全质量许可编号或审批单编号，一般商品可空白
21	卸毕日期	按货物实际卸毕的日期填写。在货物还未卸毕前报检的，可暂不填写，待卸毕后再填写
22	起运口岸	货物的起运口岸
23	入境口岸	货物的入境口岸
24	索赔有效期	按合同规定的日期填写，特别要注明截止日期
25	经停口岸	货物在运输中曾经停靠的外国口岸
26	目的地	货物的境内目的地
27	集装箱规格、数量及号码	货物若以集装箱运输应填写集装箱的规格，数量及号码
28	合同订立的特殊要求以及其他要求	在合同中订立的有关检验检疫的特殊要求及其他要求应填入此栏
29	货物存放地点	货物存放的地点

续表

序号	项目名称	填制方法
30	用途	本批货物的用途。自以下 9 个选项中选择：种用或繁殖；食用；奶用；观赏或演艺；伴侣动物；试验；药用；饲用；其他
31	随附单据	在随附单据的种类前画"√"或补填
32	标记及号码	货物的标记号码，即唛头，应与合同、发票等有关外贸单据保持一致。若没有标记号码则填"N/M"
33	外商投资财产	由检验检疫机构报检受理人员填写
34	签名	由持有报检员证的报检人员手签
35	检验检疫费	由检验检疫机构计费人员核定费用后填写
36	领取证单	报检人在领取检验检疫机构出具的有关检验检疫证单时填写领证日期与领证人姓名

3. 入境货物通关单的取得

入境货物通关单是法定检验（商检）商品的一种通行文件，即通常所说的通关单。对于进口货物，经检验检疫机构检验后签发入境货物通关单进行通关。通关单是报关单证之一，凡监管条件为 A 或 B 的属于法定检验目录的商品，这类货物需要去商检局办理入（出）境货物通关单，进出口时出具通关单，海关才予放行。

实施入境货物通关单无纸化的口岸，以通关单联网核查系统为平台，对企业申报的法定检验进口货物，由检验检疫机构直接向海关发送通关单电子数据，海关凭检验检疫部门发送的"入境货物通关单电子数据"为企业办理进口通关手续，不再核验纸质通关单。也就是说，除应急等特殊情况外，检验检疫部门不再签发纸质通关单，海关不再收取纸质通关单。

知识链接

海关监管条件

结合海关总署 2014 年《商品名称及编码协调制度》（以下简称 H.S. 编码）调整情况，国家出入境检验检疫总局对《出入境检验检疫机构实施检验检疫的进出境商品目录》（以下简称《目录》）进行了新的调整，于 2014 年 1 月 1 日起实施。（见表 11-7）

表 11-7　2014 版《目录》中的"海关监管条件"

海关监管条件	表达意思	HS 编码数（个）
A	实施进境检验检疫	4450
B	实施出境检验检疫	3077
D	海关与检验检疫联合监管	3
H.S. 编码总数		4543

二、进口货物报关

1. 进口货物报关的流程

对于进口方而言，进口货物的报关程序一般可分为申报进境、交验货物、缴纳税费及凭单提货四个步骤；对于海关而言，则可分为接受申报、查验货物、征税、结关放行四个步骤。（见图 11-3）

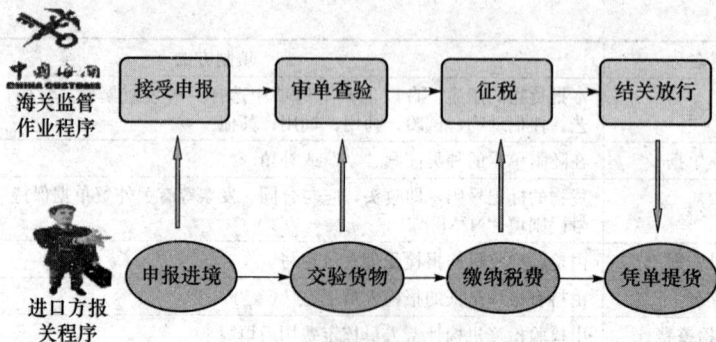

图 11-3　进口货物报关通关流程图

知识链接

表 11-8　进口货物报关时限

依据	报关时限	滞报金	特别处理
《中华人民共和国海关法》	进口货物的报关时限为自运输工具申报进境之日起 14 日内，第 14 日为法定节假日的顺延。	进口货物的收货人超过前款规定期限未向海关申报的，由海关征收滞报金。滞报金的计算公式为：滞报金＝进口货物完税价格×0.5‰×滞报天数	进口货物的收货人自运输工具申报进境之日起超过 3 个月未向海关申报的，其进口货物由海关提取并依法变卖处理。所得款项在扣除运输、装卸、储存等费用及税款后，如尚有余款，自货物变卖 1 年内，还予已申请的收货人，超期无人申请的则上缴国库。

任务互动1

　　山东济南新丽贸易公司从日本神户进口一批女式针织游泳衣，该批货物于某年 2 月 18 日抵达青岛口岸，并于 19 日向青岛海关申办了转关手续，运往济南。3 月 21 日，该批货物到达济南，但因故未立即向济南海关办理申报。该公司于 4 月 15 日才向海关办理该批货物的申报。经海关审定完税价格为 20 万元人民币。试计算：新丽贸易公司应缴纳多少滞报金？

　　解答：货物于 3 月 21 日抵达济南，最迟应于 3 月 22 日起算 14 日内申报，即最迟应在 4 月 4 日申报，4 月 5 日开始交滞报金，故滞报天数为 10 天。

　　滞报金＝进口货物完税价格×0.5‰×滞报天数＝200000×0.5‰×10＝1000（元）

2. 进口货物报关单的填制

进口方或其代理人在法定期限内办理进口报关时，需要如实填制进口货物报关单。

进口货物报关单 11-1

中华人民共和国海关进口货物报关单

预录入编号：　　　　　　　　　　　　　　　　　　　　海关编号：

进口口岸 *	备案号		进口日期 *	申报日期
经营单位	运输方式		运输工具名称	提运单号
收货单位 *	贸易方式		征免性质	征税比例 *
许可证号	起运国（地区）*		装货港 *	境内目的地 *
批准文号	成交方式	运费	保费	杂费
合同协议号	件数	包装种类	毛重（千克）	净重（千克）
集装箱号	随附单据			用途 *

标记唛码及备注

项号	商品编号	商品名称、规格型号	数量及单位	原产国（地区）*	单价	总价	币制	征免

税费征收情况

录入员　　录入单位	兹声明以上申报无讹并承担法律责任	海关审单批注及放行日期（签章）	
报关员		审单	审价
单位地址	申报单位（签章）	征税	统计
邮编　　　电话	填制日期	查验	放行

进口货物报关单的填制方法如下。（见表11-9）

表11-9　进口货物报关单填制方法

序号	项目名称	填报规范
1	预录入编号	填报预录入报关单的编号，预录入编号规则由接受申报的海关决定，计算机自动打印
2	海关编号	填报海关接受申报时给予报关单的编号，一份报关单对应一个海关编号
3	进口口岸	填报海关规定的《关区代码表》中相应口岸海关的名称及代码
4	备案号	填报进出口货物收发货人在海关办理加工贸易合同备案或征、减、免税备案审批等手续时，海关核发的《中华人民共和国海关加工贸易手册》、电子账册及其分册（以下统称《加工贸易手册》），《中华人民共和国海关进出口货物征免税证明》（以下简称《征免税证明》）或其他备案审批文件的编号。一份报关单只允许填报一个备案号
5	进口日期	填报运载进口货物的运输工具申报进境的日期。无实际进出境的报关单填报海关接受申报的日期。本栏目为8位数字，顺序为年（4位）、月（2位）、日（2位）
6	申报日期	指海关接受进出口货物收发货人、受委托的报关企业申报数据的日期。以电子数据报关单方式申报的，申报日期为海关计算机系统接受申报数据时记录的日期。以纸质报关单方式申报的，申报日期为海关接受纸质报关单并对报关单进行登记处理的日期
7	经营单位	填明对外签订并执行合同的中国境内企业或单位的名称及编码

续表

序号	项目名称	填报规范
8	运输方式	包括实际运输方式和海关规定的特殊运输方式，前者指货物实际进出境的运输方式，按进出境所使用的运输工具分类；后者指货物无实际进出境的运输方式，按货物在境内的流向分类。本栏目应根据货物实际进出境的运输方式或货物在境内流向的类别，按照海关规定的《运输方式代码表》选择填报相应的运输方式
9	运输工具名称	填报实际进入中国国境的运输工具名称及号码。填报内容应与运输部门向海关申报的舱单（载货清单）所列相应内容一致。填明载运货物进口的船只名称、汽车/火车号码/车次。空运或邮寄只填"空运"或"邮运"字样。进境人员随身携带货物进境，应以所乘坐的交通工具确定填报
10	提运单号	填报进出口货物提单或运单的编号。一份报关单只允许填报一个提单或运单号，一票货物对应多个提单或运单时，应分单填报
11	贸易方式	填明本报关单货物的贸易性质。一般有以下几种贸易方式，可视具体情况选择填报：一般贸易；国家间、国际组织无偿援助和赠送的物资；华侨、港澳台同胞、外籍华人捐赠物资；寄售、代销贸易；边境小额贸易；对外承包工程货物；租赁贸易；易货贸易；出料加工贸易；免税外汇商品；其他贸易
12	征免性质	本栏目应根据实际情况按海关规定的《征免性质代码表》选择填报相应的征免性质简称及代码，持有海关核发的《征免税证明》的，应按照《征免税证明》中批注的征免性质填报。一份报关单只允许填报一种征免性质
13	征税比例	进口报关单本栏目免予填报
14	许可证号	填报进口许可证、两用物项和技术进口许可证的编号。一份报关单只允许填报一个许可证号
15	起运国（地区）	指进口货物起始发出的国家（地区）。本栏目应按海关规定的《国别（地区）代码表》选择填报相应的起运国（地区）或运抵国（地区）中文名称或代码
16	装货港	指进口货物在运抵我国关境前的最后一个境外装运港。应根据实际情况按海关规定的《港口航线代码表》选择填报相应的港口中文名称或代码。无实际进出境的，本栏目填报"中国境内"（代码"0142"）
17	境内目的地	指已知的进口货物在国内的消费、使用地或最终运抵地。本栏目应根据进口货物的收货单位、出口货物生产厂家或发货单位所属国内地区，并按海关规定的《国内地区代码表》选择填报相应的国内地区名称或代码
18	批准文号	填报《进口付汇核销单》编号
19	成交方式	应根据实际成交价格条款按海关规定的《成交方式代码表》选择填报相应的成交方式代码。无实际进出境的，进口填报 CIF 价，出口填报 FOB 价
20	运费	用于成交价格中不包含运费的进口货物，应填报该份报关单所含全部货物的国际运输费用。可按运费单价、总价或运费率三种方式之一填报，同时注明运费标记，并按海关规定的《货币代码表》选择填报相应的币种代码。运保费率合并计算的，运保费填报在本栏目中
21	保费	用于成交价格中不包含保险费的进口货物，应填报该份报关单所含全部货物国际运输的保险费用。可按保险费总价或保险费率两种方式之一填报，同时注明保险费标记，并按海关规定的《货币代码表》选择填报相应的币种代码
22	杂费	指成交价格以外的、应计入完税价格或应从完税价格中扣除的费用，如手续费、佣金、回扣等，可按杂费总价或杂费率两种方式之一填报，同时注明杂费标记，并按海关规定的《货币代码表》选择填报相应的币种代码
23	合同协议号	填报进口货物合同（协议）的全部字头和号码
24	件数	填报有外包装的进口货物的实际件数。特殊情况下填报要求如下：①舱单件数为集装箱（TEU）的，填报集装箱个数。②舱单件数为托盘的，填报托盘数。本栏目不得填报为 0，裸装货物填报为 1

序号	项目名称	填报规范
25	包装种类	根据进口货物的实际外包装种类，按海关规定的《包装种类代码表》选择填报相应的包装种类代码
26	毛重（千克）	填报进口货物实际毛重，计量单位为千克，不足1千克的填报为1
27	净重（千克）	填报进口货物的实际净重，计量单位为千克，不足1千克的填报为1
28	集装箱号	填报集装箱编号及数量。集装箱数量四舍五入填报整数，非集装箱货物填报为0。例如：TEXU3605231＊1（1）表示1个标准集装箱；TEXU3605231＊2（3）表示2个集装箱，折合为3个标准集装箱，其中一个箱号为TEXU3605231。多于一个集装箱的情况下，其余集装箱编号填在备注栏或随附清单上
29	随附单据	指随进口货物报关一并向海关递交的单证或文件。合同、发票、装箱单、许可证等必备的随附单证不在本栏目填报。应按海关规定的《监管证件名称代码表》选择填报相应证件的代码，并填报每种证件的编号（编号填在备注栏下半部分）
30	用途	进口货物填报用途，应根据进口货物的实际用途按海关规定的《用途代码表》选择填报相应的用途代码
31	标记唛码及备注	本栏目下部供填报随附单据栏中监管证件的编号，上部用于填报以下内容。如：①标记唛码中除图形以外的文字、数字；②一票货物多个集装箱的，在本栏目打印其余的集装箱号；③受外商投资企业委托代理其进口投资设备、物品的外资企业名称；④经批准转内销的边角料、废次料，应在本栏目注明"残次料"；⑤其他申报时必须说明的事项
32	项号	本栏目分两行填报。第一行填报关单中的商品排列序号，第二行专用于加工贸易等已备案的货物，填报该项货物在《加工贸易手册》中的项号
33	商品编号	指按海关规定的商品分类编码规则确定的进（出）口货物的商品编号。《加工贸易手册》中商品编号与实际商品编号不符的，应按实际商品编号填报
34	商品名称、规格型号	分两行填报。第一行进口货物规范的中文商品名称，第二行规格型号，必要时可加注原文
35	数量及单位	指进口商品的实际数量及计量单位。本栏目分三行填报，具体要求如下：①进出口货物必须按海关法定计量单位填报。法定第一计量单位及数量填在本栏目第一行。②凡海关列明第二计量单位的，必须报明该商品第二计量单位及数量，填在本栏目第二行。无第二计量单位的，本栏目第二行为空。③成交计量单位与海关法定计量单位不一致时，还需填报成交计量单位及数量，填在商品名称、规格型号栏下方（第三行）。成交计量单位与海关法定计量单位一致时，本栏目第三行为空
36	原产国（地区）	指进口货物的生产、开采或加工制造国家（地区）
37	单价	填报同一项号下进口货物实际成交的商品单位价格。无实际成交价格的，本栏目填报货值
38	总价	填报同一项号下进口货物实际成交的商品总价。无实际成交价格的，本栏目填报货值
39	币制	指进口货物实际成交价格的币种。应根据实际成交情况按海关规定的《货币代码表》选择填报相应的货币名称或代码，如《货币代码表》中无实际成交币种，需转换后填报
40	征免	指海关对进口货物进行征税、减税、免税或特案处理的实际操作方式。本栏目应按照海关核发的《征免税证明》或有关政策规定，对报关单所列每项商品选择填报海关规定的《征减免税方式代码表》中相应的征减免税方式
41	税费征收情况	本栏目供海关批注进口货物税费征收及减免情况
42	录入员	本栏目用于预录入和EDI报关单，打印录入人员姓名
43	录入单位	本栏目用于预录入和EDI报关单，打印录入单位名称

续表

序号	项目名称	填报规范
44	申报单位	自理报关的,填报进出口企业的名称及海关注册编码;委托代理报关的,填报经海关批准的报关企业名称及海关注册编码。本栏目还包括报关单左下方用于填报申报单位有关情况的相关栏目,包括报关员、报关单位地址、邮政编码和电话号码等栏目
45	填制日期	指报关单的填制日期。预录入和EDI报关单由计算机自动打印。本栏目为6位数,顺序为年、月、日各2位
46	海关审单批注栏	指供海关内部作业时签注的总栏目,由海关关员手工填写在预录入报关单上。其中"放行"栏填写海关对接受申报的进出口货物做出放行决定的日期

3. 其他报关单证

海关对报关单证的审核是进口报关的核心环节。除进口货物报关单外,报关单证还包括以下三大类。

① 基本单证:是指因进口交易而产生的货物成交、包装、运输、结算和保险等进口商业单据,如发票、装箱单、提单等。

② 特殊单证:是指国家规定实行特殊管制的证件,主要包括进口货物许可证及其他各类特殊管理证件。

③ 预备单证:是指在办理进口货物手续时,海关需要时需查阅或收取的证件,主要包括合同、原产地证书等。

知识链接

进 口 征 税

海关在审核单证和查验货物后,根据《中华人民共和国进出口关税条例》《中华人民共和国海关进出口税则》的规定,对实际货物征收进口关税。一般来说,进口税款包括进口关税、增值税和消费税。根据有关规定可减、免、缓、退、保税的,报关单位应向海关送交有关证明文件。

进口货物的收货人应在海关签发税款缴纳证的次日起15日内缴纳税款。逾期不缴纳的,海关按日征收欠缴税款总额1‰的滞纳金。超过3个月仍未缴纳税款的,海关可以采取强制缴纳措施,包括强制扣税、变价抵缴、扣留并依法变卖其他资产。

任务互动2

广州宏伟机械进出口公司于某年10月18日与法国公司签约,以CIF价格从法国进口一台价值10000美元的轧钢机床。根据《中华人民共和国海关进出口税则》,该机床税号为84131100,进口关税税率是12%,已知海关填发海关专用缴款书当日的汇率为1美元=6.2370元人民币。试计算广州宏伟公司应缴纳多少进口关税?

4. 海关放行

海关放行是进口货物通关程序中的最后一个环节,未经海关放行的海关监管货物,任何单位和个人不得提取或发运。

海关放行通常是海关在进口货物提货凭证或者出口货物装货凭证上签盖"海关放行章",进口货物收货人或其代理人签收进口提货凭证,凭以提取进口货物进境。在试行

"无纸通关"申报方式的海关，海关做出放行决定时，通过计算机系统将"海关放行"报文发送给进出口货物的收、发货人或其代理人和海关监管货物保管人。进口货物收货人或其代理人自行打印海关通知放行的凭证，随即凭以提取进口货物进境。

任务实施

张文填制的入境货物报检单如下。

入境货物报检单 11-2

中华人民共和国出入境检验检疫入境货物报检单

报检单位（加盖公章）南方纺织品进出口广信贸易有限公司　　编号：
报检单位登记号：0123456789　　联系人：张文　电话：93115583　　*报检日期：2016 年 5 月 15 日

发货人	（中文）				
	（外文）JAMES EXPORTS INDIA				
收货人	（中文）南方纺织品进出口广信贸易有限公司				
	（外文）NANFANG TEXTILES IMP. AND EXP. GUANGXIN TRADING CO. LTD.				
货物名称（中/外文）	H.S. 编码	原产国（地区）	数/重量	货物总值	包装种类及数量
全棉棉纱 100% COTTON YARN	52051200	INDIA	18576KGS	USD42724.80	325BAGS
运输工具名称号码	CSAV LA LIGUA 006E		合同号	001/M/2014-13	
贸易方式	一般贸易	贸易国别（地区）	印度	提单/运单	MUM161300072
到货日期		起运国家（地区）	印度	许可证/审批号	
卸毕日期		起运口岸	NHAVA SHEVA, INDIA	入境口岸	南海海关（5110）
索赔有效期		经停口岸		目的地	佛山
集装箱规格、数量及号码	1×40' HC FCL　GATU-874637-7				
合同订立的特殊要求 以及其他要求				货物存放地点	佛山南海
				用途	其他

随附单据（画"√"或补填）	标记及号码	*外商投资资产（画"√"）	□是 □否
☑合同　□到货通知 ☑发票　☑装箱单 □提/运单　□质保证 □兽医检疫证书　□理货清单 □植物检疫证书　□磅码单 □卫生证书　□验收报告 ☑原产地证　□ □许可/审批文件　□	LOT NO. 101 BAG NOS. 1-344	*检验检疫费	
		总金额（人民币元）	
		计费人	
		收费人	
报检人郑重声明： 1. 本人被授权报检。 2. 上列填写内容正确属实。 签名：　张文		领取证单	
		日期	
		签名	

张文填制的进口货物报关单如下。

进口货物报关单 11-2

中华人民共和国海关进口货物报关单

预录入编号：　　　　　　　　　　　　　　　　　　　　　　　　　海关编号：

进口口岸 * 南海海关（5110）	备案号 YNo. AP45183437	进口日期 * 20160511	申报日期 20160515
经营单位 南方纺织品进出口广信 贸易有限公司	运输方式 江海运输	运输工具名称 CSAV LA LIGUA 006E	提运单号 MUM161300072
收货单位 * 广东纺织品进出口 广通贸易公司	贸易方式 一般贸易 0110	征免性质 一般征税	征税比例 *
许可证号	起运国（地区） * 印度	装货港 * NHAVA SHEVA, INDIA	境内目的地 * 佛山
批准文号 123456	成交方式 CIF	运费 502/1000/3	保费 502/500/3	杂费
合同协议号 001/M/2016-13	件数 325	包装种类 包	毛重（千克） 19160.80	净重（千克） 18576.00
集装箱号 1×40'HC GATU-874637-7	随附单据 《亚太贸易协定》原产地证		用途 * 外贸自营内销

标记唛码及备注　　LOT NO. 101
BAG NOS.
1-344

项号	商品编号	商品名称、规格型号	数量及单位	原产国（地区） *	单价	总价	币制	征免
01	52051200	全棉棉纱	18576 千克	印度	2.30	42724.80	502	照章

税费征收情况

录入员	录入单位	兹声明以上申报无讹并承担法律责任	海关审单批注及放行日期（签章）	
报关员　　张文			审单	审价
单位地址 广州小北路 168 号广东粤纺大厦		申报单位（签章） 南方纺织品进出口广信贸易有限公司 报关专用章	征税	统计
邮编 510000　　电话		填制日期　20160515	查验	放行

小试身手

1. 根据下面提供的单据（商业发票 11-2）和其他资料完成入境货物报检单填制。

商业发票 11-2

INVOICE

Invoice No.：GH339752

Date：Jun. 20. 2016

Ref. No.：IN20160620

L/C No.：LC85947829

Contract No.：TYU05328

Buyer：TIANJIN FOOD STUFFS IMP/EXP CO.，LTD.

Notify Party：TIANJIN FOODSTUFFS IMP/EXP CO.，LTD.

Shipped From：NAPLES ITALY

Destination：TIANJIN CHINA

Vessel：Tao LA V. 238

Marks & No.：TYU05328/TIANJIN CHINA

Description	Quantity	Unit price	Amount
CANNED APPLE	480000TINS	FOB NAPLES ITALY USD 1.00/TIN	USD48000.00

PACKING：120CARTIONS

ORIGIN：ITALY

N. W.：9200KGS G. W.：9600KGS   VICIOR STAR CO.，LTD. ROMA ITALY

补充交易资料

报检日期：2016 年 10 月 20 日   报检人：王晓丽

海关 H. S. 编码：20089990   用途：食用

入境货物报检单 11-3

中华人民共和国出入境检验检疫入境货物报检单

报检单位（加盖公章）：　　　　　　　　　　　　　　　　　　　　　　编号：

报检单位登记号：　　　联系人：　　　电话：　　　　报检日期：　年　月　日

发货人	（中文）				
	（外文）				
收货人	（中文）				
	（外文）				
货物名称（中/外文）	H. S. 编码	原产国（地区）	数/重量	货物总值	包装种类及数量
运输工具名称号码			合同号		
贸易方式		贸易国别（地区）		提单/运单	
到货日期		起运国家（地区）		许可证/审批号	
卸毕日期		起运口岸		入境口岸	
索赔有效期		经停口岸		目的地	
集装箱规格、数量及号码					
合同订立的特殊要求以及其他要求				货物存放地点	
				用途	

随附单据（画"√"或补填）		标记及号码	*外商投资资产（画"√"）	□是 □否
□合同	□到货通知		检验检疫费	
□发票	□装箱单		总金额（人民币元）	
□提/运单	□质保证			
□兽医检疫证书	□理货清单		计费人	
□植物检疫证书	□磅码单			
□卫生证书	□验收报告			
□原产地证	□		收费人	
□许可/审批文件	□			
	□			

报检人郑重声明：	领取证单	
1. 本人被授权报检。	日期	
2. 上列填写内容正确属实。　　　签名：_____	签名	

2. 根据以下资料填制《进口货物报关单》。

广州海达国际有限公司与加拿大 HAROLD 公司签订了 3500 件木制园艺产品 WOODEN FLOWER STANDS（木制花架，H. S. 编码 9403609990）的进口合同（合同号为 2013KG02350）。成交价为 FOB MONTREAL，CANADA USD 20.00/PC，金额为 USD70000.00，总运费 USD1800.00，标记唛码 HAIDA/2013KG02350/MADE IN CANADA/NOS 1-175，于 2016 年 11 月 30 日装 HANZHONG V. 021W 轮由加拿大 MONTREAL 至广州港，提单号为 SHYZ112233，共计 175 纸箱，总净重 1575.00 KGS，总毛重 1925.00KGS。海达公司报关员张卫华于 2016 年 12 月 27 日向广州海关办理进口报关手续，随附单证有发票、装箱单、提单、商检证。

进口货物报关单 11-3

中华人民共和国海关进口货物报关单

预录入编号：   海关编号：

进口口岸 *	备案号	出口日期 *	申报日期
经营单位	运输方式	运输工具名称	提运单号
收货单位 *	贸易方式	征免性质	征税比例 *
许可证号	起运国（地区）*	装货港 *	境内目的地 *
批准文号	成交方式	运费	保费	杂费
合同协议号	件数	包装种类	毛重（千克）	净重（千克）
集装箱号	随附单据		用途 *

标记唛码及备注

项号	商品编号	商品名称、规格型号	数量及单位	原产国（地区）*	单价	总价	币制	征免

税费征收情况

录入员	录入单位	兹声明以上申报无讹并承担法律责任	海关审单批注及放行日期（签章）	
报关员			审单	审价
单位地址		申报单位（签章）	征税	统计
邮编	电话	填制日期	查验	放行